Wohlbefinden rund um die Uhr

Der neue Lebensbegleiter für IHN

von Dr. Cathrin Drescher

M&K

Meinem Vater, der in seinem Leben durch harte Arbeit und großes Durchsetzungsvermögen viel geschaffen und erreicht hat, sei dieses Buch gewidmet.
Seine Energien im Geschäfts- als auch im Privatleben und bei seinem Hobby, den abenteuerlichsten Jagdreisen, werden nicht nur von mir bewundert.
Oft geht es ihm wie vielen anderen Männern auch, die rund um die Uhr im Einsatz stehen: Sie alle räumen der Entspannung, der gesunden Ernährung und der Kraft des positiven Denkens ein bißchen zu wenig Platz in ihrem Alltag ein.
Ihm und allen anderen soll dieses Buch Anregungen für mehr „Wohlbefinden rund um die Uhr" geben.
Meiner Familie, allen voran meinen Eltern, meiner Großmutter und meinem Bruder Michi sowie seiner Frau Karin schulde ich besonders herzlichen Dank für die liebevolle Unterstützung und Motivation.
Meinen Freunden, hier besonders Claudia Schuss, Silly Strolz, Christian Rötzer, Maria Macho und Thomas Pelzel, die mit ihren Anregungen und Tips viel zum Entstehen des Buches beigetragen haben, sei ebenfalls herzlich gedankt.
Nicht vergessen werden sollen Susi Staits und Felicitas Schradmayer, die mir auch nach einem harten Arbeitstag noch unermüdlich zur Seite standen.

Vorwort

Bewundern auch Sie jene Menschen, denen es gelingt, in allen Lebenslagen - und seien es die kompliziertesten und scheinbar ausweglosesten Situationen - einen klaren Kopf zu bewahren und darüber hinaus noch allen Beteiligten Ruhe und Gelassenheit zu vermitteln? Woher nehmen sie die geheimen Kräfte, um stets dynamische Chefs, kompetente Mitarbeiter, einfühlsame Freunde und liebevolle Familienväter zu sein? In meinem Buch zeige ich Strategien auf, wie auch Sie jene geistige und körperliche Fitneß trainieren können, die Sie befähigen soll, erfolgreich, gesund und im Einklang mit sich selbst und Ihren Mitmenschen nach oben zu gelangen.

Dr. Cathrin Drescher

GESUNDHEITSMANAGEMENT 13

In einem gesunden Körper wohnt ein gesunder Geist

Fitneß-Wellness-Tendenzen

So bleiben Sie gesund und fit

DIE GRUNDLAGEN EINER DAUERHAFTEN GESUNDHEIT 18

Grundlagen für eine dauerhafte Gesundheit

Schluß mit dem Rauchen

Schluß mit dem Alkohol

Erregung in positive Energie umwandeln

Wie Sie Kritik besser vertragen können

Lange Flugreisen - was tun?

Fit bleiben bei langen Autofahrten

ZIVILISATIONSKRANKHEITEN UND WIE WIR IHNEN ENTGEGENWIRKEN KÖNNEN 27

Bluthochdruck

Blutniederdruck

Schlaganfall

Herzinfarkt

Gicht - was tun bei zu hohen Harnsäurewerten

Zuckerkrankheit

Krebs

Osteoporose

Alle Präventivmaßnahmen auf einen Blick

STRESSFAKTOREN UND STRESSBEWÄLTIGUNG 45

„Guter“ und „schlechter“ Streß

Die ersten Warnsignale

Anti-Streß-Strategien

Streßausgleich durch eine neue Time-Management-Formel

So reagiert der Körper auf Streß
Streß-Management kurz zusammengefaßt
Gegen Streß im Büro: Lockerungsübungen
Kräuter gegen Streß
Bachblüten gegen innere Unruhe

MIT SPORT GEGEN STRESS 59
Wichtige Grundsätze beim Training
Dehnen und Stretching
Stretching: Richtig gemacht
Jungbrunnen Sauna

RICHTIG ENTSPANNEN WILL GELERNT SEIN 69
Entspannungstechniken
Einstimmen auf die Entspannung
Richtiges Atmen
Methoden der Entspannung
Entspannungsübungen für den Büroalltag

FIT IM ALLTAG 78
Der Büromüdigkeit entgegenwirken
Kräftig und fit durch den Tag
Schlechte Gewohnheiten korrigieren
Augentraining

WAS TUN GEGEN RÜCKENSCHMERZEN UND VERSPANNUNGEN 84
Die Wirbelsäule
Probleme der Wirbelsäule
Hexenschuß
Bandscheibenvorfall

Was Sie für einen gesunden Rücken tun können
Wie können Ärzte und Therapeuten Rückenleiden behandeln?
Entlastung für die Wirbelsäule
Rückenschule
Übungen für den Schultergürtel
Sport aus der Rückensicht
Gelenksschmerzen
Balsam für die Gelenke
Arthrosen

GESUNDE ERNÄHRUNG 107
Grundbestandteile der Vollwertkost
Hauptsünden der Ernährung
Die zwölf Gebote der gesunden Ernährung
Bewertung von Nahrungs- und Lebensmitteln
Essenspyramide - Wegweiser zur richtigen Ernährung
Nährwerttabelle verschiedener Obstsorten
Nährwerttabelle verschiedener Gemüsesorten
Nährwerttabelle verschiedener Hülsenfürchte
Nährwerttabelle verschiedener Teigwaren
Nährwerttabelle verschiedener Käsesorten
Nährwerttabelle verschiedener Brotsorten
Nährwerttabelle verschiedener Fischarten
Nährwerttabelle verschiedenen Geflügels
Kräuter-Tips
Richtiges Einlagern von Obst & Gemüse
Wissenswerte Küchenregeln
Der Säure-Basen-Haushalt
Alle Vitamine auf einen Blick
Die Quasi-Vitamine
Alle wichtigen Mineralstoffe auf einen Blick

Lebenswichtige Spurenelemente auf einen Blick
Ballaststoffe
Was sind Schlacken?
Entschlackende Ernährung auf einen Blick
Was tun bei überzähligen Kilos?
So berechnen Sie Ihr Idealgewicht
Wie viele Kalorien darf man zu sich nehmen?
Wobei Sie wie viele Kalorien verbrauchen
Zeit des Feierns, Zeit des übermäßigen Genusses - was tun?
Gesund essen im Restaurant
Nahrungsauswahl bei Fettstoffwechselstörungen
Getränke und ihre Kalorien
Rezepte für Ihre ganz persönliche gesunde Küche
Salate und Rohkost
Suppen
Schmackhafte Hauptgerichte mit und ohne Fleisch
Desserts
Frühstück - der gute Start in den Tag
Gesundes für zwischendurch
Drinks, die munter machen

DAS IMMUNSYSTEM 190

Trainieren Sie Ihre Abwehrkräfte
Die richtige Ernährung für unseren Abwehrmechanismus
Kneipp' sches Immuntraining
Wichtige Spurenelemente für Immunkraft und Stoffwechsel
Enzyme- die besten Waffen des Körpers
Seele und Immunsystem
Zytokine, Botenstoffe des Immunsystems

WAS SIE ÜBER ALLERGIEN WISSEN SOLLTEN 201

So entstehen Allergien

Die häufigsten Allergien

So wirken Sie der Allergieanfälligkeit entgegen

Pollenflug von Februar bis Oktober

Asthma

Vorsorge für Asthma- und Bronchialpatienten

SCHLAFSTÖRUNGEN UND NERVOSITÄT DURCH STRESS 210

Der Schlaf: Balsam der Natur

So wirken Sie nervösen Schlafstörungen entgegen

Schlafmittel aus der Natur

STEIGERUNG DER EIGENEN ENERGIE UND GEISTIGEN LEISTUNGSFÄHIGKEIT 217

Sich von unnützen Belastungen befreien

15 wichtige Punkte für die seelische und persönliche Entwicklung

Beschleunigung der seelischen und persönlichen Entwicklung

Die Weichen für den Tag richtig stellen

Die negativ wirkende Elektrizität im Körper abbauen

Psychische Hilfen zur Steigerung der positiv wirkenden Elektrizität

Ausreichend seelische Fortschritte erzielen

BESONDERE TEETIPS 228

INTERESSANTES UND NEUES AUS DER WISSENSCHAFT 232

Candida - der Hefepilz

Der D-Punkt

Mönchspfeffer hilft dem Mann

Exotische Heilmittel

Gesundbrunnen Bier
Melatonin
Freie Radikale
Die kleine Reiseapotheke
Jungbrunnen Wein
Was Sex zur Gesundheit beiträgt

ADRESSEN GUTER GESUNDHEITSHOTELS 239

REFERENZVERZEICHNIS 252

Kräutermischungen und andere medizinische Rezepturen in jedem Fall vor Anwendung mit einem Arzt, Apotheker oder Drogisten absprechen. Keine Gewähr.

Gesundheitsmanagement

Eine schlechte und ungesunde Lebensweise führt geradewegs zu Herz-Kreislauferkrankungen, burn out, Nervenleiden, Erkrankungen der Wirbelsäule und des Bewegungsapparats sowie zu psychosomatischen Beschwerden. Dazu gesellt sich eine immer stärker werdende Belastung durch Beruf, Freizeitverhalten und Privatbereich. Meist sind wir daran selber schuld: Wer sich während der Arbeit vom Bürostuhl nur erhebt, um den Fahrstuhl zu benutzen und sich dann auf den Kantinenstuhl setzt; wer den Nachhauseweg sitzend im Auto oder Bus verbringt und dann nach gemütlichem Verweilen auf der Eßbank in den Fernsehsessel oder auf die Couch wechselt und schließlich ins Bett fällt, der braucht sich nicht zu wundern, wenn Muskeln erschlaffen, stetige Müdigkeit die Folge ist und Schwindelgefühle oder sogar Arm- und Herzschmerzen auftreten.

- Bewegungsmangel ist einer der wichtigsten Risikofaktoren für Erkrankungen des Herz-Kreislaufsystems und des Bewegungsapparats.
- Fast jeder dritte Erwachsene klagt in Österreich über Rückenbeschwerden.
- Ernährungsabhängige Krankheiten verursachen nahezu ein Drittel aller Kosten im Gesundheitswesen.
- In der Arbeitswelt treten vermehrt psycho-physische Mehrfachbelastungen auf.
- Es besteht ein enger statistischer Zusammenhang zwischen Berufsstreß und krankheitsbedingten Arbeitsausfällen.
- Alkohol und Rauchen verstärken nicht nur die Streßreaktionen, sondern beschleunigen auch den Alterungsprozeß.
- Herz-Kreislauferkrankungen sind die häufigste Todesursache in Österreich und den meisten Nachbarländern.
- In den Betrieben könnte mit Vorträgen, Ernährungstips, Kaufberatungen (z.B. bei Joggingschuhen) und Sammelbestellungen von Vitamin C die krankheitsbedingten Ausfälle verringert werden.

Gesundheitsmanagement besteht aus richtiger Ernährung, moderater Bewegung und der Anwendung mentaler Techniken. Kurz gesagt geht es darum, sich mit wenig Aufwand die Leistungsfähigkeit

und die Jugendlichkeit zu bewahren oder sogar zu steigern. Regelmäßige, richtige Bewegung verbrennt Fett, was wichtig ist, da die meisten von uns zu fett essen. Fett sitzt nicht nur rund um den Bauch, sondern überall, auch zwischen den Gehirnzellen. Dort verpappt es den Fluß der Geistesblitze.
Richtige Bewegung läßt das ACTH-Hormon (Kreativitätshormon) und die Endorphine (Glückshormone) im Blut ansteigen. So wird das Immunsystem gestärkt: Eine bessere Durchblutung und Sauerstoffdurchflutung, optimale Cholesterinwerte, Idealgewicht, Fröhlichkeit und klare Gedanken können die Folge sein. Wer z.B. joggt, kann seine Probleme laufend lösen, anstatt darüber zu brüten.
Menschen, die unter Streß stehen, nehmen in der Regel zu wenig Eiweiß zu sich. Dies ist in den letzten Jahren in aufwendigen Meßreihen bewiesen worden. Als Richtwert sollten ein Eiweißanteil von 15 Prozent angestrebt werden. Bereichern Sie also Ihren Speiseplan mit Getreideprodukten, Obst, Gemüse sowie mit raffiniert gemischtem Eiweiß. Aber Vorsicht bei Fleisch und Wurst. Sie enthalten zwar viel Eiweiß leider aber auch viel Fett und Cholesterin.
Viele Menschen leiden heute zudem an Vitamin- und Mineralstoffmangel, da aufgrund intensiver Bodenbewirtschaftung Böden verarmen und Pflanzen nicht mehr ausreichend Vitamine und Mineralstoffe enthalten. Geben Sie biologisch angebauten frischen Produkten den Vorzug.

Zu den mentalen Techniken zählt das richtige Atmen, das für größere Ausgeglichenheit sorgt, das Gehirn durchblutet und zu einer Erweiterung des Bewußtseins beiträgt. Neben Meditation, Yoga und autogenem Training zählt es zu den bewährten Entspannungstechniken.
Entspannte Menschen - das ist wissenschaftlich nachgewiesen - sind gelassener, schlafen besser, regenerieren schneller, haben weniger Ängste, ein besseres Gedächtnis, zeigen mehr Kreativität und können sich besser konzentrieren. Wer positives Denken gelernt hat, hat auch erheblich größere Aussichten auf Erfolg.

Oft sind leitende Angestellte jedoch zu wenig einsichtig, wenn es um ihre eigene Gesundheit geht. Das Motto lautet: Manager haben topfit zu sei. Unwohlsein und Krankheit passen nicht ins Bild. Ein grippaler Infekt ist für die wenigsten Führungskräfte ein Grund, das

Bett zu hüten. Termine und Besprechungen lassen sich schließlich nicht verschieben. Schmerz- und Aufputschmittel helfen den Verantwortlichen in den Chefetagen schon über die schlimmste Zeit hinweg. Die Einstellung, im Unternehmen unentbehrlich zu sein, verstärkt den mißbräuchlichen Griff zu Medikamenten und Suchtmitteln. Selbst psychische Beschwerden, Ängste, Schlafstörungen und Unruhe werden nicht als Alarmsignale wahrgenommen.

Und wenn die Führungkraft schon nichts auf ihre eigene Gesundheit gibt, wie soll sie dann ein Gesundheitsförderungskonzept für ihre Mitarbeiter unterstützen, welches das individuelle Wohlbefinden steigert und die Lebensfreude fördert?

Das Gros der Manager ist gleich mehrfachen gesundheitlichen Belastungen ausgesetzt:

- Vegetative Beschwerden 85%
- Fettstoffwechselstörungen 75%
- Wirbelsäulen- und Gelenksbeschwerden 73%
- Herz-Kreislauferkrankungen 65%
- Übergewicht 38%
- Bluthochdruck 24%
- Risikofaktor Rauchen 22%
- Harnsäureerhöhung 16%
- Zuckerstoffwechselstörungen 5%

In einem gesunden Körper wohnt auch ein gesunder Geist

Schon Demokrit sagte: „Es werden mehr Menschen durch Übung tüchtig als durch Naturanlage!" Wer also regelmäßig Bewegung macht, hat nicht nur Freude an seinem sportlichen Körper, sondern auch eine bombenstabile Gesundheit und sein bestes Gesundheitsgefühl. Denn Sport erzielt einen höheren Sauerstofftransport im Blut nicht nur für die Muskulatur, sondern auch für das Gehirn. Man weiß auch von kanadischen Wissenschaftlern, daß bestimmte körperliche Übungen schulische Leistungen um 25% verbessern könnten. Schon im Altertum galt die Weisheit: „Mens sana in corpore sano" - ein gesunder Geist in einem gesunden Körper! Diese Erkenntnis gilt medizinisch immer noch. Sie wird leider nur allzu oft vergessen.

Fitneß-Wellness-Tendenzen

Unter dem Lehnwort „fit“ aus dem Englischen, dessen ursprüngliche Bedeutung „tauglich, fähig“ war, verstehen wir heute Leistungsfähigkeit. Es ist kein Zufall, daß das Deutsche kein vollwertiges Pendant für Fitneß kennt. Gesundheit ist gut und schön, doch viel zu hausbacken für diesen vielschichtigen Begriff. Da schwimmt Erfolg mit, da schimmern Schönheit und Jugend durch, da warten Durchschlagskraft, Sehnsüchte und Wünsche, die den Menschen schon immer beflügelt haben.
Für Prof. Opaschoveski, der wissenschaftliche Leiter der BAT Freizeit-Forschungsinstitutes in Hamburg, definiert „Wellness” als einen Zustand körperlicher Aktivierung (Fitneß) mit seelischer Entspannung und gleichzeitig geistiger Anregung (Well-being), kurzum als einen Kraftspender auch für das Morgen: „Die Fitneß für Körper, Geist und Seele!”.

Im Grunde ist jeder Mensch fähig, durch Fitneß eine neue Art des Körperbewußtseins zu erreichen. Er kann bei richtiger Anleitung und Übung nach und nach wieder die ihm als Mensch bestimmte Stärke zurückgewinnen. Dabei sind drei Punkte von Bedeutung: Nämlich den Anfang zu machen, Ausdauer zu zeigen und Geduld zu beweisen.

So bleiben Sie gesund und fit:

- Ausschlafen: 5-6 Stunden sind für die meisten langfristig zu wenig.
- Den Morgen ohne Hektik beginnen: 10 Minuten früher aufstehen, um in Ruhe zu frühstücken.
- Sich ausgewogen ernähren und körperlich bewegen: Es muß nicht immer die klassische Gymnastik sein, Gartenarbeit ist genauso gut.
- Bei unangenehmen Gedanken öfter mal lächeln - auch in den Spiegel. Viel Streß ist selbstgemacht bzw. selbstgedacht.
- Streß thematisieren, Belastungen im privaten und beruflichen Umfeld bei passender Gelegenheit ansprechen. Vielleicht geht es den anderen ja genauso.
- Nicht stetig gute Vorsätze fassen und bei Nichteinhaltung ein schlechtes Gewissen bekommen, sondern mit Lust und/oder Einsicht planen: Schließlich sollte Ihnen der Termin mit sich selbst doch genauso wichtig sein wie die Besprechung mit Herrn XY?

- Einstellung überprüfen: Wollen Sie immer 120% Leistung bringen? Es geht nicht um Minderleistung, aber alles über 100% ist unangemessener und meist selbstgemachter Druck. Können Sie auch mal guten Gewissens faulenzen?
- Milde Verstärker des „inneren Schweinehunds" suchen, z.B. Dinge in der Gruppe tun. Schließlich warten die anderen dann auf Sie. Oder „soziale Verpflichtungen" eingehen wie z.B. den Kindern versprechen, ins Schwimmbad zu gehen.
- Möglichkeiten zur Distanzierung bei Entscheidungen oder schwierigen Situationen schaffen. Z.B. ein Problem in schriftlicher Form angehen: Das zwingt zur Strukturierung. Oder fragen Sie sich, was Sie einem guten Freund in der gleichen Situation raten würden. Dadurch erhöhen Sie die innere Distanz zum Problem.
- Ausgleich für tägliche Tätigkeiten suchen, bei Bürotätigkeiten, z.B. im Stehen telefonieren, Kurzpausen mit Bewegung einlegen: Kaffee oder Post holen, den PC-Drucker nicht unmittelbar am Schreibtisch positionieren, die Treppe statt des Fahrstuhls benutzen.
- In akuten Situationen Möglichkeiten zur (Ab-)Reaktion nutzen, z.B. „Frustfluch" in der Tiefgarage oder „Ballspiel" am PC, jedoch nicht zur Abreaktion ins Auto setzen, aufs Motorrad steigen oder den Ärger an völlig Unbeteiligten auslassen!

Die Grundlagen einer dauerhaften Gesundheit

Überall ist von Gesundheit die Rede. Bioprodukte finden den Weg in die heimische Küche, Sportartikel animieren uns zur gesunden Freizeitgestaltung, und Fitneßstudios sprießen aus dem Boden. Fast jedem ist inzwischen bekannt, daß Rauchen, falsche Ernährung, wenig Bewegung und zuviel Streß krank machen. Dennoch halten sich sehr wenige Menschen daran - dies sieht man an der Kostenexplosion im Gesundheitswesen.

Ich möchte Ihnen mit ein paar Tips den Weg zur dauerhaften Gesundheit weisen. Mancher mag Ihnen zwar im ersten Moment weit hergeholt erscheinen, probieren Sie jedoch einige davon aus und Sie werden sehen, Ihr Leben nimmt eine positive Wendung.

Tips:

- Sie sollten Ihren Geist nicht mit pessimistischen, negativen und unangenehmen Gedanken vergiften! Vergessen Sie nicht, daß jede Aggression gegen andere in Form von Streß voll zurückkommt.
- Bemühen Sie sich immer, die Wahrheit zu sagen. Lügen haben sehr negative Auswirkungen besonders auf unser Immunsystem.
- Verurteilen und kritisieren Sie nicht voreilig. Seien Sie tolerant und nachsichtig, jedoch nicht zynisch und herablassend gegenüber Ihren Mitmenschen.
- Jede gute Tat wird mit Wohlbefinden und Gesundheit belohnt. Darum sollten Sie nicht vergessen, auch einmal hilfreich zu sein.
- Finden Sie die Entspannungstechnik, mit der Sie sich selber beruhigen und entspannen können (siehe Kapitel „Richtig Entspannen").
- Gönnen Sie Ihrem Körper so viel Schlaf, wie er verlangt. Schlaf ist die schönste Belohnung, nach einem anstrengenden, ermüdenden Arbeitstag. Verzichten Sie nie auf Ihre Ruhestunden mit der Ausrede, Sie seien zu beschäftigt. Der Preis, den Sie dafür zahlen, steht in keinem Verhältnis zu den Vorteilen, die Sie durch Ihre Ausgeglichenheit gewinnen werden.

- Lachen Sie viel, denn so wird Ihr Immunsystem gestärkt. Einmal täglich herzhaft lachen, erhält Ihnen Ihre Gesundheit. Aber auch wenn Ihnen zum Weinen zumute ist, tun Sie es. Tränen waschen alle Toxine (Gifte), die uns langsam vergiften würden, aus uns heraus. Es wirkt befreiend auf Organismus und Geist.
- Vergessen Sie nicht, sich regelmäßig (zumindest 2 bis 3mal in der Woche) körperlich zu betätigen.
- Wichtiger Grundpfeiler der Gesundheit ist eine gesunde, ausgeglichene Ernährung (siehe Kapitel „Gesunde Ernährung“).

Schluß mit dem Rauchen

Hier ist es unnötig, all die gesundheitlichen Schäden, die der übermäßige Zigarettenkonsum über kurz oder lang mit sich bringt, aufzuzählen.

So fällt es Ihnen leichter, das Rauchen aufzugeben:

- Wenn Sie sich entschließen aufzuhören, dann kaufen Sie sich doch von dem Moment an nicht mehr Ihre Lieblingszigaretten, sondern nur mehr solche, die Ihnen nicht besonders schmecken.
- Kaufen Sie keine Zigarettenstangen mehr, sondern jede Packung einzeln.
- Lassen Sie Ihr Feuerzeug oder die Streichhölzer morgens zu Hause. Sie werden gezwungen sein, immer wieder um Feuer zu bitten.
- Rauchen Sie Zigaretten nur mehr bis zur Hälfte.
- Benützen Sie in allen öffentlichen Verkehrsmitteln, aber auch in Kaffeehäusern und Restaurants absichtlich die Nichtraucherabteile und -zonen.
- Setzen Sie sich einen fixen Termin, an dem Sie mit dem Rauchen aufhören!
- Denken Sie immer wieder daran, daß Sie ohne Rauchen eine viel bessere Kondition hätten. Auch der lästige Husten, der oft durch das Rauchen entsteht, wäre wie weggeblasen. Sie hätten einen frischen Atem und wären bei besserer Gesundheit!

Schluß mit dem Alkohol

Es ist wirklich nicht einfach, zwischen einem Gelegenheitstrinker und einem Alkoholiker eine klare Grenze zu ziehen. Wissenschaftliche Untersuchungen haben gezeigt, daß es möglich ist, Alkoholiker zu sein, ohne je den Anschein zu erwecken, übermäßig viel zu trinken. Jedoch wer folgende Merkmale aufweist, wird heute zu den gefährdeten Personen des Alkolholismus hinzugerechnet - testen Sie sich selbst!

- Verspüren Sie zu gewissen Tageszeiten den Drang, Alkohol zu trinken?
- Trinken Sie öfters alleine?
- Haben Sie nach dem Alkoholgenuß öfter Gewissensbisse oder Schuldgefühle?
- Haben Sie durch Alkoholgenuß bedingte Stimmungswechsel aufzuweisen?
- Sind Sie sehr verärgert, wenn Sie aus irgendeinem Grund vorübergehend auf Alkohol verzichten müssen?

Wenn diese Punkte auf Sie zutreffen, dann ist es an der Zeit, Gegenmaßnahmen zu ergreifen! Doch um vom Alkohol loszukommen, müssen Sie selber den festen Entschluß haben, sich aus dieser Situation zu befreien. Reden Sie mit Personen, die Ihnen nahestehen, und seien Sie nicht der Hilfe von außen abgeneigt. Oft genügt nicht nur der eigene Wunsch, sich vom Alkohol zu lösen.

- Vergessen Sie nicht, daß Sie der Alkohol zu einem schwierigen Menschen macht.
- Alkohol ist schlecht für den allgemeinen Gesundheitszustand.
- Durch ihn können Sie in Depression verfallen.
- Sie entwickeln Aggressivität gegen sich selber aber auch gegenüber Ihren Mitmenschen.
- Gehirnzellen sterben ab, und mit der Zeit „verdummen" Sie.
- Sie neigen zur Ungepflegtheit und Ihr äußeres Erscheinungsbild verliert!

So fällt Ihnen das Aufhören leichter:

- Bewahren Sie keinerlei alkoholische Getränke im Hause auf.
- Vermeiden Sie im Restaurant oder bei Einladungen alkoholische Getränke, oder wählen Sie absichtlich ein alkoholisches Getränk, das Ihnen überhaupt nicht zusagt.
- Vermeiden Sie Streß.
- Rechnen Sie sich aus, wieviel Geld Sie einsparen, würden Sie -

keinen Alkohol mehr konsumieren.
- Suchen Sie die Unterstützung Ihres Lebenspartners oder eines Menschen, der Ihnen nahesteht.
- Ernähren Sie sich gesund, und nehmen Sie besonders viele Vitamine und Mineralstoffe zu sich.
- Meiden Sie scharf gewürzte Speisen.
- Vergessen Sie nicht auf regelmäßige Bewegung - besonders an der frischen Luft und in der schönen Natur.

Erregung in positive Energie umwandeln

Oft reagieren wir zu jähzornig, „brausen" gleich auf, wenn jemand eine gegensätzliche Meinung vertritt oder wenn wir kritisiert werden. Mangel an Selbstvertrauen und das Fehlen innerer Ausgeglichenheit verursachen Frustrationen und sind oft der Grund von Aggressivität.
Die beste Methode, Wut in positive Energie umzuwandeln, besteht darin, sie sich als Naturgewalt vorzustellen und zur Entladung kommen zu lassen. So finden Sie anschließend die innere Ruhe wieder und bewahren Sie auch. Unterdrücken Sie jedoch nicht zu oft Ihre zornigen Gefühle. „Hinuntergeschluckte" Wut ist in jeder Hinsicht gefährlicher als „ausgelebte".

So bekommen Sie Aggressionen in den Griff:

- Atmen Sie mehrmals hintereinander tief durch.
- Lernen Sie, sich zu entspannen, indem Sie sich täglich ein paar Minuten Entspannungsübungen widmen. Reinigen Sie dadurch Ihr Gehirn von Giftstoffen, so wird es für Zorn weniger empfänglich, und Sie werden viel toleranter.
- Lernen Sie meditieren. Es werden zahlreiche Kurse, unter anderem auch von den Volkshochschulen, angeboten.
- Akzeptieren Sie sich selbst, denn nur so werden Sie auch von anderen akzeptiert.
- Ernähren Sie sich vollwertig, das verbessert eindeutig schlechte Laune.
- Machen Sie regelmäßig Bewegung. Besonders beim Joggen werden Glückshormone ausgeschüttet. Sie fühlen sich viel besser.
- Aufgestaute Erregung wird sehr gut durch Sport (Squash, Badminton, Tennis, etc.) abgebaut.
- Denken Sie positiv, und versuchen Sie, zufrieden zu sein.

Wie Sie Kritik besser vertragen können

Gehören Sie auch zu den Personen, die sofort beleidigt sind, sobald auch nur die kleinste Kritik geübt wird? Vergessen Sie nicht, daß in den meisten Kritiken ein wenig Wahrheit enthalten ist. Sie müssen sich nur das für Sie Positive aus dieser Kritik herausnehmen!
Vermögen Sie Kritik nur schlecht zu ertragen, ist das auch auf Ihren Mangel an Selbstvertrauen zurückzuführen. Sie sind von dem, was Sie unternehmen, zu wenig überzeugt. Sobald Sie jemand auf einen Fehler hinweist, werden Sie wütend oder bestürzt.
Sie müssen versuchen, sich nicht jedesmal betroffen zu fühlen, wenn sich Ihnen gegenüber jemand kritisch äußert.

- Lernen Sie, Ruhe zu bewahren.
- Verwenden Sie die Kritik zu Ihrem Vorteil. Sie können die kritisierende Person so auch in die Enge treiben.
- Lassen Sie eine Kränkung nicht so ohne weiteres zu, indem Sie sich still zurückziehen und „schlucken".
- Versuchen Sie, das spontane Gefühl des Beleidigtseins zu vermeiden.
- Visualisieren Sie Ihre Weiterentwicklung.
- Versuchen Sie, das Beste aus der jeweiligen Kritik (überhaupt von Personen, die Ihnen nahestehen) herauszunehmen und zu überdenken. Stehen Sie dieser Kritik offen gegenüber und versuchen Sie, nach genauer Überlegung an sich zu arbeiten!

Lange Flugreisen - was tun?

Wer oft zu langen Reisen mit dem Flugzeug gezwungen ist, sei es aus beruflichen oder privaten Gründen, sollte versuchen, sich mit Hilfe folgender Tricks den Aufenthalt im Flugzeug möglichst angenehm zu gestalten.

- Wählen Sie beim Einchecken einen Platz am Mittelgang in der Mitte des Flugzeuges. Hier verläuft Ihre Reise am ruhigsten, und Sie genießen Beinfreiheit.
- Vermeiden Sie vor dem Flug blähende Speisen (durch den Druckabfall in der Kabine dehnen sich im Darm eingeschlossene Gase aus, das führt zu Blähungen).
- Trinken Sie an Bord wenig Alkohol. In 10.000 Metern Höhe belastet er den Organismus noch stärker als am Boden.

- Halten Sie nach dem Essen an Bord ein Verdauungsschläfchen. Im Schlaf wird der Organismus am geringsten belastet.
- Während eines längeren Fluges können die Beine schwer werden oder sogar einschlafen. Machen Sie ein bißchen Gymnastik: Klopfen Sie mit den Zehen auf den Boden, pressen Sie die Knie 10 Sekunden zusammen, lagern Sie die Beine auf dem Handgepäck.
- Enge Schuhe ausziehen, damit die Durchblutung nicht gestört wird.
- Um einer Thrombose entgegenzuwirken: Alle 20 Minuten Beingymnastik, im Sitzen radfahren, Füße anheben und anspannen.
- Auf Langstreckenflügen wird der Organismus besonders belastet. Damit Sie nicht schlapp machen: Vitamin E in Tablettenform oder in Nüssen, Vollkornbrot und Weizenkeimen beugt dem vor.
- Die Luft in der Flugzeugkabine ist trocken. Trinken Sie ausreichend stilles Wasser, aber keinen Kaffee.
- Während der Landung steigt der Kabinendruck, das kann zu Nebenhöhlenbeschwerden führen, besonders wenn man erkältet ist (Schnupfen). Kaugummi kauen hilft.

So entgehen Sie dem Jetlag:
Auch die besten Strategien gegen Jetlag - hier jene von Diana Fairechild - sollten nicht darüber hinwegtäuschen, daß Langstreckenflüge den Organismus sehr belasten.

- Stellen Sie sofort nach dem Start Ihre Uhr auf die Zeit des Zielortes um, passen Sie Ihren Schlafrhythmus der neuen Zeit an.
- Essen Sie im Flugzeug nur leichte Kost: wenig Salz, Zucker und Fett.
- Verzichten Sie auf Schlaftabletten!
- Tanken Sie nach der Landung möglichst viel Tageslicht.
- Kontakt zu anderen Menschen hilft über die Müdigkeit hinweg.
- Nutzen Sie Pausen im (Verhandlungs-)Programm für einen Spaziergang.
- Vorausgesetzt der Terminplan erlaubt es: Auch mit einem mehrtägigen Stop-over auf halber Strecke kann man dem Jetlag ein Schnippchen schlagen und sich nach und nach an den neuen Zeitrhythmus gewöhnen.

Fit bleiben bei langen Autofahrten

Lange Autofahrten lassen sich oft nicht vermeiden. Um sie fit und entspannt zu überstehen, sollten sich Ihre Aktivitäten an der Ampel oder im Stau nicht nur auf das Drehen am Radio beschränken. Meine Tips und Anregungen sollen sowohl Ihren Nerven als auch Ihren Muskeln dienen.

- Vor dem Starten kontrollieren: Abstand zwischen Pedal und Sitz. Die richtige Distanz hilft Bein- und Kreuzschmerzen vorzubeugen.
- Die Nackenstütze dient nicht nur der Sicherheit. Sie hilft Kopf- und Nackenschmerzen zu vermeiden. Neigen Sie die Nackenstütze nach vorne, und Ihr Kopf kann sich entspannt zurücklehnen.
- Leichtes Essen und alkoholfreie Getränke vor und während der Fahrt sollten selbstverständlich sein.
- Gönnen Sie sich zwischendurch ausreichend Frischluft (einatmen saugend durch die Nase, ausatmen blasend durch den Mund). Sie müssen das Auto ja nicht gerade im Stau durchlüften.
- Achten Sie auf lockere Kleidung, und lassen Sie sich nicht durch einen zu engen Kragen oder Gürtel tyrannisieren.
- Lächeln, nicht ärgern. Ihre Nerven sind kostbar. Lassen Sie sich daher nicht aus der Ruhe bringen.

◆ ***Übungen während der Fahrt***

- Kopf nach hinten gegen die Nackenstütze stemmen.
- Kinn zum Brustbein drücken.
- Kinn zur rechten und zur linken Schulter führen.
- Arme gegen Steuer stemmen, dabei Schulter nach vorne ziehen.
- Rechtes Ohr zur rechten Schulter führen, linkes Ohr zur linken Schulter.
- Ellbogen senkrecht nach unten ziehen, einen langen Hals machen.
- Ellbogen senkrecht nach unten und Schultern zurückziehen.
- Mit den Schultern kreisen.
- Rücken gegen die Lehne drücken, Schulterblätter dabei zusammenziehen.

◆ ***Übungen im stehenden Auto***

- Zuerst: Gang herausnehmen, die Handbremse anziehen und den Motor abstellen.

- Arme nach oben strecken, Handflächen gegen das Dach stemmen.
- Abwechselnd einen Arm strecken (auch die Finger, Daumen zeigt nach oben) und den anderen Arm abwinkeln.
- Arme strecken (Handflächen zeigen nach oben), Hände zu Fäusten ballen und Ellbogen abwinkeln.
- Hände zu Fäusten ballen, wieder öffnen und Finger spreizen.
- Aus dem Handgelenk mit der Hand kreisen.
- Arme hängenlassen, die Handflächen abwinkeln und den Rücken strecken. Abwechselnd eine Schulter nach oben, die andere nach unten ziehen.
- Handflächen gegeneinander drücken (Ellbogen waagrecht, Schultern nicht hochgezogen), Ellbogen zusammenführen und zurück.
- Hände auf den Kopf, Ellbogen nach hinten drücken.
- Hände auf den Kopf, Oberkörper nach rechts und links drehen.
- Hände auf den Kopf, Ellbogen vor dem Gesicht zusammenführen.
- Beide Hände liegen am Hinterkopf, Kopf nach vorne neigen und gegen zarten Widerstand wieder aufrichten.
- Rechte Hand an linkes Ohr legen, Kopf nach rechts neigen und umgekehrt.
- Hände rechts und links auf den Sitz stemmen, Rücken strecken, Gesäß leicht anheben.
- Abwechselnd Beine strecken und Füße abwinkeln.
- Abwechselnd Knie hochziehen.
- Rechtes Knie anwinkeln, mit der linken Hand dagegendrücken und umgekehrt.
- Aus dem Fußgelenk kreisen.

◆ ***Übungen auf dem Parkplatz***

- Beine ausschütteln, kräftig durchatmen.
- Um den Wagen hüpfen.
- Arme über den Kopf strecken, sich auf den Zehenspitzen räkeln.
- Arme über den Kopf strecken, in die Hände klatschen.

Hampelmann: Arme über den Kopf strecken, Beine grätschen, Beine zusammen, Arme nach unten an den Körper.

- Beine sind gegrätscht, Arme zum rechten bzw. linken Fuß führen.

- Mit den Armen seitlich des Körpers Kreise beschreiben.
- Beine sind gegrätscht, Hände am Becken, linken Arm nach oben strecken, Oberkörper nach rechts neigen und umgekehrt.
- In Hockstellung um den Wagen gehen, zum Abschluß Strecksprung.

◆ ***Partnerübungen auf dem Parkplatz***

Ausgangsstellung: Die Partner stehen einander gegenüber.

- Hände gegeneinanderstemmen, jeder versucht den anderen wegzuschieben.
- An den Händen fassen, jeder versucht, den anderen zu sich zu ziehen.
- Bei gebeugten Ellbogen die Handflächen aneinanderlegen, abwechselnd gegen Widerstand einen Arm strecken. Schultern mitdrehen.
- Arme nach oben strecken, jeder versucht auf den Zehenspitzen gehend größer als der andere zu werden.
- Arme nach oben strecken, Oberkörper gemeinsam nach rechts und links neigen.

Ausgangsstellung: Die Partner stehen Rücken an Rücken.

- Arme nach oben strecken, jeder Partner versucht, den anderen nach vorne zu ziehen.
- Arme hinter dem Rücken ineinander verschränken, nach vorne neigen, den Partner am Rücken mitnehmen.
- Oberkörper gemeinsam nach links und rechts neigen.
- Wettlauf rund ums Auto.

Zivilisationskrankheiten und wie wir ihnen entgegenwirken können

Krankheiten, die sich oft auf falsche Lebens- und Ernährungsgewohnheiten zurückführen lassen, müssen nicht sein. Mit etwas Vernunft und Disziplin ist es keineswegs schwer, bis ins hohe Alter gesund und vital zu bleiben.

Bluthochdruck

Wer ständig unter zu hohem Blutdruck leidet, muß grundsätzlich vom Arzt behandelt werden. Bluthochdruck ist einer der größten Risikofaktoren für Herz- und Kreislauferkrankungen. In schweren Fällen kommt man um blutdrucksenkende Medikamente nicht herum. Anders bei der sogenannten milden Hypertonie, bei der der diastolische Blutdruck, d.h. der zweite Wert, ständig um 90 bis 95 liegt; normal wären 80.

Hier vermag eine konsequente Änderung der Verhaltensweisen den Blutdruck wesentlich zu senken.

Höchstwahrscheinlich steigt der Blutdruck mit höherem Alter an. Einer Studie zufolge springt der systolische Wert (die höhere Zahl) zwischen dem 25. und 65. Lebensjahr um durchschnittlich 15 Punkte in die Höhe.

Der Verzehr von Obst und Gemüse und das Einnehmen von Präparaten mit Antioxydanzien, vor allem von Vitamin C, kann das Ansteigen des Blutdrucks abwehren.

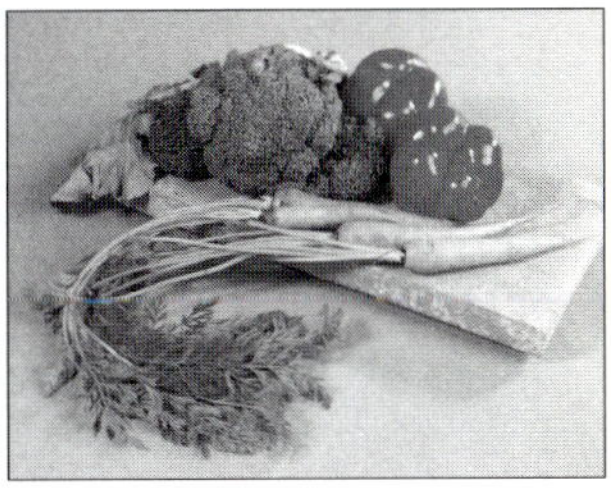

Eine Forschungsarbeit der Northwestern University Medical School in Chicago brachte folgendes Resultat: Bei Männern, die 10 Jahre hindurch besonders viel Vitamin C und Beta-Carotin zu sich nahmen, stieg der Blutdruck nicht so stark wie bei jenen Männern, die ein Minimum an Vitaminen aßen.

Ein weiterer Grund, weshalb der Blutdruck mit dem Alter steigen kann, ist Natrium. Mit dem Älterwerden reagiert fast jeder Mensch Salz gegenüber empfindlicher. Deshalb kann ein vorsichtiger Umgang mit Salz während des ganzen Lebens nur von Vorteil sein.

So halten Sie den Blutdruck niedrig:

- Essen Sie viel Obst und Gemüse. Mindestens drei Äpfel pro Tag wären ideal.
- Wenn Sie nicht viel Obst essen, nehmen Sie zusätzlich Vitamin C-Präparate. Schon 250 Milligramm täglich verringern das Risiko von hohem Blutdruck um die Hälfte! Vitamin C entspannt die Gefäßwand. Die Viskosität des Blutes wird im optimalen Bereich gehalten.
- Schränken Sie den Konsum von konservierten Nahrungsmitteln und von Fertiggerichten ein.
- Nehmen Sie Magnesium zu sich. Es greift regulierend in den Mineralhaushalt der Gefäßwandzellen ein, was ebenfalls die Wandspannung vermindert. Der erhöhte Blutdruck wird normalisiert.
- Essen Sie blaue Trauben, und trinken Sie blauen Traubensaft. Traubenwirkstoffe erweitern die Arterien.
- Essen Sie Sellerie. In der alten vietnamesischen Heilkunde gilt Sellerie als Mittel gegen hohen Blutdruck.
- Essen Sie Knoblauch.
- Nehmen Sie viel Kalium ein, um den Körper von einem Überschuß an Flüssigkeit zu befreien. Es findet sich konzentriert in Obst und Gemüse, Nüssen, Sojabohnen und Fisch.
- Essen Sie Hafergrütze.
- Essen Sie mehr Lachs, Sardinen oder nehmen Sie Fischölkapseln ein.
- Nehmen Sie viel Kalzium zu sich; es ist in Milch, Käse und Joghurt enthalten
- Nehmen Sie ausreichend Magnesium zu sich, enthalten in grünem Blattgemüse, Vollkorn, Bananen.
- Bauen Sie Übergewicht ab. Bei zu hohem Fettkonsum nimmt die Aktivität der Freien Radikale zu, und der Blutdruck steigt an.
- Regelmäßig kalte Teilgüsse, Wassertreten und nicht zu warme Kräuterbäder helfen.
- Große Aufregungen so gut wie möglich vermeiden.
- Finger weg von Entwässerungsmedikamenten, außer sie werden vom Arzt verschrieben.
- Verzicht auf zu großen Nikotin- und Alkoholkonsum.
- Verzicht auf hormonelle Empfängnisverhütung.
- Regelmäßige Bewegung, sehr gut eignen sich spazierengehen, wandern, schwimmen, langlaufen und radfahren.

Vitamin-Zell-Komplex Programm:

- Abbau der Ablagerungen in den Herzarterien durch
  Vitamin C
  Vitamin E
  L-Proling
  L-Lysin
- Entspannung der Herzwand durch
  Vitamin C
  Magnesium
- Verbesserung der Pumpfunktion des Herzens durch
  Karnitin
  Coenzym Q-10
  Pantethin
  Vitamin B-Komplex
  Magnesium
  Mineralien

Blutniederdruck

Von Blutniederdruck (Hypotonie) spricht man, wenn der systolische (obere) Wert andauernd unter 110 Millimeter beim Mann und unter 100 Millimeter bei der Frau liegt. Der diastolische (untere) Wert ist unter 60 Millimetern.
Allerdings müssen auch Beschwerden vorhanden sein, denn solche Blutdruckwerte findet man ebenso bei gut trainierten Sportlern als Ausdruck ihrer „Trainingsvagotonie".

So wirken Sie zu niedrigem Blutdruck entgegen:

- Systematisches aktives körperliches Training ist wichtiger als eine medikamentöse Therapie. Man beginnt das Training mit geringeren Reizstärken und steigert allmählich die Intensität.
- Im Vordergrund stehen Wasseranwendungen und gezielte Bewegungstherapie.
  Bei der Wasseranwendung unterscheidet man drei Reizstärken.
- Reizstärke 1
  Teilwaschungen (Oberkörper, Unterkörper)
  Knieguß und Armguß mit 18° bis 22° C kaltem Wasser.
  Wechselfuß- und Armbäder: 5 Minunten in 36° C warmen Wasser, 5 Sekunden in kaltem Wasser.

- Reizstärke 2:
  Ganzkörperwaschungen
  Wechselgüsse an Armen und Beinen mit 36° und 15° C temperiertem Wasser, Wassertreten.
  Ein einzelner Saunagang auf unterer Stufe.

- Reizstärke 3:
  Die großen, kalten Güsse wie Unterguß, Rückenguß, Oberguß und Vollguß.
  Warmes Vollbad plus kalter Guß.
  2-3 Saunagänge (ohne Tauchbad).

Diese Wasseranwendungen sollte man regelmäßig durchführen.

Die Bewegungstherapie:
Sie beginnt ebenfalls mit kleinen Reizstärken und soll das Herz-Kreislaufsystem, die Atmung und das vegetative Nervensystem trainieren. Auch hier ist Regelmäßigkeit wichtig.
Eine einfache Übung: Man mißt zunächst den Ausgangspuls, dann hüpft und läuft man auf der Stelle ca. eine Minute lang in leicht erträglicher Intensität. Bei der Nachmessung ist der Puls in der Regel erhöht. Nun wartet man im Sitzen (später im Stehen), bis der Ausgangspuls wieder erreicht ist. Dann wiederholt man die Übung.

- Von allen Sportarten sind Wandern, Schwimmen und Radfahren besonders zu empfehlen. Wanderungen, besonders unter wechselnden Bedingungen - eben, bergauf, bergab, im Schatten, in der Sonne usw. - sind sehr gut geeignet, weil sie die Anpassung des Organismus auf natürliche Weise trainieren.

- Empfohlene Heilpflanzen bei zu niedrigem Blutdruck:
  Rosmarin, Fichtennadel und Ginseng sind einige der „Blutdrucksteigerer“ aus dem Pflanzenreich.
- Folgende Teesorten werden empfohlen:
  Rosmarinblatt, Zwergholunderwurzel, Zinnkraut zu gleichen Teilen.
  Um gefäßwirksame Stoffe zuzuführen, können Sie auch Weißdornblatt und -blüte, Rosmarinblatt und Melissenblatt zu gleichen Teilen mischen.
  Man nimmt 2 TL pro Tasse. Mit siedendem Wasser überbrühen und

10 Minuten bedeckt ziehen lassen.

- Für ältere Menschen mit Blutniederdruck eignet sich das Rosmarinelixier.
- Morgendliche kalte Oberkörperwaschungen mit dem Schwamm beleben.
- Bürstenmassage
- Wöchentlicher Saunabesuch
- Vitaminbetonte Vollwerternährung
- Ein „Glaserl" Rotwein trinken.

Schlaganfall

Schlaganfälle sind darauf zurückzuführen, daß plötzlich der Blutzustrom zu einem Teil des Gehirns unterbrochen wird; wenn die Versorgung nicht sehr schnell wiederhergestellt wird, sterben die Gehirnzellen ab. Der Betroffene verliert bestimmte Körperfunktionen. Verbreitete Symptome eines Schlaganfalls sind die Lähmung einer Körperseite, Beeinträchtigung von Sprache und Gesichtssinn, Verwirrung und zeitweilige Persönlichkeitsveränderungen.
Wenn die Therapie innerhalb von 24 Stunden einsetzt, können gesunde Zellen schnell die Funktionen der geschädigten übernehmen, wodurch viele der Betroffenen eine weitgehende Heilung erfahren.
Es gibt drei grundlegende Arten des Schlaganfalls. Der verbreitetste Typ, eine Gehirnthrombose, entwickelt sich auf eine Weise, die der Blockierung der Herzkranzgefäße, die einen Herzanfall verursacht, ähnelt: Fett- und Cholesterinablagerungen blockieren dabei den Blutzustrom zu einem Teil des Gehirns. Bei einem embolischen Schlaganfall verstopft ein Blutklümpchen eine Gehirnarterie.

Schlaganfälle durch Gehirnblutung treten auf, wenn eine Arterie im Inneren oder an der Oberfläche des Gehirns platzt.

Ernstzunehmende Warnsignale:

Ein Schlaganfall läßt sich auf eine Beschädigung des Gehirngewebes zurückführen, die gewöhnlich durch eine verengte oder blockierte Arterie (unterbricht die Blutversorgung des Gehirns) oder aber durch eine Gehirnblutung verursacht wurde.
Da ein Schlaganfall sich auf mehrere Bereiche des Gehirns auswirken kann, kann jedes der folgenden Symptome auftreten.

- Plötzliche Schwäche oder Taubheit in einem Arm, einem Bein oder

Gesichtsmuskel, gewöhnlich nur auf einer Körperseite
- Schwierigkeiten beim Sprechen oder beim Verstehen
- Beeinträchtigtes Sehvermögen, vor allem in einem Auge
- Schwindelgefühl oder Ohnmacht, oft begleitet von „Doppelt"-Sehen
- Verlust des Gleichgewichts oder unsicherer Gang bzw. unsichere Haltung
- Kopfschmerzen
- Plötzliche Persönlichkeitsveränderungen, die sich in Ungeduld, Reizbarkeit oder Mißtrauen ausdrücken
- Plötzlicher Verlust des Gehörs oder Ohrensausen
- Schwierigkeiten beim Schlucken
- Verändertes Urteilsvermögen oder Vergeßlichkeit

Tips zur Verhütung eines Schlaganfalls:
- Vermeiden Sie Bluthochdruck, unter dem mehr als die Hälfte der späteren Schlaganfallpatienten litten.
- Fettreiche Ernährung meiden, um Fettablagerungen in den Arterien vorzubauen.
- Vollwertkost
- Regelmäßiges aerobes Training, das den Kreislauf verbessert, z.B. radfahren, langlaufen, wandern.
- Gewichtskontrolle
- Streß vermeiden. Da er den Blutdruck erhöhen oder den Blutkreislauf beeinflussen kann, ist er ein sekundärer Schlaganfallfaktor; Streß-Minderung kann auch zur Senkung des Blutdrucks beitragen.
- Rauchen meiden, denn es erhöht das Risiko eines Schlaganfalls beträchtlich. Starke Raucher erleiden dreimal so häufig einen Schlaganfall wie Nichtraucher!
- Tägliche Babyportion Aspirin zur Schlaganfallverminderung.

Herzinfarkt

Oft ist einfach ein zu hoher Fettkonsum Verursacher eines Infarkts. Mehr als 80% der Herzinfarkte und Kreislauferkrankung wären vermeidbar, würden wir fettärmer essen, weniger rauchen und uns mehr bewegen, warnten die Teilnehmer der Van-Swieten-Ärztetagung, des größten österreichischen Medizinkongresses in Wien.

In einem dieser Vorträge ging Univ.-Prof. Dr. Helmut Sinzinger von der II. Medizinischen Universitätsklinik in Wien auf die Themen Gefäßverkalkung und Herz-Kreislauferkrankungen ein: „Der Österreicher ißt fast 50% Fett, empfohlen sind 30%. Der durchschnittliche Cholesterinspiegel liegt statt bei 200 bei 235 Milligramm pro Deziliter Blut." Rund die Hälfte der Bevölkerung dürfte 250 Milligramm und mehr aufweisen. 6% bis 7% der Erwachsenen (das sind 300.000 Menschen!) haben sogar mehr als 300 Milligramm Cholesterin im Blut, sie schweben sozusagen permanent in Lebensgefahr!

Das überflüssige Fett lagert sich in den Gefäßen ab, die Arterien verschließen sich langsam. Am Ende stehen Herzinfarkt, andere Herz-Kreislauf-Erkrankungen oder der Schlaganfall. Dazu Univ. Prof. Sinzinger: „Mindestens 80% der Herzinfarkts und 90% der tödlichen Herz-Kreislauferkrankungen könnten vermieden werden, wären diese Risikofaktoren ausgeschaltet."

Niemand soll aber glauben, Gefäßverkalkung würde erst im höheren Lebensalter akut; in Univ.-Prof. Sinzingers Station wird fast jede Woche ein erst 25jähriger aufgrund eines Herzinfarkts aufgenommen. Wer 400 Milligramm Cholesterin im Blut hat und dazu weitere Risikofaktoren aufweist, hat ein bis zu 67fach höheres Risiko, einen Herzinfarkt zu erleiden. Für 20% der Patienten kommt übrigens bereits beim ersten Herzinfarkt jede Hilfe zu spät.

Das sind die Warnsignale:

- Brustschmerzen, die häufig bei körperlicher Anstrengung oder starkem emotionalen Streß auftreten
- Kurzatmigkeit, kalte Schweißausbrüche, Übelkeitsgefühl
- Aufwachen mit einem Erstickungsgefühl
- Anschwellen der Extremitäten, besonders an den Gelenken
- Ungleichmäßiger Pulsschlag, Herzklopfen
- Ohnmachtsanfälle, Schwindelgefühle
- Extreme Müdigkeit ohne ersichtliche Ursache

Die Arteriosklerose steht mit 54% aller Sterbefälle an der Spitze der Todesursachen; die Rate nimmt in Österreich noch zu. In 90% aller Fälle konnte ein überhöhter Cholesterinwert durch Ernährungsumstellung normalisiert werden.

Schach dem Herztod:
Nachdem Mediziner Kampagnen gegen das Rauchen in ganz Österreich gestartet haben und dem gefährlichen Bluthochdruck mit Untersuchungsaktionen entgegengetreten sind, sagt man nun dem Cholesterin den Kampf an.

- Fett vermeiden
  Blutfette sind Substanzen, die sich - bei schlechtem oder unzureichendem Abbau - in den Blutgefäßen ablagern, sie verstopfen und verhärten. Die Folge ist eine Verkalkung der Gefäße und dadurch eine Unterversorgung des Körpers mit Sauerstoff.
  Was folgt, ist bereits Alltag in der Akutmedizin: Entzündung der Bauchspeicheldrüse, Schlaganfall, Herzinfarkt-Tod.
  Hauptansatzpunkt ist der Blutfettspiegel: Denn mit jedem Prozent, um den er sinkt, vermindert sich das Herzinfarktrisiko um 2%.
- Falsche Eßgewohnheiten begünstigen den Herzinfarkt.
  55% Kohlehydrate, 20% Eiweiß und 25% Fett - würden wir uns so ernähren, gebe es wesentlich weniger Herzinfarkte. Empfohlen werden Vollwertprodukte, Obst, Gemüse und Kartoffeln.
- Permanenten Bluthochdruck vom Arzt behandeln lassen.
- Werden Sie Nichtraucher!
- Regelmäßige Bewegung fördert das „gute" Cholesterin.
- Senkung eines zu hohen Cholesterinspiegels. Fordern Sie dazu ein Diätheft für Cholesterinkranke bei der Ärztekammer an.

Gicht - was tun bei zu hohen Harnsäurewerten

Gicht ist zwar nicht der häufigste und gefährlichste Risikofaktor für den Herzinfarkt, aber gilt dennoch als ernährungsbedingte Zivilisationskrankheit. Etwa zehn Jahre lang hat man die Chance, diese Stoffwechselstörung zu entdecken, bevor die eigentlichen Erscheinungsbilder der Gicht sicht- und spürbar werden.
Erhöhte Harnsäurewerte (7,0 mg/100 ml) sind das Alarmzeichen und sollten unbedingt ernst genommen werden. Schon ein leicht erhöhter Wert besagt, daß die Harnsäure im Blut nicht mehr gelöst ist, sondern sich in Form von Harnsäurekristallen in den Blutgefäßen, in den Gelenken und in den Nieren abgelagert hat und Beschwerden, Entzündungen und sogar einen Nierenausfall („Gichtniere") hervorrufen kann.

Cholesteringehalt von Nahrungsmitteln

Nahrungsmittel (100 g)	Cholesterin (mg)
Fleisch, Wild, Geflügel	
Rindfleisch (Keule, Filet, Blume)	70
Schweinefleisch (Filet, Schnitzelfleisch, Kotelett)	70
Kalbfleisch (Keule, Schnitzelfleisch, Schulter)	70
Schaffleisch	80
Wild (Reh, Hirsch, Hase, Kaninchen)	80
Geflügel	75
Innereien	
*Bries	300
*Herz	140
*Hirn	3.150
*Leber	250
*Zunge	350
*Hühnerleber	185
*Speck fett und durchwachsen	100
Schinken (diverse Sorten)	60-70
Wurst	
*Bratwurst	100
*Frankfurter Würstel	100
*Weißwurst	100
*Bierschinken	85
*Corned beef (aus deutscher Produktion)	70
*Fleischwurst (diverse Sorten)	85
*Leberkäse	85
*Mortadella	85
Putenwurst	33-70
Fische	
Forelle	29
Hering	80
Kabeljau	50
Makrele	48
Scholle	39
Seelachsfilet	70
Fischkonserven	50-70
*Krabben (Garnele)	138

* Bei stark erhöhtem Cholesterinspiegel wird empfohlen, diese Nahrungsmittel zu vermeiden.

Cholesteringehalt von Nahrungsmitteln

Nahrungsmittel (100 g)	Cholesterin (mg)
EIER	
*1 ganzes Ei (ca. 60 g)	280
Eiklar	0
KÄSE	
*Doppelrahmkäse 50% F.i.Tr.	102
*Butterkäse, Brie, Camembert 50% F.i.Tr.	80-100
*Emmentaler, Gouda, Edamer, Tilsiter 45% F.i.Tr.	90-100
Camembert, Limburger 40% F.i.Tr.	70
Tilsiter, Edamer 30% F.i.Tr.	60
Romadour 20% F.i.Tr, Limburger, Schnittkäse 20% F.i.Tr.	30
Harzer 10% F.i.Tr.	3
*Topfen 40% F.i.Tr.	39
Topfen 20% F.i.Tr.	17
Topfen mager	in Spuren
MILCH UND MILCHPRODUKTE	
Vollmilch 3,6%	12
Magermilch	in Spuren
Buttermilch	in Spuren
*Schlagobers 30%	109
Joghurt 3,6%	10
Magerjoghurt	in Spuren
BACKWAREN	
*Biskuit (gr. Eianteil), Blätterteig (gr. Gesamtfettanteil)	202
Mürbteig	56
Rührteig	74
*Sandmasse	133
*Eierteigwaren	140

* Bei stark erhöhtem Cholesterinspiegel wird empfohlen, diese Nahrungsmittel zu vermeiden.

Cholesteringehalt einiger Nahrungsmittel. Zusammengestellt von Prof. Dr. Kurt Widhalm, Stoffwechselbereich der Univ.-Kinderklinik Wien.

Was ist Harnsäure:
Harnsäure entsteht im Körper aus Purinen, die Bausubstanzen der genetischen Erbmasse in jeder Zelle (DNS) sind. Purine fallen einerseits in unserem Körper selbst an und werden andererseits mit der Nahrung aufgenommen.

Purinfreie Lebensmittel:
- Milch, Topfen, Joghurt
- Eiweiß
- Fette und Öle (auch Butter und Margarine)
- Speisestärke
- Gelatine
- Früchte und Fruchtsäfte (Ausnahmen: Erdbeeren, Birnen, Äpfel)
- Zucker, Honig, Konfitüre

Purinarme Lebensmittel:
- Eigelb
- Käse
- Weißbrot, Semmel, Zwieback
- Kartoffeln
- Karfiol, Rot-, Weißkraut, Wirsing, Endivie, Fenchel, Karotten, Gurken, Kohlrabi, Radieschen, Rettich, Rote Rüben, Sauerkraut, Schwarzwurzeln, Tomaten, Kürbis, Mais
- Äpfel, Birnen, Erdbeeren, Rhabarber
- Eiscreme
- Bier

Lebensmittel mit mittlerem Puringehalt:
- Speck
- Grieß, Reis, Teigwaren, Haferflocken, Knäckebrot, Vollkornbrote, Weizenmehl, Semmelbrösel
- Fisolen, Feldsalat, Eierschwammerl, Kohlsprossen, Sellerie, Spargel, Spinat, Steinpilze
- Nüsse

Purinreiche Lebensmittel:
- Fleisch, Fleischextrakt, Rindsuppe, Knochenmark, Innereien, Wurstwaren
- Wild

- Geflügel
- Hefe, Hefeextrakt
- Hülsenfrüchte (auch Erdnüsse)
- Fische (besonders Hering), Fischkonserven, Räucherfisch, Meeresfrüchte, Kaviar

Tips, damit die Harnsäurewerte niedrig bleiben:

- Vermeiden Sie ein Zuviel an Fleisch, Innereien, Wurst und Rindsuppe.
- Zu empfehlen sind Gemüse, Gemüsesuppen mit Petersilie, Vollkornprodukte, Naturreis und magerer Fisch. Sparen Sie aber bei Tomaten und Pilzen!
- Schon bei etwas erhöhter Harnsäure sollten Sie sich beim Alkohol zurückhalten. Er ist zwar purinfrei, hemmt aber die Ausscheidung der Harnsäure in den Nieren. Besonders Bier und Rotwein auf ein Minimum einschränken. Oft wird ein Gichtanfall durch zu hohen Alkoholkonsum ausgelöst.
- Teetip: Brennessel, Birkenblätter und Zinnkraut zu gleichen Teilen, 5 Wochen hindurch je 2 Tassen pro Tag trinken.
- Trinken Sie mindestens 2 Liter Flüssigkeit (Wasser, Kräutertees) pro Tag.
- Regelmäßig frischen Zitronensaft trinken.
- Bauen Sie Ihr Übergewicht ab, so reduziert sich meist auch die Harnsäure auf den Normalwert.
- Regelmäßige Bewegung.
- Bei erblicher Belastung müssen natürlich Medikamente eingenommen werden, um die Harnsäure in den Griff zu bekommen.

Zuckerkrankheit - Diabetes

Eine häufige Begleiterscheinung eines hohen Insulinspiegels ist ein Glucose-Überschuß bzw. eine Glucose-Intoleranz, die möglicherweise einem Diabetes vorausgehen kann. „Heute Glucose-Intoleranz, morgen Diabetes", merken dazu viele Forscher an.

So beugen Sie erhöhten Zuckerwerten vor:

- Essen Sie nicht zuviel Zucker und Kohlehydrate.
  Je mehr Sie davon zu sich nehmen, desto mehr muß der Körper umwandeln, und das erfordert mehr Insulin. Alle Arten von Zucker treiben Insulin gleich stark in die Höhe - gewöhnlicher Tafelzucker,

Zucker in Kuchen und Keksen ebenso wie Fructose in Obst, Fruchtsäften und Honig.

- Meiden Sie ungesundes Fett. Fett, das schnell oxidiert, bewirkt das Freisetzen von Insulin und die Zunahme von Glucose im Blut. Besonders schädlich sind mehrfach ungesättigte Fette wie Maisöl, Färberdistelöl und Sonnenblumenöl, die dem Blut Freie Radikale zuführen.
  Gefahrlose Fette: Olivenöl, Rapsöl, Öl in Avocados und Nüssen.
- Nehmen Sie Chrom ein.
  Chrom hält das Insulin auf normalen Werten und läßt es effizient arbeiten. Einen Chrom-Mangel gleicht der Körper gern dadurch aus, daß er mehr Insulin freisetzt.
- Bei Übergewicht: Abnehmen. 20% Übergewicht - die sogenannte Fettleibigkeit - kann Insulin-Resistenz mit sich bringen. Wenn Ihr derzeitiges Gewicht 40% über Ihrem Idealgewicht liegt, wandelt das Insulin um 30 bis 40% weniger Zucker um. Abnehmen stimuliert die normale Insulintätigkeit in auffälliger Weise.
- Nehmen Sie Vitamin E ein.
  Vitamin E kann die Insulinaktivität anregen. Forscher an der Universität von Neapel sind der Ansicht, daß es die Membrane vor Schäden durch oxydative Freie Radikale schützt, sodaß die Zellen das Insulin für den Transport von Glucose besser nutzen können. Vitamin E macht also altersbedingte Insulin-Resistenz und schwache Insulin-Aktivität rückgängig.
- Ein wenig Alkohol regt die Insulintätigkeit so an, daß der Körper weniger Insulin braucht, um Zucker zu verarbeiten.
- Als Gewürze werden empfohlen: Zimt, Gewürznelken und Lorbeerblätter, sie steigern die Insulin-Effizienz.
- Mehrmals täglich kleine Mengen zu sich nehmen ist gesünder als dreimal täglich große Mahlzeiten zu essen. Denn die treiben Insulin und Blutzucker besonders arg in die Höhe. Bei einer Gruppe von Diabetikern kam es nach zwei großen Mahlzeiten zu einem wesentlich höheren Anstieg der Insulinwerte als nach sechs kleinen. Mit drei kleinen Mahlzeiten und drei Zwischenmahlzeiten bleiben Insulin- und Blutzuckerwerte also im Normbereich.
- Regelmäßige Bewegung

Krebs

Ihr persönliches Krebsrisiko wird mit Sicherheit von Ihrer genetischen Veranlagung, Ihrer Lebensweise und Ihrer Umwelt sowie von subtilen Interaktionen dieser Faktoren beeinflußt.
Krebs ist kein Phänomen, das plötzlich über Nacht auftritt wie eine Infektion.
Es stellt sich in einem langsam verlaufenden Prozeß ein, der sich über 20, 30, 40 Jahre hinzieht, in denen Zellen von Freien Radikalen bombardiert werden. Dadurch kommt es zu ersten Mutationen. Es folgen dann jahrelang winzige Anstöße, bis die Mutationen zu einem Tumor anwachsen und anschließend auf andere Gewebe übergreifen. Krebs ist eine langfristige Angelegenheit.
Man bekommt Krebs nicht etwa, weil man älter wird. Man bekommt Krebs, weil die Mutationen in den Körperzellen länger Zeit haben, sich aufzubauen.
Wenn Sie die nachlassenden Defensivkräfte Ihrer Körperzellen gegen Beschädigung wieder stärken, dann können Sie den Krebsprozeß verzögern oder ihn ein Leben lang hinausschieben. Schließlich erkrankt nicht jeder Mensch an Krebs. Auch Sie können alt werden, ohne Krebs zu bekommen.

Die wirksamsten Abwehrmittel gegen Krebs:
Oxydationsverhütende Verteidigungskräfte sind von großer Wichtigkeit. Selbst nachdem erste Anzeichen von Zellwucherungen oder gar Krebs festgestellt wurden, können Antioxydanzien Ihre Überlebenschancen erhöhen. Manche Spezialisten sind der Auffassung, daß wir Krebs in den meisten Fällen entkommen könnten, würden wir uns richtig ernähren und unserem Körper viele Antioxydanzien zuführen. Also viel Vitamin C, Vitamin E und Beta-Carotin zu sich nehmen!

Geheimrezept gegen Krebs:
Dr. Jeffrey Blumberg, außerordentlicher Professor, U.S.D.A. Human Nutrition Research Center an der Tufts University, empfiehlt folgenden „Anti-Krebs-Cocktail“:
Vitamin E - 400 IE
Vitamin C - 250 bis 1000 mg
Beta-Carotin - 15 mg
Das ergibt eine Multivitamin-Mineralien-Kombination, welche die

verschiedenen Vitamine und Mineralien mit 100 bis 200% der amtlich empfohlenen Richtwerte dosiert.
Laut Dr. Blumberg kann eine Megadosis Vitamine bereits vorhandenen Krebs bekämpfen helfen.

Sie müssen verhindern, daß Ihre Zellen so stark beschädigt werden, daß Gene (die sogenannten Onkogene) gezwungen sind, die wilden Zellwucherungen loszutreten, die sich zu Krebsgeschwüren aufbauen. Halten Sie Schäden möglichst gering, indem Sie sich so wenig wie möglich Freien Radikalen - beispielsweise auch Zigarettenrauch- aussetzen, die den genetischen Zellencode irreparabel verändern und die Zellen bösartig machen.

- Essen Sie fünf oder mehr Portionen Obst und Gemüse pro Tag.
- Trinken Sie Tee. Er enthält zahlreiche Antioxydanzien (schwarzen, grünen oder Oolong-Tee).
- Schränken Sie den Verzehr von rotem Fleisch, Geselchtem, Gepökeltem, Würsten, Speck und stark gesalzenem Fleisch ein. Sie könnten Dickdarm-, Brust- und Prostatakrebs hervorrufen.
- Schränken Sie die Verwendung gesättigter tierischer Fette ein. Sie fördern Eierstockkrebs und Brustkrebs.
- Vermeiden Sie gesüßte Fertiglimonaden und zu viel Kaffee. Empfohlen werden frische Gemüsesäfte wie z.B. Rote Rübe-Saft mit Apfel.
- Essen Sie mehr Sojamehl, Sojamilch, Tofu, Sojabohnen. Diese Lebensmittel sind voller Anti-Krebssubstanzen.
- Vorsicht bei Alkohol! Mehr als zwei alkoholische Getränke pro Tag erhöhen bei Frauen das Brustkrebsrisiko. Außerdem begünstigt Alkohol manche Arten von Dickdarmkrebs.
- Nehmen Sie Vitamine und Mineralien zu sich. Wenn Sie kein „Gemüse- und Obstesser“ sind, nehmen Sie wenigstens eine Multivitamintablette täglich ein, um die Zellverteidigung auf Mindeststärke zu bringen. Vitamin E, Vitamin C, Beta-Carotin und Selen wirken.
- Richtige Vollwertkost wird wärmstens empfohlen. Ganz allgemein läßt sich feststellen, daß Völker mit hohem Fleisch- und Salzkonsum viel eher an Krebs erkranken als Völker, die üblicherweise weniger Fleisch, dafür mehr Getreide, Gemüse und Obst verzehren.

- Zumindest ein- bis zweimal im Jahr sollten Sie Zinnkraut mit Ehrenpreis zu gleichen Teilen 3 Wochen hindurch 3 Tassen täglich trinken. Zinnkraut wäscht aus, löst und brennt gleichsam die Schadstoffe weg.
- Von sehr großer Bedeutung für gesunde Zellen ist die positive Lebenseinstellung.
- Versuchen Sie angefallene Probleme - privat und auch beruflich - zu besprechen und zu lösen. Nicht zu viel „hinunterschlucken"!

Knochenschwund oder Osteoporose

Manchen Menschen kann man es ansehen, von welchen Erkrankungen sie besonders gefährdet sind. Beispielsweise sind Frauen mit blonden Haaren, sehr heller Haut und knabenhaft schlankem Körperbau häufiger von Osteoporose betroffen als andere.
Sie haben nämlich von Natur aus weniger Östroge, sodaß nach Erlöschen der Eierstockfunktionen in den Wechseljahren bei ihnen eher ein Hormonmangel entsteht - „Knochenschwund" - Osteoporose - ist die Folge.

Auch bei Männern kommt es immer häufiger zu diesem altersbedingten, porösen Knochenbau.

So können Sie Osteoporose entgegenwirken:

- Wichtig ist die Einnahme von Kalzium (Milchprodukte) und Vitamin D (Höhensonne), die in enger Zusammenarbeit neue Knochensubstanz aufbauen.
- Machen Sie viel Bewegung, um die Knochenbaustoffe besser ins Skelett einzulagern. Tägliches Gewichtheben (kleine Gewichte), Radfahren, Schwimmen, Joggen (optimal mit kleinen Fuß- oder Handhanteln), Gymnastik, Wandern aber auch Tanzen.
- Frauen mit einem hohen Blutspiegel benötigen Vitamin C und Vitamin B3, um die Entkalkung zu verlangsamen.
- Auch Vitamin A und B-Vitamine wirken vorbeugend.
- Sie sollten eine Kost mit möglichst hoher Nährstoffdichte zu sich nehmen, z.B. mit Käse, Vollkornprodukten, Gemüse, Obst, grünem Salat, Kartoffeln, Nüssen, etc.
- Zusätzlich können Kalzium - Brausetabletten (Apotheke) eingenommen werden.
- Ab und zu unter die Höhensonne (alle 2 bis 3 Wochen einmal). Be-

sonders an kalten Wintertagen ist das von Vorteil, damit der Körper Vitamin D produzieren kann, mit dessen Hilfe der Knochenstoff Kalzium viel leichter aus dem Darm aufgenommen und verwertet werden kann.

- Frauen und Männer, die schon früh genug auf eine physiologisch richtige Ernährung, auf genügend Sonne und auf tägliche Belastung (regelmäßige Bewegung) achten, können mit 75 noch nahezu dieselben festen Knochen wie mit 35 Jahren haben.

Kalziumreiche, knochenstärkende, gesunde Ernährung:

- Frühstück:
  2 Stück Vollkornbrot mit Topfenaufstrich oder 5 dag Emmentaler, Früchtetee.
- Zwischenmahlzeit:
  1/4 l Buttermilch mit 1 TL Honig oder 1 Becher Kefir.
- Mittags Gemüsetopf:
  grüne Bohnen, Kohlgemüse, Brokkoli, Fenchel, Lauch und Gartenkräuter (Schnittlauch, Petersilie, Kresse)
- Zwischenmahlzeit: ungeschwefeltes Dörrobst wie Feigen, Datteln, Marillen, Zwetschken und 1/4 l Magermilch.
- Abends pikante Polentaschnitten:
  300 g Polenta, 1 l Wasser, Olivenöl, 1 Ei, 4 Scheiben Emmentaler, Zwiebelringe, Salz, Pfeffer.
  Polenta nach und nach in das kochende Wasser einrühren und unter ständigem Rühren leicht kochen. Auf das leicht geölte Backblech gießen. Nach dem Erkalten in Vierecke schneiden, in geschlagenem Ei wenden und in Öl herausbacken. Mit Emmentaler und Zwiebelringen belegen und würzen. Anschließend bei mittlerer Hitze im Rohr überbacken, bis der Käse geschmolzen ist.

Alle Präventivmaßnahmen auf einen Blick:

- Positive Lebenseinstellung
- Rauchen einstellen
- Alkohol vermindern
- Hohe nervliche Belastungen vermeiden
- Streß abbauen
- Zeit für Entspannung nehmen
- Ernährung umstellen - Vollwertkost bevorzugen
- Regelmäßige aerobe Bewegung

Empfehlung:

- mageres Fleisch, höchstens ein- bis zweimal pro Woche
- Fisch ist erlaubt.
- gekochtes Gemüse bevorzugen
- Reis (1 mal pro Woche oder 1 mal innerhalb von 10 Tagen), Reistag nur mit Gemüse (1 mal innerhalb von 3 Wochen)
- Kartoffeln
- täglich einen Apfel und eine Banane
- 2 Liter Flüssigkeit (Tee, Apfelsaft mit Mineralwasser gemischt, Wasser)
- fettarme Milchprodukte vermehrt zu sich nehmen
- Müsli mit Magertopfen (aber nicht abends, da schwer verdaulich)
- OMEGA 3 Säuren - 1 TL Fischöl pro Tag

Tee:

Brennessel, Zinnkraut, Ehrenpreis, Birkenblätter, Melisse

Von allen Sorten die gleiche Menge, mit siedendem Wasser überbrühen, 8 bis 10 Minuten ziehen lassen. Davon 2 Tassen pro Tag trinken.

Stressfaktoren und Stressbewältigung

Das Wort Streß kommt aus dem Englischen und bedeutet Druck, Anspannung, Belastung. Es bezeichnet einen Zustand, der durch bestimmte, gleichzeitig auftretende Anzeichen gekennzeichnet ist wie erhöhte Aktivität des Nervensystems, Blutdrucksteigerung und vermehrte Ausschüttung bestimmter Hormone (z.B. Adrenalin).

Streß in der richtigen Dosierung (Eustreß) und zum richtigen Zeitpunkt ist hingegen lebenswichtig, weil er uns in die Lage versetzt, schnell auf Bedrohungen zu reagieren. Er ist die Antriebskraft, die uns befähigt, Leistungen zu vollbringen.

Gesundheitsschädigend ist das Übermaß an Streß (Dis- oder Overstreß), das ausgelöst wird durch eine Vielzahl gleichzeitig auftretender Einflüsse, die wir nicht steuern können wie beispielsweise Aufregung, Freude, Leid, Lärm, seelische und körperliche Belastungen.

Auch Veränderungen, an die der Körper nicht genügend angepaßt ist, z.B. Infektionen, Verletzungen, Operationen und Schwangerschaft, können Disstreß auslösen.

„Guter“ und „schlechter“ Streß

Streß ist notwendig. Ohne den „guten Streß“ oder „Eustreß“ wäre alles eintönig, es wäre keine Leistungsbereitschaft vorhanden, und es gäbe auch keinen Fortschritt. „Schlechter Streß“ oder „Distreß“ liegt vor, wenn es zur chronischen Über- aber auch Unterbelastung (selbst extreme Langeweile führt zu Streß) kommt, oder wenn versucht wird, derartige Situationen mit ungeeigneten „Maßnahmen“ wie Rauchen, übermäßigem Alkoholkonsum oder Überernährung zu bewältigen.
Streßbewältigungsstrategien können nur darauf ausgerichtet sein, situative Gegebenheiten (z.B. Umorganisation des Arbeitsplatzes) oder Personenmerkmale (Ziele, Überzeugungen, Gewohnheiten) zu modifizieren. Vorerst wird man sich auf die Problemlösung konzen-

trieren. Durch gezielte Selbstbeobachtung werden individuell streßauslösende Situationen erkannt und die bisher zum Einsatz kommenden Bewältigungsstrategien einer Bewertung unterzogen.
Der Einsatz einer Entspannungsmethode (progressive Muskelentspannung, autogenes Training) hilft bei regelmäßiger Anwendung, Phasen der Erholung in den Alltagsrhythmus einzubauen.
Ziel eines jeden Streßmanagement-Programms wäre es, angenehme, entspannende und genußvolle Aktivitäten zum Ausgleich für bestehende Belastungen auszuführen. Hier hat sich vor allem Sport bewährt, solange er sinnvoll und nicht übertrieben wetteifernd durchgeführt wird.

Streßfaktoren treten auf:

- bei erlebter Schädigung und/oder Verlust in physischer (z.B. Schmerz, Verletzung), materieller (z.B. Geldverlust, Existenzminderung), sozialer (z.B. Blamieren, Gesicht verlieren) oder psychischer (z.B. Zweifel, Selbstachtung) Hinsicht,
- in Situationen, besonders mit ungewissem Ausgang, die als Bedrohung oder als mögliche Schädigung empfunden werden (z.B. Situationen vor Wettkämpfen),
- in Situationen, die als Herausforderung erlebt werden.

Streßbewältigung:

In Streßsituationen gibt es prinzipiell drei Bewältigungsstrategien.

- Rückzug durch Fliehen; man entzieht sich der Situation (durch Ablenkung oder „aus dem Weg“ gehen).
- Standhalten (Tolerieren oder Ertragen einer Situation)
- Positive Lebenseinstellung im Sinne der Herausforderung („Davon lasse ich mich nicht unterkriegen.“)

Negative Streßbewältigung in Form von Alkohol, Tabletten und Drogen sollten vermieden werden. Wer Streß mit Alkohol kompensiert, löscht Feuer mit Öl! Ein glückliches Leben bedeutet keineswegs Freiheit von Konflikten, Streß und Unlust. Ein solcher Zustand ist unmöglich.

Die ersten Warnsignale:

- Bluthochdruck
- Übelkeit

- Furcht vor Krankheiten
- Hoffnungslosigkeit
- Alpträume
- Zittern der Beine/Hände
- häufiges Aufwachen
- kalte Hände/Füße
- nicht richtig durchatmen können
- Schwächegefühl
- schweißnasse Hände/Stirn
- Halsschmerzen
- Konzentrationsstörungen
- gestörte Verdauung
- Blutniederdruck
- privater oder beruflicher Ärger läßt Sie nicht los
- Migräneanfälle
- innerliche Unruhe
- Magenschmerzen
- immer schlafen wollen
- Herzrasen
- Kloß im Hals
- Druckgefühl in der Brust
- Nervosität
- Hitzewallungen
- Weinanfälle
- Muskelverspannungen
- Ängste
- Rücken- und Kreuzschmerzen
- Einschlafprobleme

Durch die Streßreaktion versucht Ihr Körper, ein Gleichgewicht, das durch die Einwirkung von Streßreizen gestört wurde, wiederherzustellen. Dabei kommt es z.B. zu einer Aktivierung desjenigen Teils des vegetativen Nervensystems, der für Aktivität und Leistung verantwortlich ist. Ferner werden bestimmte Drüsen angeregt, deren Hormone stoffwechselsteigernd wirken. Langanhaltender Streß kann u.a. zu Herz- und Kreislaufschäden, innerer Unruhe, Aggressivität sowie zu verschiedensten Wahrnehmungs- und Denkstörungen führen. Die allgemeine Krankheitsanfälligkeit nimmt zu. Auch kann es zu Fehlsteuerungen wie Schwindelgefühlen, Durchblutungsstörungen, Mattigkeit, Verdauungsbeschwerden, Konzentrationsschwächen, Grübeleien und depressiven Verstimmungen kommen.

Anti-Streß-Strategien

Mahlzeiten, die frisch, leicht verdaulich und geschmacklich ausgewogen sind sowie in maßvollen Mengen gegessen werden, fördern die Vitalität, stärken die Gesundheit und das Wohlbefinden und erhöhen die Belastbarkeit. Sie arbeiten eindeutig effizienter.

Richtige Ernährung gegen Streß:

- Obst, Honig, Datteln, Reis, Weizen, Quell- oder Mineralwasser (geringe Schlackenbildung)
- Vermieden werden sollten: hoher Kaffeekonsum, Chips, zuviele Süßigkeiten (hohe Schlackenbildung)

Ein Sprichwort lautet: „Wenn die Seele hungert, frißt der Magen." Versuchen Sie in jedem Fall, nicht zu viel zu essen! Wenn Ihr Körper durch Schlacken- und Giftstoffe (hierzu zählen auch nicht abgebaute Streßhormone), aber auch durch Übergewicht belastet wird, sind Sie streßanfälliger und damit weniger vital und leistungsfähig. Die Abwehrkräfte sind geschwächt, vorzeitige Alterungsvorgänge gehen schneller vor sich. Einmal pro Jahr sollte man sich daher einer Reinigungs- und Entschlackungskur unterziehen. Ein Entschlakkungstag pro Woche wäre sinnvoll.

Mit einfachen Mitteln gegen Streß:

- Ausreichender Schlaf, abends rechtzeitig ins Bett gehen (ideal wäre bis 22 Uhr), morgens rechtzeitig aufstehen (ca. 6 Uhr)
- Täglich 30 Minuten spazierengehen; wirkt positiv und stabilisierend auf Körper, Geist und Seele.
- Atem- und Yogaübungen zur Förderung des körperlichen und seelisch-geistigen Gleichgewichts und damit einer größeren Streßresistenz
- Abreagieren von körperlichen Spannungen, z.B. durch Sport
- Die Zwerchfell- oder Bauchatmung trainieren, die in Belastungssituationen bekanntlich durch die Brustatmung ersetzt wird.

Neben den einfachen Mitteln gibt es mentale Strategien.

- ***Lebensfreude***

Alle positiven und negativen Gefühle hinterlassen „Spuren“ im Körper. Wer sich häufiger freut, erzeugt dadurch verstärkt „Glückshormone“, die das Wohlbefinden, die Gelassenheit und die Gesundheit fördern.

- ***Entspannung***

Natürliche Methoden des Streßausgleichs wie Urlaub oder Ferien genügen in unserer streßreichen Zeit einfach nicht mehr, um die alltäglichen Anforderungen auszugleichen. Daher zusätzlich autogenes Training, Meditation oder Yoga erlernen.

- ***Für sich Zeit nehmen***

In unserer leistungsorientierten Gesellschaft werden Aktivität, Anstrengung und Effektivität oft überbewertet. Diese Überbewertung und der damit verbundene Lebensstil führen dazu, daß Perioden der Stille, die die Möglichkeit zur inneren Einkehr und Sammlung bieten als ungewöhnlich, unangenehm oder sogar beängstigend erlebt werden. Die Überbewertung der Anstrengung kann sich in Verbissenheit und blindem Eifer niederschlagen.

Die Überbewertung der Effektivität ist deshalb problematisch, weil in diesem Fall alle Lebensbereiche durchorganisiert und unter Gesichtspunkten der Nützlichkeit betrachtet werden. Für Ruhe oder Selbstbesinnung bleibt dann keine Zeit mehr. Also nehmen Sie sich auch Zeit für sich selbst.

- ***Negative Denkgewohnheiten abbauen***

Mentale Schlacken haben auch körperliche Schlacken zur Folge und begünstigen Krankheiten. „Geistige Schlacken“ werden vor allem erzeugt durch: Ärger, Gier, Furcht und Selbstkritik, aber auch durch seelisch-geistigen Streß wie familiäre Probleme, Konflikte am Arbeitsplatz, Scheidung, Tod einer nahen Bezugsperson.

- ***Nicht unnötig Energie vergeuden***

Als nächstes gilt es zu erkennen, was wir ändern können, und uns mit dem zu arrangieren, was wir nicht ändern können. Wir verbrauchen oft unnötig viel Energien bei dem Versuch, gegen Dinge vorzugehen, die wir besser als gegeben hinnehmen sollten. Wir müssen lernen, unsere Energie auf Lebensbereiche zu verwenden, die wir positiv beeinflussen können.

- ***Lernen Sie, NEIN zu sagen!***

Erkennen Sie die Grenzen Ihrer Kraft! Lernen Sie, auch NEIN zu sagen, und entscheiden Sie selbst, welche Einflüsse positiv auf Sie wirken und welche negativ.

◆ ***Gefühle ausdrücken***

Versuchen Sie, sich über Ihre Gefühle, gleichgültig welcher Art, klarzuwerden. Lernen Sie, Ihre Gefühle auszudrücken. Haben Sie keine Angst davor, andere Menschen zu verletzen. Wenn Sie sich selbst und den anderen gegenüber ehrlich sind, werden Sie mit Sicherheit richtig verstanden!

Weinen Sie ruhig, wenn Ihnen danach ist. Allmählich werden Sie lernen, so auch Ihre Stimmung positiv zu beeinflussen.

◆ ***Kontakte halten***

Halten und pflegen Sie Kontakt zu Freunden. Gespräche sind in der Regel hilfreich! Besuchen Sie Veranstaltungen. Übernehmen Sie ehrenamtliche Aufgaben, aber nur, wenn es Ihre Zeit zuläßt. Pflegen Sie ein Hobby. Das wird Ihnen helfen, Freude zu tanken. Versuchen Sie, Ihre Hobbys wie Musik, Malerei, Gymnastik, Tanz in einer Gruppe auszuüben, das macht in der Gemeinschaft viel mehr Spaß.

◆ ***Zeit einteilen***

Teilen Sie Ihre Zeit und Ihre Kräfte gut ein (biologischer Tagesrhythmus). Planen Sie Ihre Aktivitäten für den Tag jeweils am Vorabend, vergessen Sie die Ruhepausen nicht! Ein zu umfangreiches Programm und zu viele gute Vorsätze können wir meistens nicht verwirklichen - beides führt zu Enttäuschung, die wiederum in alltäglichen Bereichen Aggressionen nach sich zieht.

◆ ***Einfache Dinge genießen***

Genießen Sie die einfachen Dinge! Versuchen Sie, Ihre Erwartungen „im Rahmen“ zu halten, damit Sie nicht zu oft enttäuscht sind.

◆ ***Bleiben Sie souverän***

Alkohol, Drogen oder Genußgifte entladen Ihre Batterien schneller und verstärken in der Regel den Streß dadurch, daß sie neue Probleme schaffen. Werden Sie auch hier souverän und unabhängig! Bauen Sie gesundheitliche Alternativen auf (Hobby, Ausdauersport). Erwarten Sie nicht zu viel von Ihrer Umwelt, vor allem kein Mitleid. Scheuen Sie sich nicht, um Hilfe zu bitten, wenn Sie diese wirklich brauchen, auch in kleinen Dingen wie beim Einkaufen oder bei Behördengängen.

◆ ***Mit der Umwelt zurechtkommen***

Wir alle sollten uns und unsere Umwelt nicht so wichtig nehmen. Lachen ist gesund und Humor die beste Waffe gegen Verzweiflung! Sollten Sie nicht mit sich und Ihrer Umwelt zurechtkommen, dann scheuen Sie sich bitte nicht, Hilfe von psychologisch geschulten Beratern oder Therapeuten in Anspruch zu nehmen (fragen Sie Ihren Arzt).

◆ ***Ziele setzen***

Setzen Sie sich kurzfristig wirklich erreichbare Ziele, finden Sie Lebensziele heraus, welche langfristig zu erreichen sind - aber überfordern Sie sich nicht dabei. Haben Sie den Mut, nicht perfekt sein zu wollen! Seien Sie vor allem nicht enttäuscht, wenn eine Lebenssituation oder eine Krankheit Sie aus dem zeitlichen Rhythmus wirft. Überprüfen Sie die selbstgesteckten Ziele von Zeit zu Zeit auch daraufhin, ob sie noch Gültigkeit haben.

Streßausgleich durch neue Time-Management-Formel

Der Trend geht zum antizyklischen Bewegungsverhalten.

◆ ***Der Bewegungsszyklus eines typischen Manageralltags***

- Aufstehen
- Frühstücken (sitzen)
- Autofahren (sitzen)
- Liftfahren (stehen)
- Arbeiten (sitzen)
- Mittagessen (sitzen)
- Arbeiten (sitzen)
- Autofahren (sitzen)
- Abendessen (sitzen)
- Fernsehen, lesen (sitzen)

◆ ***Und so sollte ein antizyklischer Manageralltag aussehen***

- Aufstehen
- 10 Minuten Gymnastik (bewegen)
- Autofahren (sitzen)
- Treppensteigen (bewegen)
- Arbeiten (sitzen)
- 10 Minuten Gymnastik (bewegen)
- Mittagessen (sitzen)
- Spaziergang (bewegen)
- Arbeiten (sitzen)
- 10 Minuten Gymnastik (bewegen)
- Autofahren (sitzen)

- Abendessen (sitzen)
- 10 Minuten gehen oder laufen (bewegen)

Mit einem Zeitaufwand von einer Stunde am Tag haben Sie im Jahr 365 Stunden in Ihre Gesundheit und Vitalität investiert. Dies entspricht einem vierwöchigen Urlaub, in dem Sie laufend Bewegung hätten. Wenn Sie sich diesem Konzept anschließen, könnten Sie mit folgender Bilanz rechnen:

- Bessere Durchblutung aller Organe und somit lange Erhaltung der physischen Jugend
- Vorbeugung gegen degenerative Erscheinungen des Bewegungsapparates
- Vorbeugung gegen Herz-Kreislauferkrankungen aufgrund von Streß und Bewegungsmangel
- Bessere Widerstands- und Kompensationsfähigkeit bei Streß
- Fazit: Das Lebensfreude-Potential wird erhöht, und die Leistungssteigerung stellt sich quantitativ wie qualitativ ein.

So reagiert der Körper auf Streß

- Veränderung im Herz-Kreislaufsystem (Blutdruck steigt, Herzklopfen)
- Störung der Verdauung (Trägheit oder spürbares Ansteigen der Verdauungstätigkeit)
- Störung des Stoffwechsels und der hormonellen Aktivität (Rötung oder kalte Hände)

Es gibt zwei gegensätzliche Reaktionstypen, den A-Typ (Sympathikotoniker) und den B-Typ (Vagotoniker).

Andauernde größere Steßbelastung bewirkt beim A-Typ:

- Krankheit des Herz-Kreislaufsystems
- Bluthochdruck
- Herzinfarkt
- Kopfschmerzen bis Migräneanfälle

Andauernde größere Steßbelastung bewirkt beim B-Typ:

- Magen-Darmbeschwerden
- Magen-Darmgeschwüre
- niedriger Blutdruck
- Bronchialasthma

Der A-Typ ist der sogenannter „Streßmacher“:

- Er hat eine zu hohe Leistungsmotivation, ist ausschließlich berufsorientiert (einseitige Prioritätensetzung), und ihm fehlen die Möglichkeiten zur außerberuflichen Selbsterfüllung.

Das A-Typ Verhalten ist charakterisiert durch:

- starkes Konkurrenzverhalten
- ausgeprägtes Leistungsstreben und großen Ehrgeiz
- Aggressivität, Hektik, Ungeduld
- Ruhelosigkeit
- Wachsamkeit
- explosives Sprechen
- gespannte Gesichtsmuskulatur
- Zeitdruck und übertriebene Verantwortung

Der A-Typ Mensch muß primär lernen:

- mehr zu lachen, vor allem über sich selbst, und Abstand zu dem zu gewinnen, was er tut
- nicht nur berufliche Interessen zu entwickeln, um eine einseitige Lebensführung zu vermeiden
- mehr Verständnis und Einfühlungsvermögen für Mitmenschen zu zeigen
- zu delegieren
- ein angemesseneres Zeitmanagement zu praktizieren und geduldiger mit sich und den anderen umzugehen
- loszulassen
- „Nein-sagen“ lernen

Streß-Management kurz zusammengefaßt

- Überprüfen Sie wie „selbstverantwortlich“ Sie mit Ihrer persönlichen Energie umgehen.
- Vermeiden Sie starken Zeitdruck, und planen Sie rechtzeitig.
- Finden Sie für sich heraus, welches Verhältnis zwischen Spannung und Ruhe Sie benötigen, um kreativ zu sein oder sich erholen zu können.
- Regelmäßiges körperliches Training (Waldlauf, Gymnastik, Schwimmen, Radfahren) macht Sie streßtoleranter.
- Essen Sie vor allem in belastenden Situationen leichte Kost, aber auch davon nicht zuviel.

- Versuchen Sie, Streitigkeiten zu schlichten. Ungelöste zwischenmenschliche Probleme verursachen inneren Streß und erzeugen Aggressionen gegen andere.
- Versuchen Sie, Ihre Gefühle von Ärger, Angst und Aggression aufzuarbeiten, statt aufzuschieben.
- Denken Sie daran, daß Sie nicht gleichzeitig an mehreren Orten sein können.
- Übertriebener Ehrgeiz kann Ihrer Gesundheit schaden. Hören Sie auf Ihren Körper!
- Schöpfen Sie Kraft aus der Natur.
- Halten Sie sich fit, vermeiden Sie möglichst Alkohol und Nikotin.

Gegen Streß im Büro: Lockerungsübungen

Versuchen Sie doch einmal folgende Übungen, und der Alltagsstreß ist schon nach 15 Minuten kein Thema mehr für Sie.

Aufwärmen und Entspannen:

- Mit Schulterkreisen bauen Sie Verspannungen in Nacken und Schultern ab.
- Finger auf die Schultern geben, mit den Ellbogenspitzen so weit wie möglich nach oben, nach hinten, nach unten und nach vorne kreisen.

Gegen verkrampfte Halsmuskel:

- Den Kopf nach rechts beugen, und mit der rechten Hand über den Kopf an das linke Ohr fassen.
- Die Hand liegt schwer auf dem Kopf und zieht ihn leicht nach rechts. Schultern bei der Übung locker hängenlassen.
- 10 Sekunden in dieser Haltung verharren, dann zur anderen Seite wechseln (pro Seite 2x).

Lockert die Schultern:

- Drücken und kneten Sie mit beiden Händen Ihre Schultern. So lockern Sie die verkrampften Muskeln.

Das macht munter:

- Mit zwei Fingern von oben leicht auf die Mitte des Kopfes drücken, und die Finger dabei im Uhrzeigersinn drehen. Das belebt den Organismus in einer Erschöpfungsphase.

Erfrischt den ganzen Körper:

- Die Fußsohlenmassage wirkt auf den ganzen Körper.
- Mit den Fingern die gesamte Fußsohle in geraden Linien und kreisenden Bewegungen massieren.

- Ab und zu mit den Fingern leicht vibrieren, 5-10 Sekunden an einer Stelle, dann über die ganze Sohle.

Bleiben Sie gelassen:
Sechs Sekunden sind genug, um einen Streit zu vermeiden. Zu diesem Ergebnis kamen amerikanische Psychologen in einem Experiment. Wer erst mal kräftig durchatmet, wenn ihm jemand Grund zum Ärger gibt, reagiert weniger destruktiv. Die kurze Zeitspanne ermöglicht nicht nur, daß man sich beruhigt, sie reicht auch aus, um blitzschnell die Konsequenzen des eigenen Verhaltens abzuwägen.

Kräuter gegen Streß

- ***Ginseng-Wurzel***

Stimmungsstabilisierende Wirkung, gibt Kraft von innen

- ***Baldrian***

Besserung von Ein- und Durchschlafstörungen, hilfreich bei innerer Unruhe und Nervosität

- ***Melisse***

Beruhigt als Tee oder auch als Badezusatz (Abendbad)

- ***Passionsblume***

Hilft bei nervösen Unruhezuständen

- ***Kava***

Kava Wurzelextrakte oder indischer Rauschpfeffer wirkt seelisch und körperlich entspannend, fördert gleichzeitig die geistige und körperliche Leistungsfähigkeit.

- ***Johanniskraut***

Führt zu Abnahme der Tagesmüdigkeit und fördert gesunden Nachtschlaf durch die Wiederherstellung des psychologischen Schlaf-Wachrhythmus, wirkt antidepressiv und gegen psychovegetative Störungen wie Schwindelgefühl, Herzrasen und fliegende Hitzen

- ***Lavendel***

Wirkt besonders entspannend in Verwendung als ätherisches Öl in der Duftlampe und als Badezusatz

- ***Hopfenzapfen***

Beruhigende, schlaffördernde Wirkung, wirkt auch bei Unruhe und leichten Angstzuständen

Bachblüten gegen innere Unruhe

Dr. Edward Bach fand heraus, daß es für jeden Seelenzustand eine bestimmte Blüte gibt, die diesen Zustand harmonisieren kann. Blütenessenzen sind Schwingungsheilmittel, die nicht auf den physischen Körper wirken, sondern auf einer feineren Ebene direkt das Energiesystem des Menschen ausgleichend beeinflussen.
Da nur allerkleinste Konzentrationen verwendet werden, die einen chemisch-biologischen Effekt ausschließen, können die Blütenessenzen keinerlei Nebenwirkungen verursachen und auch nicht überdosiert werden.
Bachblüten werden noch immer so gewonnen wie zu Dr. Bachs Zeiten. Um die Essenz der Pflanze aus dem physischen Pflanzenkörper zu lösen, wird bei Blumen die Sonnenmethode, bei Bäumen und Sträuchern die Kochmethode angewandt. Die Blüten werden zu einer bestimmten Zeit bei Sonnenschein gepflückt und in eine Schüssel mit Quellwasser gelegt. Diese Schüssel bleibt so lange in der Sonne stehen, bis die Essenz der Blüten auf das Quellwasser übergegangen ist. Das auf diese Weise „imprägnierte“ Wasser wird später in eine mit Alkohol präparierte Flasche gegossen. Diese Essenz ist unbegrenzt haltbar.
Bäume, Sträucher und Büsche werden wie die Blüten gesammelt, dann ausgekocht, mehrfach gefiltert und ebenfalls in vorpräparierte Essenzflaschen abgefüllt. Was man in der Apotheke zu kaufen bekommt, sind Vorratsflaschen. Vor der Einnahme muß die Essenz verdünnt werden. Dazu werden je drei Tropfen der gewählten Essenz in ein 30 ml-Fläschchen, das zu 1/3 mit Brandy (oder einem anderen etwa 43% Alkohol) und zu 2/3 mit Quellwasser aufgefüllt ist, zugesetzt. Wenn Alkohol nicht vertragen wird, kann Obstessig verwendet werden. Der Alkohol dient ausschließlich der Haltbarkeit des Wassers. Von dem so zubereiteten Präparat nimmt man viermal täglich vier Tropfen.
Dr. Edward Bach wollte die Verantwortung für Gesundheit und seelisches Gleichgewicht wieder in die Hände jedes einzelnen zurücklegen und wünschte sich, daß seine Bachblüten als Hilfe zur Selbsthilfe in jeden Haushalt einziehen.
Bachblüten sind eine sehr gute Unterstützung für Menschen in schwierigen, krisenhaften Lebenssituationen. In Kombination mit einer Psychotherapie können sie manchmal sogar bestimmte Psychopharmaka wie Antidepressiva oder Tranquilizer ersetzen. Erkun-

digen Sie sich in Ihrer Apotheke nach Bachblütenessenzen, die dem Burn-out-Syndrom entgegenwirken.
Sehr zu empfehlen sind die sogenannten „Notfalltropfen“ (Rescue Remedy), die in jede Hausapotheke Aufnahme finden sollten. Sie beziehen ihre Wirkung aus fünf Blütenessenzen und helfen bei Schockzuständen und emotionalen Belastungen jeder Art.

Notfalltropfen - Rescue Remedy:
Die sogenannten „Notfalltropfen“ - sie sind in der Apotheke erhältlich - bestehen aus einer Kombination von fünf der 38 Blüten und können in allen Notfällen Verwendung finden.
Die fünf Blüten sind:

- Star of Bethlehem für den Schockzustand,
- Rock Rose für Angst und Panik,
- Impatiens für geistige und körperliche Anspannung,
- Cherry Plum für Verzweiflung,
- Clematis gegen das Gefühl, von dem, was geschieht, weit weg zu sein - ein Zustand, der häufig einer Bewußtlosigkeit vorausgeht.

Anwendung:
Vier Tropfen aus der Tropfflasche werden einem Glas mit kaltem Wasser zugesetzt, das der Patient in kleinen Schlucken trinkt, bis er ruhiger geworden ist. Ist er nicht in der Lage zu trinken, können die Lippen, das Zahnfleisch, die Stellen hinter den Ohren und die Handgelenke mit dem Mittel befeuchtet werden. Rescue gibt es auch als Salbe, die zerstörtes Gewebe wiederherstellt.

◆ ***Olive***
Sie sind erschöpft und es ist Ihnen alles zuviel? Die Essenz „Olive“ wird Ihnen helfen, zu Kraft und Vitalität zurückzufinden.

◆ ***Odermenning***
Bei innerer Unruhe gibt Ihnen die Essenz „Odermenning“ gelassene Heiterkeit zurück.

◆ ***Rote Kastanie***
Wenn Sie sich ständig um das Wohlergehen anderer sorgen und auf Ihre eigenen Bedürfnisse vergessen, ist es die „Rote Kastanie“, die die Rückbesinnung auf das ausgewogene Maß fördert.

Mit Sport gegen Stress

Für ein Bewegungstraining zum Abbau von Streß hat sich die Dauerleistungsmethode als besonders geeignet erwiesen. Hierbei sollte eine mittlere Belastungsintensität über eine relativ lange Zeit hinweg aufrecht erhalten werden.
Ein Richtwert für eine mittlere Ausdauerbelastung, bei der das Alter des Trainierenden mitberücksichtigt wird, wäre z.B. eine Pulsfrequenz von 180 minus Lebensalter. Für einen 50jährigen gilt beim Ausdauertraining also 180 - 50 = 130 als Richtwert der Pulsfrequenz.
Eine sportliche Betätigung mit relativ geringer Intensität soll länger durchgehalten werden, als eine Betätigung mit relativ hoher Intensität. So wird man, um die gleiche Ausdauertrainingswirkung zu erreichen, sehr viel länger wandern als dauerlaufen, radfahren oder schwimmen.

geringe Intensität:	Ausdauerbelastung von 30 - 50%
mittlere Intensität:	Ausdauerbelastung von 60 - 75%
maximale Intensität:	Ausdauerbelastung von 85 - 100%

Ich möchte Ihnen einige für ein entsprechendes Bewegungstraining besonders geeignete Ausdauersportarten vorstellen.

◆ ***Laufen***

- Relation zwischen Aufwand und Ertrag ist fast optimal
- Ist ein hervorragendes Mittel zur Entspannung
- Löst emotionale Verspannungen
- Macht ausgeglichener und umgänglicher
- Vermittelt nach dem Lauf ein allgemeines Wohlgefühl
- Bewirkt eine tiefere, beschleunigte Atmung und intensiviert so die Stoffwechseltätigkeit
- Ist ein guter Ausgleich zu beruflichen Anforderungen wie z.B. Sitzzwang, Aufenthalt in geschlossenen Räumen, etc.
- Schüttet körpereigene Hormone aus, so wird Streß leichter abgebaut, und man fühlt sich gut gelaunt

Gute Laufschuhe und eine gute Lauftechnik sind Voraussetzung und können viele Beschwerden verhindern

◆ ***Radfahren***

Sport mit vielen Variationsmöglichkeiten, man beansprucht vor allem die Bein- und Hüftmuskulatur.

- Wirkt positiv auf das Herz-Kreislaufsystem
- Regt Stoffwechselprozesse an
- Steigert die Sauerstoffaufnahme
- Baut Streßhormone ab
- Kann in nahezu jedem Alter betrieben werden. Man sollte jedoch versuchen, ein Mindestmaß an körperlicher Belastung zu überschreiten, um positive Effekte auf körperliche und psychische Prozesse zu erzielen

Die richtige Ausrüstung und ein gleichmäßiger, runder Tritt vergrößern das Wohlbefinden des Radfahrers.

◆ ***Schwimmen***

Regelmäßiges intensives ausdauerndes Schwimmen bedeutet: Nach einer gewissen Aufbauphase sollten Entfernungen von ca. 300 m und mehr pro Trainingseinheit zurückgelegt werden. Eine vernünftige Steigerung der Trainingsbelastung ist sinnvoll.

- Schont den Haltungs- und Bewegungsapparat
- Beansprucht besonders viele Muskelgruppen
- Wird als angenehm entspannende Leistung erlebt
- Aktiviert und trainiert nahezu alle Organsysteme des Körpers
- Schont Knochen, Gelenke, Bänder und Sehnen, da das Körpergewicht durch den Wasserauftrieb vermindert wird
- Gilt als ideales Bewegungstraining für all jene Menschen, die Beschwerden am Halte- und Bewegungsapparat aufweisen
- Hilft bei der Überbrückung von Verletzungen zur Formerhaltung

◆ ***Skilanglauf***

- Trainiert das Herz-Kreislaufsystem ebenso wie die gesamte Muskulatur
- Schult die Koordinationsfähigkeit
- Wirkt positiv auf Gleichgewichtssinn und Bewegungsgefühl
- Erfüllt mit seinem gleitenden, rhythmischen und harmonischen Bewegungsablauf sowie der Ganzkörperbeanspruchung in nahezu idealer Weise alle Kriterien eines streßausgleichenden Bewegungstrainings
- Eignet sich optimal als Ausgleichs- und Konditionstraining,

besonders im Rahmen von Vorbereitungs- und Regenerationsmaßnahmen
- Ist eine hervorragende Möglichkeit der aktiven Erholung
- Ist auch noch im fortgeschrittenen Alter erlernbar

Bei kalter Witterung nach dem Mehrschichtenprinzip (mehrere dünne Kleidungsstücke sind besser als ein „Dickes") anziehen.

◆ ***Wandern***

Ebenso wie Skilanglauf verbinden sich beim Wandern Naturerlebnis und psychischer Ausgleich mit der Steigerung der Ausdauer. Wandern heißt jedoch nicht Spazierengehen. Um eine entsprechende Beanspruchung und damit Trainingswirkung zu erzielen, sollten im Durchschnitt zwischen 4 bis 6 km/Stunde zurückgelegt werden.
- Ist als Bewegungstraining auch für ältere Menschen geeignet und ein idealer Familiensport.
- Bergwandern ist ein besonders effektives Bewegungstraining.

Im Vergleich zu den anderen Formen des Bewegungstrainings erfordert das Wandern, wenn es einen hinreichenden körperlichen Effekt haben soll, einen hohen zeitlichen Aufwand.
Achtung: Gute Schuhe sind eine Grundvoraussetzung.

◆ ***Gymnastik***

Ist eine sehr vielfältige Form des Bewegungstrainings. Je nach Art, Intensität und Dauer der Übungselemente können sowohl Kraft, Schnelligkeit, Beweglichkeit, Geschicklichkeit aber auch Ausdauer trainiert werden.
- Kann wie das Laufen nahezu überall durchgeführt werden
- Ist sehr variationsreich (Jazzgymnastik, Skigymnastik, Aerobic)
- Kann in jedes andere Übungsprogramm eingebaut werden
- Kann in der Gruppe ausgeübt stabilisieren und motivieren

Bei Gymnastik als Bewegungstraining sollte der Schwerpunkt des Übungsprogramms auf der Verbesserung der Ausdauer liegen, d.h. die Übungen oft wiederholen.

Wichtige Grundsätze beim Training

- Trainieren Sie planvoll, systematisch und kontrolliert.
- Finden Sie Ihr eigenes, individuelles Trainingsprogramm.
- Aufwärmen nicht vergessen!
- Erholungsphasen einplanen, um Lustlosigkeit zu vermeiden.

- Kontrollieren Sie Allgemeinzustand, Gewicht, Schlaf, Herz und eventuelle Mikrotraumen (Muskelkater, Muskelrisse).
- Die Leistungssteigerung soll langsam vor sich gehen, das Training sollte daher regelmäßig erfolgen.
- Besonders wichtig: Berücksichtigen Sie Ihre augenblickliche körperliche Verfassung!

Informationen für Ihr individuelles Training:

- Der Körper braucht 24 bis 28 Stunden, um sich zu erholen.
- Um die Körperkraft zu steigern, sollten Sie dreimal wöchentlich trainieren.
- Jede Übung sechsmal wiederholen: Das führt zum schnellsten Kraftzuwachs.
- Ein Trainingsdurchgang pro Woche reicht, um die antrainierte körperliche Kraft aufrechtzuerhalten.
- Ein nennenstwerter Kraftrückgang tritt erst nach ca. einer Woche ohne Training ein.

Kalorienverbrauch bei einigen Sportarten pro Stunde

Sportart	kcal
Gehen, gemütl. (3 km/h)	ca. 200
Gehen, rasch (6 km/h)	ca. 300
Golf	ca. 250
Handball	ca. 600
Laufen	ca. 800-1000
Radfahren	ca. 660
Schwimmen	ca. 300-650
Squash	ca. 600
Tennis	ca. 400-500

Dehnen und Stretching: Damit beginnt jedes Training

Damit die Beweglichkeit der Gelenke gefördert und das Verletzungsrisiko herabgesetzt wird, muß jedes Trainingsprogramm Dehnungsübungen enthalten. Jeder untrainierte Muskel wird mit der Zeit verkürzt, und er kann seine Kraftresourcen nur beschränkt ausnutzen. Auf kraftbetonte Übungen sollten daher immer Beweglichkeitsübungen folgen.

Zu den Beweglichkeitsübungen zählt man elastisches Dehnen und Stretching. Beim elastischen Dehen werden Arme und Beine rhythmisch bis zu einer Endstellung gependelt. Diese Dehnübungen werden beim Aufwärmen eingesetzt.

Beim Stretching werden die Muskeln einer Gruppe besonders schnell verlängert - gedehnt - und damit die innere Beweglichkeit der Gelenke vergrößert.

Wer aufs Aufwärmen verzichtet, schadet den Gelenken: Sie werden zu stark beansprucht, die Knorpel nützen sich ab. Das kann zu ernsthaften Bewegungseinschränkungen führen.

Mißt man die Gelenksknorpel nach einem Aufwärmtraining so stellt man fest, daß sie dicker geworden sind (nach 10 bis 30 Minuten geht die Verdickung wieder zurück). Bei längerem Training verdickt sich der Knorpel durch Neubildung von Knorpelzellen weiter.

Untersuchungen haben ergeben, daß bei regelmäßigem Training die Zahl der Kapillare, also die feinsten Blutgefäße, sowohl im Muskel als auch im Knochen zunimmt. Das erklärt, warum Verletzungen bei Personen, die regelmäßig Sport betreiben, schneller verheilen als bei untrainierten.

Stretching: Richtig gemacht

Vor und nach jeder sportlichen Betätigung sollte man unbedingt Stretching einplanen, wobei auf die richtige Ausübung zu achten ist. Die Übungen sollten immer sehr langsam durchgeführt werden. Achten Sie bitte auf Ihre Atmung, wichtig ist ruhiges Atmen. Dies trägt zur Entspannung und besseren Regeneration des Muskels bei, in der Folge wird dieser elastischer. Dadurch kann man Fehlstellungen in Gelenken und der Wirbelsäule, hervorgerufen durch verkürzte Muskulatur sowie Verspannungen und somit Schmerzen vorbeugen.

- Zuerst wird die entsprechende Dehnstellung eingenommen. Während des Dehnens sollten nie Schmerzen auftreten. Spüren Sie ein leichtes Ziehen in der zu dehnenden Muskulatur, so führen Sie die Übung richtig aus.

- In dieser Position verharren Sie - ohne Wippen und Federn - 10 bis 40 Sekunden lang (die Dehnzeiten sollten von Woche zu Woche verlängert werden). Erwünschter Effekt: Die Dehnspannung in der Muskulatur wird während eines Durchganges merkbar geringer.
- Jede Stretchingübung sollte mehrmals hintereinander mindestens 3 bis 5 mal pro Übung und zumindest 3 mal pro Woche durchgeführt werden, um einen optimalen Erfolg, die bessere Beweglichkeit, zu erzielen.

Wann soll man dehnen?

• **beim Sport:**	**Dauer in Sek.**	**Wiederholungen**
vor dem Herz-Kreislauftraining wie z. B. Laufen, Rad...	20-40	3
nach dem Herz-Kreislauftraining wie z. B. Laufen, Rad...	20-40	3
vor intensivem Herz-Kreislauftraining wie z. B. Squash, Tennis...	10-15	2-3
nach intensivem Herz-Kreislauftraining wie z. B. Squash, Tennis...	20-40	3
vor dem Krafttraining für die speziell trainierte Muskulatur	10-15	2-3
nach dem Krafttraining für die speziell trainierte Muskulatur	20-40	3
• **im Alltag:** nach langem Sitzen, körperlich einseitigen Tätigkeiten		

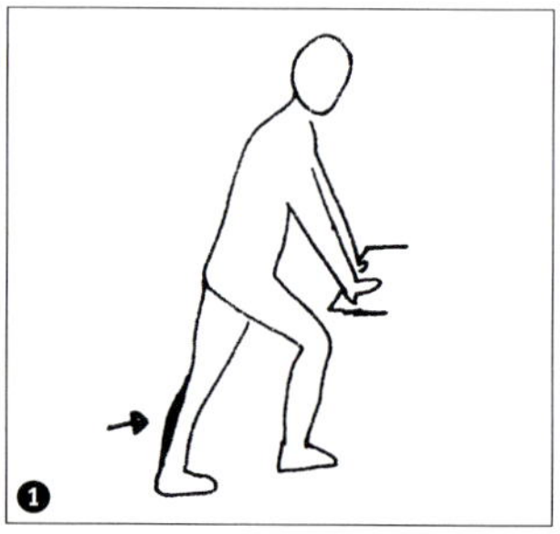
❶

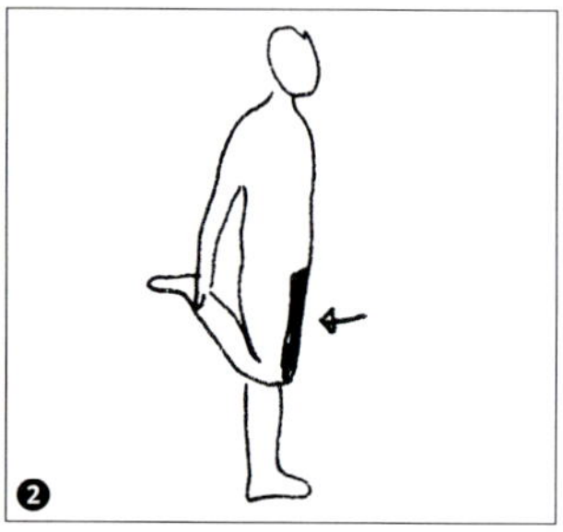
❷

❶ ***Wadenmuskulatur***
Schrittstellung, Hände aufgestützt, das Körpergewicht auf das vordere Bein verlagern, ohne die Ferse abzuheben.

❷ ***Quadrizeps (vorderer Oberschenkelmuskel)***
Ein Knie in eine Linie mit dem Oberschenkel bringen. Die Ferse mit Hilfe einer Verlängerung (Handtuch, Band) zum Gesäß ziehen.

❸ ***Hamstrings (hinterer Oberschenkelmuskel)***
Ein Bein unter Hüfthöhe auflegen, den Oberkörper mit geradem Rücken nach vorne ziehen.

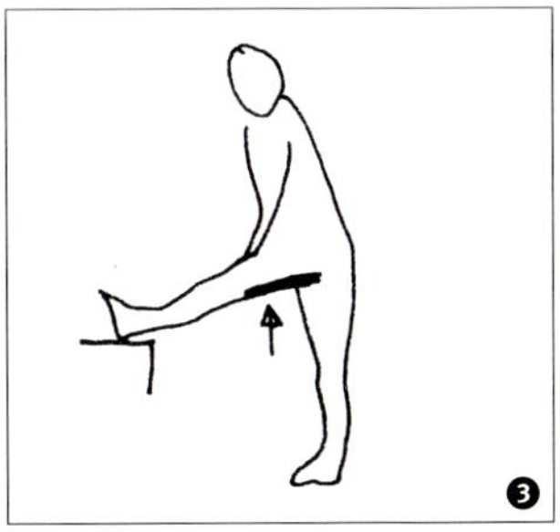

❹ ***Illiopsoas (vorderer Hüftbeuger)***
Einen Fuß in Schrittstellung aufstützen, das Becken in Richtung der aufgestützten Ferse schieben.

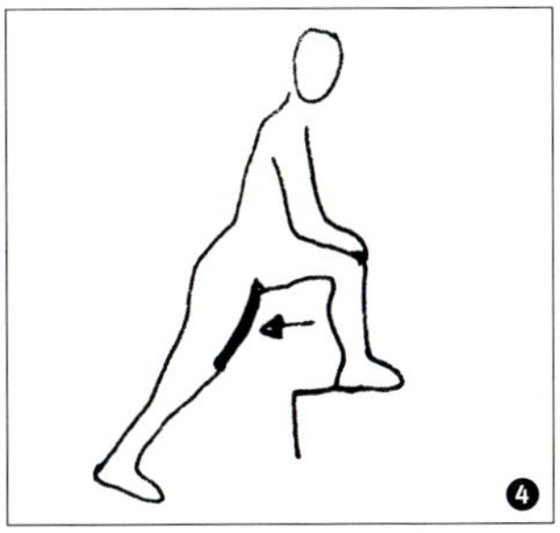

❺ ***Brustmuskulatur***
Arm über Schulterhöhe gegen die Wand (Türstock) stützen, den Körper vom ausgestreckten Arm wegdrehen, ohne die Schulter dabei hochzuziehen.

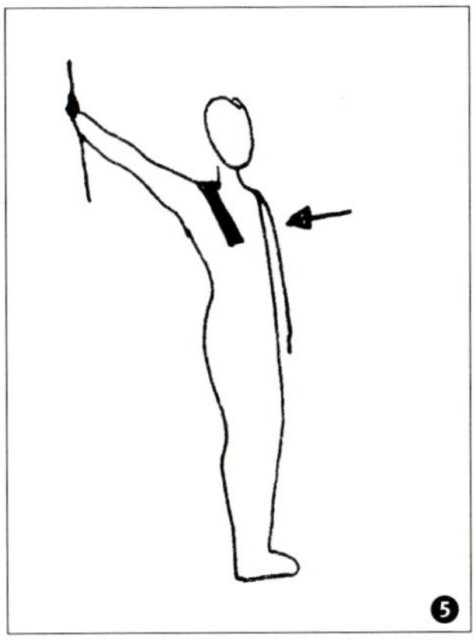

Falls Beschwerden am Bewegungsapparat bestehen oder auftreten, wenden Sie sich bitte an einen Arzt oder einen Physiotherapeuten.

Kalorienverbrauch bei 1/2 Stunde Sport

Sportart	kcal	Sportart	kcal
Seilspringen	380	Walking*	220
Mountain Biking	370	Schwimmen*	200
Squash	360	Radfahren*	190
Laufen*	350	Trimmilin*	180
Treppensteigen*	280	Tanzen*	170
Hometrainer*	250	Wandern*	160
Aerobic*	250	Callanetics	160
Badminton	230	Volleyball	160
Tennis	230	Tischtennis	140
Handball	300	Golf	130

* die besten Fettverbrenner

Acht Sportarten: Ihr Nutzen für den menschlichen Körper

Fitneß	Laufen	Radfahren	Schwimmen	Handball	Tennis	Gehen	Golf	Bowl. Kegeln
Herz-Lungen-Ausdauer	21	19	21	19	16	13	8	5
Muskelausdauer	20	18	20	18	16	14	8	5
Muskelkraft	17	16	14	15	14	11	9	5
Beweglichkeit	9	9	15	16	14	7	9	5
Balance	17	18	12	17	16	8	8	6
Allgemeinzustand								
Gewichtskontrolle	21	20	15	19	16	13	6	5
Muskelentwicklung	14	15	14	11	13	11	6	5
Verdauung	13	12	13	13	12	11	7	7
Schlaf	16	15	16	12	11	14	6	6
Summe	148	142	140	140	128	102	67	49

Jungbrunnen Sauna

Beenden Sie Ihr Training mit einem Saunabesuch, so steigern Sie Wohlbefinden und Entspannung.
Wer regelmäßig sauniert, regt die Zellneubildung an, härtet sich gegen Infekte wie Erkältung ab, stabilisiert Herz- und Kreislauftätigkeit und sorgt für Entspannung der Muskeln.

◆ ***Verliert man beim Schwitzen wichtige Mineralstoffe?***
Bei drei Saunagängen verliert man bis zu eineinhalb Litern Schweiß. Dieser besteht zu etwa 98% aus Wasser, der Rest aus Kochsalz, Kalium sowie Milch- und Fettsäuren, Harnstoff und überflüssigen Substanzen.

◆ ***Wie verhält sich der Blutdruck in der großen Hitze?***
Die Blutdruckwerte normalisieren sich: In der Wärme zeigt hoher Blutdruck deutliche Senkungen, niedrige Blutdruckwerte steigen an. Nach dem Schwitzen langsam abkühlen.

◆ ***Stimmt es, daß der Körper entgiftet wird?***
Beim Schwitzen wird dem Blut Wasser entzogen. Dieser holt sich die fehlende Flüssigkeit aus Fett, Bindegewebe und Muskulatur. Dabei lösen sich Schlacken und Gifte (z.B. auch Nikotin) und werden über die Schweißdrüsen ausgeschwemmt.

◆ ***Wie unterscheiden sich Dampfbad und Sauna?***
In der Sauna bleibt man fünf bis fünfzehn Minuten. Im Dampfbad darf man länger ausharren.

◆ ***Warum soll man während des Saunabades nicht trinken?***
Weil sich das vorübergehend eingedickte Blut das fehlende Wasser nicht aus dem Gewebe, sondern direkt aus dem Darm holt. Das heißt: Wer zwischendurch trinkt, verzichtet auf die Entschlackung.

◆ ***Dürfen Asthmatiker in die Sauna?***
Ja, in der trockenen Wärme der Sauna entspannt sich die Bronchialmuskulatur.

◆ ***Hilft Sauna bei Erkältung?***
Zur Vorbeugung ja, aber bedenken Sie die Regel: Frischer Infekt und Sauna vertragen sich nicht.

◆ ***Nimmt man durch Saunieren ab?***
Bei drei Saunagängen nimmt man etwa 1500 Gramm ab. Aber das ist nur der Wasserverlust, der durch Essen und Trinken schnell wieder ausgeglichen wird.

◆ ***Trocknet Sauna die Haut nicht aus?***
Durch die Schweißabsonderung quellen die verhornten Zellen auf. Die Haut wird hervorragend durchblutet und mit Sauerstoff und Nährstoffen versorgt. Verstopfte Talgdrüsen öffnen sich in der Wärme, der Talg (natürliches Hautfett) kann besser abfließen. Die gesamte Zellerneuerung wird angekurbelt. Nach der Sauna ist die Haut rosig, frisch, zart und glatt.

So saunieren Sie richtig:

- Saunabesuche erst frühestens eine halbe Stunde nach dem Sport ansetzen, sonst wirken sie nicht entspannend, sondern belastend.
- Saunazeit: mindestens acht, maximal aber 15 Minuten. Kürzere Aufenthalte bringen nichts, längere schaden.
- Den Aufguß immer innerhalb der 15 Minuten durchführen. Warten Sie also nicht, bis die Sanduhr abgelaufen ist!
- Aufgüsse sind nicht Pflicht. Der Dampfstoß erzeugt nur Kondenswasser und nicht Schweiß.

- Ätherische Öle immer stark verdünnen, denn Öl verbrennt mit giftigen Dämpfen.
- Vor dem Verlassen der Sauna aufsetzen, um den Kreislauf zu aktivieren.
- Maximal zwei bis drei Durchgänge, mehr bringen keinen zusätzlichen Effekt. Im Gegenteil: Sie strapazieren den Körper.
- Abkühlen durch Kaltbad, Kaltdusche und Luftbad nach Belieben. Die Pausen zwischen den Saunagängen sollten mindestens 15 Minuten dauern, sonst funktioniert das „Gefäßtraining" nicht.
- Keine Sauna kurz vor einem Wettkampf!
- Setzen Sie sich nicht gleich auf die oberste Stufe.
- Vermeiden Sie extreme Temperaturen. Der Saunaeffekt tritt bereits ab 70 ° C ein.

Richtig entspannen will gelernt sein

Phasen der Arbeit sollten schon deshalb mit Zeiten der Ruhe abwechseln, um die Gesundheit des Menschen zu erhalten - und die erfaßt Körper, Seele und Geist gleichermaßen. In unserem Zeitalter, das sich der Erfindung des „kollektiven Stresses“ rühmt, hat Entspannung einen besonders hohen Stellenwert.
In der Arbeitswelt hat Entspannung deshalb keinen Platz, weil sie mit Nichtstun assoziiert wird. Die Menschen haben verlernt, sich zu entspannen, sind aus dem inneren Gleichgewicht geraten. Aber gerade das kann zu Funktionsstörungen und Krankheit führen. Abschalten will also gelernt sein.

Die Wirkung von Entspannungsmethoden zeigt sich in der Förderung der parasympathischen Aktivität und in der Abnahme der sympathischen Aktivität. Der Parasympathikus, auch Vagus genannt, ist ein Teil des vegetativen Nervensystems, sozusagen „die Bremse“ in unserem Körper, der die Erholungsphase einleitet. Der Sympathikus als Gegenspieler ist „der Gashebel“, der alles in unserem Körper reaktiviert und uns auf Gefahren, Belastungen und Arbeiten vorbereitet. Besonders in der Entspannung läßt sich das Zusammenspiel von Geist, Körper und Seele entdecken.

<u>So wirkt Entspannung:</u>

- Die Muskulatur erschlafft.
- Der Muskeltonus sinkt.
- Der Körper wird aus seiner steten Alarmbereitschaft geholt.
- Die Atmung beruhigt sich.
- Der Blutdruck sinkt.
- Vermehrte Hautdurchblutung und Gefäßerweiterung setzen ein.
- Der Energieverbrauch wird herabgesetzt.
- Entspannung bewirkt im Gehirn sogenannte Alphawellen, die einem Zustand zwischen Schlafen und Wachen entsprechen.
- Die Erholungsphase und Ruhebereitschaft des Körpers wird ausgelöst.

Enspannungstechniken

◆ ***Gesichtsentspannung***

Besonders wichtig ist es, das Gesicht zu entspannen. Unser Gesicht hält mehr oder weniger deutlich auch tieferliegende Spannungsprozesse fest. Deshalb ist die Gesichtsentspannung zwischendurch von tief beruhigender Wirkung.

- Pressen Sie die Lippen kräftig aufeinander, die Spannung halten. Beim Entspannen die Lösungsphasen beachten!
- Rümpfen Sie die Nase, die Spannung halten. Beim Entspannen die Lösungsphasen beachten!
- Drücken Sie die Augen fest zu - die Spannung halten. Beim Entspannen die Lösungsphasen beachten!
- Ziehen Sie die Stirn in Falten, runzeln Sie sie - die Spannung halten. Beim Entspannen die Lösungsphasen beachten!

Wenn Sie die Atembewegung in den Bauch verlagern, so setzt die Ruheatmung ein. Entspannen Sie sich; mit freundlichem Gesichtsausdruck können Sie sich die Ruheatmung erhalten, dadurch vertieft sich die Entspannungsphase. Bleiben Sie noch einige Zeit in dieser angenehmen Entspannungslage. Folgen Sie Ihrer Atembewegung, und spüren Sie dem sanften Strömen durch die Nase nach.

Tip:

Am Abend ausgeführt hat sich die Gesichtsentspannung als Einschlafhilfe bestens bewährt.

Gute Gefühle als Kraftquelle:

Stellen Sie sich eine Situation vor, in der Sie sich ganz besonders gut gefühlt haben. Sehen, hören und fühlen Sie sich intensiv in dieses Vorstellungsbild hinein. Tun Sie so, als würden Sie diese Situation noch einmal erleben.

- Sie waren der Situation absolut gewachsen.
- Sie fühlten sich stark und überlegen.
- Sie waren sich Ihrer Sache absolut sicher.
- Sie hatten großes Vertrauen zu sich selbst.

Fühlen Sie sich ruhevoll, liebevoll und friedvoll erfüllt. Ihr Körper kennt diese Gefühle, sie sind ihm nicht fremd. Gute Gefühle sind eine Kraftquelle, aus der Sie jederzeit schöpfen können.

◆ ***Energie auftanken***
Atmen Sie tief und konzentriert ein, und halten Sie jeden Atemzug ca. fünf Sekunden an. Danach atmen Sie aus. Sie müssen sich vorstellen, daß jeder Atemzug Energie zuführt. So tanken Sie Energie und fühlen sich unbeschwerter und leichter.

◆ ***Das Gute-Nacht-Programm zur Entspannung***
Zu einem guten Tag gehört auch eine gute Nacht. Sie können selbst sehr viel dazu beitragen, indem Sie Ihren Körper mit kleinen entspannenden Massagen und einer gezielten Abspannung auf die Nacht vorbereiten.

- Selbstmassage für die Lendenwirbelsäule:
  Sie sitzen oder stehen. Ballen Sie die Fäuste, und legen Sie sie auf dem Rücken oberhalb des Gesäßes auf. Die Fingerknöchel sollen sich berühren, während die Handknöchel fest neben der Wirbelsäule aufliegen. Mit mäßigem bis festem Druck sollten Sie nun die Fäuste an der Wirbelsäule hochschieben, nach Möglichkeit bis zur Brustwirbelsäule. Die Fingerknöchel halten dabei festen Kontakt. Schieben Sie die Fäuste danach wieder abwärts bis an die Gesäßfalte. Hier die Fäuste dehnend auseinanderziehen und wieder zusammenschieben. Danach folgt erneut das Aufwärts- und Abwärtsschieben sowie das seitwärtige Auseinanderdehnen; diesmal eine Partie höher als die Gesäßfalte. Immer so weiter massieren, bis der Lendenbereich spürbar erwärmt und durchblutet ist.
- Selbstmassage für die Halswirbelsäule:
  Ihre Hände ballen Sie zu Fäusten. Massieren Sie mit Ihren Fingerknöcheln die Nackenmuskulatur neben der Halswirbelsäule nach oben und unten. Streichen Sie bis an den Schulterrand. Beugen Sie ganz leicht Ihren Kopf nach vorne.

◆ ***Körperwahrnehmungsübung und Atemraumerleben***
Legen Sie sich auf den Rücken, unterpolstern Sie Ihren Kopf mit einem kleinen Kissen. Entspannen Sie sich. Entspannen Sie Ihre Arme: Sie werden ganz schwer. Entspannen Sie Ihre Beine: Sie werden ganz schwer. Entspannen Sie Ihren Bauch: Er wird angenehm warm. Entspannen Sie Ihren Kopf: Er wird klar, Ihr Geist wird ruhig. Lenken Sie nun Ihre Aufmerksamkeit auf Ihren Brustraum. Spüren Sie den Atembewegungen darin nach. Erleben Sie sich in jeder lang-

sam und intensiv geführten Einatmung in der gesamten rechten Brustseite, im linken Achsel-Schulter-Bereich, im linken oberen Rücken, im linken unteren Rücken, im linken oberen Brustraum, im linken unteren Brustraum.

Zum Einatmen gehört auch das Ausatmen. Atmen Sie langsam und ganz bewußt aus, und erleben Sie das Abgeben und Loslassen nach den Anweisungen der ersten Übung in der gesamten rechten Brustseite. Danach in der gesamten linken Brustseite. Beachten Sie den Unterschied!

Nehmen Sie sich für diese Übung Zeit, und beenden Sie sie mit der Vorstellung: „Es atmet mich". Atmen Sie ohne gedankliche Führung, lassen Sie alle Gedanken los, und vertrauen Sie sich Ihrem Körper an. Lassen Sie ihn atmen, lassen Sie „es" atmen.

Einstimmen auf die Entspannung

- Nehmen Sie sich Zeit, und vergessen Sie die Hektik des Alltages.
- Üben Sie nicht mit vollem Magen aber auch nicht mit starkem Hungergefühl.
- Sorgen Sie für einen gut belüfteten Raum.
- Wenn es das Wetter zuläßt, üben Sie im Freien.
- Stellen Sie vermeidbare Lärmquellen ab.
- Ziehen Sie keine zu engen Kleidungsstücke an.
- Wenn Sie sich bei oder nach den Übungen nicht wohl fühlen, beenden Sie sie. Suchen Sie nach vermutlichen Ursachen. Es könnte z.B. die falsche Zeit sein, extreme Witterungslagen oder aktuelle Probleme, die es nicht zur Entspannung kommen lassen.
- Üben Sie möglichst immer zur gleichen Zeit, aber denken Sie nicht an die Uhr. Zu empfehlen wäre der frühe Morgen vor dem Frühstück.
- Setzen Sie sich unter keinen Erfolgszwang.
- Spüren Sie sich auch „körperlich".
- Lassen Sie sich nicht ablenken.
- Nach den Übungen wieder „un-willkürlich" atmen.
- Machen Sie keine überflüssigen Experimente.
- Haben Sie Geduld mit sich!

Richtiges Atmen

Eine ebenso gute wie einfache Möglichkeit, die gesunden Funktionen des Vegetativums auf natürliche Weise zu unterstützen, ist die bewußte, die richtige Atmung. Wir alle müssen wieder lernen, mit dem Atmen zu leben, statt dauernd außer Atem hinter dem Leben herzuhetzen.

Hier einige Atemübungen, die Ihnen helfen, sich frei und wohl zu fühlen. Jedoch vergessen Sie nicht, folgende Punkte zu beachten:

- Tragen Sie bequeme Kleidung. Wenn das nicht geht, etwa weil Sie am Arbeitsplatz üben: Lockern Sie alles, was Sie einschnürt - Gürtel und ähnliches.
- Versuchen Sie immer, die Füße gerade und fest auf die Unterlage zu stellen - diese „Erdung" ist auch im Sitzen wichtig.
- Knicken Sie bei den Übungen im Stand leicht und locker in den Knien ein. Durch- oder gar überstreckte Gelenke blockieren den Energiefluß.
- Wenn Sie im Büro oder im Zusammenhang mit Streßsituationen üben:
  Schließen Sie vorher einmal kurz die Augen, und lassen Sie die Luft ohne Druck aus sich herausströmen - dadurch wirken die Übungen besser.
- Sie können alle diese Übungen beliebig oft machen. Am besten wirken sie, wenn Sie sich einige Minuten Zeit nehmen, um den Rhythmus aufzunehmen. Sehr gut ist gleichmäßige, getragene Musik als Begleitung.

Die Energiesammlung:

Sie stehen schulterbreit. Beugen Sie sich nach vorne (Wirbelsäule dabei Wirbel für Wirbel abrollen lassen!), lassen Sie dabei Luft ausströmen. Die Arme hängen locker nach unten. Dann beginnt das Einatmen. Richten Sie sich langsam auf, kreuzen Sie dabei die Arme vor der Brust. Wenn der Rumpf aufgerichtet ist, strecken Sie die Arme hoch und breiten sie oben aus. Damit ist gleichzeitig das Ende des Einatmens erreicht, und Sie können den Körper langsam wieder abrollen und die Luft ausströmen lassen. Diese Übung spricht alle im „normalen" Tagesablauf vernachlässigten Atemräume an - den Rücken (beim Aufrichten), den Bauchraum (durch das Kreuzen der Arme vor der Brust) und die Lungenspitzen (durch die Streckung). Der perfekte „Wecker"!

Methoden der Entspannung:

Einige Entspannungsmethoden erlernen Sie am besten in einem Kurs unter Anleitung eines Fachmannes.
Oft werden die folgend beschriebenen Übungen in Abendkursen der Volkshochschulen und in Seminaren angeboten.

◆ ***Autogenes Training***

Das autogene Training führt über den Weg der konzentrativen Selbstentspannung zur vegetativen Stabilisierung, zu innerer Sammlung und Ausgeglichenheit.
Auch zur Unterstützung der Behandlung chronischer Erkrankungen ist es geeignet. Innere Störfaktoren werden beseitigt, äußere Reize, die einer Selbstheilung häufig im Wege stehen, werden abgeschirmt. Für die tägliche Entspannung eignen sich Grundübungen wie Ruhe-, Schwere-, Wärme- und Atemübungen. Lernen können Sie es wie schon vorher erwähnt im Kurs oder durch konsequentes Selbsttraining.
Das Wesentliche am autogenen Training ist die regelmäßige Übung.

◆ ***Yoga***

Vor allem einige Elemente des Hatha-Yoga sind für unserer Mentaltraining besonders geeignet. Ziel dieser Methode ist die Wiederherstellung der Harmonie von Körper, Geist und Seele.
Die Yoga-Lehre umfaßt auch gesunde Lebensführung im weitesten Sinn, also beispielsweise richtige Ernährung und regelmäßige Bewegung.

◆ ***Meditation***

Sich selbst finden:
Meditation gibt Ihnen nach längerer Übung die Möglichkeit, in einem anderen, ruhigeren Bewußtseinszustand zu verweilen.
Meditation baut Stimmungsschwankungen und Ängste ab, weckt Phantasie und Kreativität, stärkt unsere Warnehmungsfähigkeit und führt zu Ausgewogenheit von Gefühl und Verstand.

Entspannungsübungen für den Büroalltag

Das Wichtigste zuerst:
Öffnen Sie vor den Übungen das Fenster, und lüften Sie Ihren Raum gründlich.

- Atmen Sie ein, dann die Luft kurze Zeit anhalten - Spannung wächst - die ganze Luft wieder herauslassen - Entspannung tritt ein. Ruhig weiteratmen, beim Ausatmen immer loslassen.
- Sie sitzen auf Ihrem Bürosessel - beide Fußsohlen stehen auf dem Boden, die Hände locker auf den Oberschenkel liegen lassen und abschalten.

Besonders empfehlenswert ist die progressive Muskelentspannung:

In Sitzhaltung konzentrieren Sie sich auf eine bestimmte Muskelpartie (Arme, Schultern, ...). Nun spannen Sie dort alle Muskeln an und lassen Sie wieder locker.
Dabei atmen Sie langsam, ruhig und tief durch die Nase ein und langsam wieder aus.
So entsteht eine Welle der Entspannung, die von ausgesuchten Muskelpartien auf den ganzen Körper übergeht.
Diese Übungen sollten Sie mehrmals am Tag durchführen!

Hier ein Beispiel:

Beide Hände zu Fäusten ballen, anspannen (ca. 10 Sek.), dann die Spannung wieder lösen, den Übergang von der Anspannung bis zur völligen Entspannung möglichst bewußt wahrnehmen, nach einer Entspannungsphase die Übung wiederholen.

Einige leicht durchführbare Übungen:

- beide Unterarme beugen, Oberarme anspannen - loslassen
- beide Arme nach vorne strecken, bis in die Fingerspitzen anspannen - loslassen
- Stirn hochziehen - loslassen
- Stirn zusammenziehen - lockerlassen
- Augen zudrücken - lockerlassen
- Nase hochziehen - lockerlassen
- Lippen zusammendrücken - lockerlassen
- Zunge auf den Gaumen drücken - lockerlassen
- Zähne zusammenbeißen - lockerlassen
- das ganze Gesicht zusammenziehen - lockerlassen
- den Kopf langsam hin und herrollen - den Nacken dabei entspannen
- die Schultern hochziehen - und wieder fallenlassen
- Bauch einziehen - lockerlassen

- Bauch herauswölben - lockerlassen
- Bauch und Brust nach vorne wölben, mit dem Rücken einen Bogen spannen - wieder zurücksinken.
- Knie zusammendrücken, Oberschenkel anspannen - loslassen
- ein Bein nach vorne strecken - wieder fallenlassen, dasselbe mit dem anderen Bein
- Gesäßmuskeln anspannen - loslassen

Visualisieren:
- Stellen Sie sich vor, Sie liegen am warmen Sandstrand, auf einer Südseeinsel, bei angenehm kühlem Wind, und leise Wellengeräusche umspülen Sie.
- Look away: Entspannen Sie Ihre Augen, indem Sie aus dem Fenster schauen. Versuchen Sie, für einen Moment an nichts zu denken.
- Massieren Sie die Muskeln im Nackenbereich, damit das Adrenalin, welches durch Streß verstärkt auch im Muskel Spannung erzeugt, wegmassiert wird.
- Massieren Sie die Schläfen leicht kreisend (einen Tropfen Chinaöl verwenden).
- Lassen Sie heißes Wasser über Ihre Hände rinnen, da bei zu großem Streß die Zirkulation des Blutstromes reduziert wird - warmes Wasser fördert die Zirkulation.
- Sich wieder ganz zurückholen: Gähnen, sich strecken, tief durchatmen.

Weitere Enspannungstips:
Die Behaglichkeitstemperatur des Menschen liegt bei 35° bis 37° C, bei 10-15minütiger Badezeit die Idealtemperatur eines warmen Vollbads.
Die erwünschte Wirkung können Sie durch duftende Badezusätze steigern, die es z.B. in Reformhäusern zu kaufen gibt. Ihr ganz persönliches Duftbad können Sie mit Aromaölen kreieren, die entspannend wirken. Wie z.B. Sandelholz, Lavendel, Melisse und Honigöl.
- Ein wohltuendes Honigmilchbad: Dazu wird eine Tasse Bienenhonig im Badewasser aufgelöst und mit zwei Tassen Milch vermischt. Wirkt sehr entspannend.
- Baden Sie im abgedunkelten Raum bei Kerzenlicht und sanfter Musik.
- Anwendung beruhigender ätherischer Öle in einer Duftlampe.

Empfohlen werden Lavendel mit Melisse.

- Nette Gespräche mit dem Partner oder Freunden.
- Kerzenlicht
- Abenderfrischung: Nach einem langen, anstrengenden Tag sollten Sie sich eine 10-Minuten-Erfrischung gönnen, welche jedoch auch zur Entspannung führt. Tauchen Sie ein kleines Frottierhandtuch in kaltes Wasser mit etwas Zitronensaft oder in kalten Kamillentee, drücken Sie es leicht aus, und legen Sie es sich auf das gereinigte Gesicht.
  Entspannen Sie sich 10 Minuten, wobei Sie das Tuch drei- bis viermal neu befeuchten.
- Partnermassage
- Vermeiden Sie Koffein, Nikotin, größere Mengen Alkohol sowie schwere Mahlzeiten und intensive geistige und körperliche Streßbelastungen - dies wirkt der Entspannung entgegen.
- Untertags: Viel Bewegung an der frischen Luft ist gut für Körper und Seele und sorgt für bessere Entspannung am Abend.

Schlaftrunk:

10 g Baldrianwurzeln
10 g Johanniskraut
10 g Melissenblätter
5 g Lavendelblüten
5 g Hopfenzapfen
2 g Zimtrinde
1 Liter Rotwein

Die Zutaten werden mit dem Rotwein übergossen und müssen bei Zimmertemperatur eine Woche ziehen. Dann seiht man das Getränk ab und füllt es in eine Flasche um.
Vor dem Schlafengehen nimmt man ein bis drei Eßlöffel zur Entspannung und Schlafförderung.

FIT IM ALLTAG

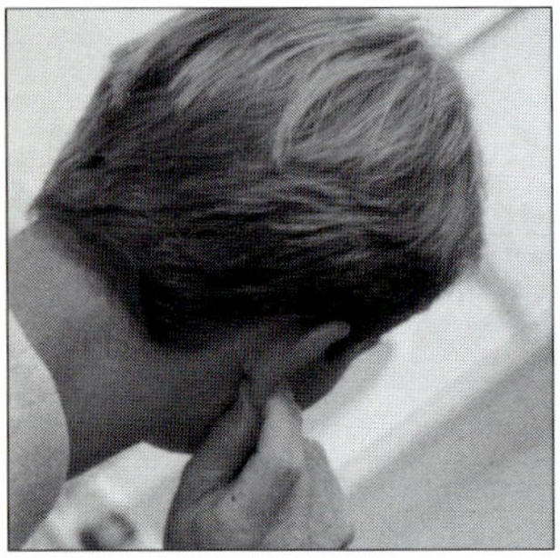

Von Besprechungen, Telefonaten und der eigentlichen Arbeit in ein enges Korsett gezwängt, halten sich die Möglichkeiten für Pausen und Regeneration im Büroalltag in Grenzen. Trotzdem: Wer immer wieder ein paar Minuten für Entspannungsübungen abzwackt und sich vernünftige Snacks gönnt, schlägt Konzentrationsschwächen und Leistungsabfall ein Schnippchen.

Der Büromüdigkeit entgegen wirken

- Wenn der Kreislauf nachläßt und Sie müde werden, lassen Sie einige Minuten lang kaltes Wasser über Ihre Handgelenke rinnen.
- Reiben Sie 20 Sekunden Ihre Ohrläppchen.
- Bewährt hat sich auch diese Übung: Die Endglieder der Finger ausstreichen, fest zusammenzwicken und wieder ausstreichen.
- Bei Angespanntheit bedecken Sie für 10 Sekunden die Augen, danach massieren Sie sanft die Schläfen.
- Packen Sie Ihre Schultermuskulatur und massieren Sie diese etwa 30 Sekunden.
- Suchen Sie am Hinterkopf die beiden Punkte, an denen die Nackenmuskulatur am Kopf ansetzt, und massieren Sie dort den empfindlichsten Punkt.
- Verschränken Sie die Hände im Nacken, und spannen Sie Schulterblattmuskulatur fest nach hinten (6 Sekunden). Dann strecken Sie die Arme nach oben und atmen kräftig durch.
- Achten Sie bei schweren Beinen darauf, daß die Sesselkanten nicht zu sehr in die Oberschenkel drücken und Lymphgefäße und Venen nicht aufgestaut werden. Beine immer wieder gerade ausstrecken und fest anspannen. So wird die Durchblutung angeregt.

Bürococktail:
2 EL Johanniskraut
2 EL Schwarztee
1/ 2 l Johannisbeersaft
Mit einem 1/2 l kochendem Wasser aufgießen und sechs Minuten ziehen lassen, dann abseihen. Mit einem 1/2 l Johannisbeersaft mischen und kalt stellen. Nach Geschmack mit Honig süßen und eventuell etwas Zitronensaft beimengen.

Kräftig und fit durch den Tag

- Verzichten Sie schon in der Früh auf den Lift (auch bei Auswärtsterminen). Stiegen steigen fördert die Durchblutung, ist ein gutes Kreislauftraining und entlastet Ihre Venen. Außerdem ist es eine Wohltat für die Gelenksknorpeln und die Gesäßmuskulatur.
- Lüften Sie das Arbeitszimmer gut, bevor Sie zu arbeiten beginnen.
- Achten Sie auf eine gute, tiefe Atmung, bei der sich die Lungen entfalten können. Beim Einatmen den Bauch rausstrecken und beim Ausatmen den Bauch einziehen. Dabei ziehen Sie die Schultern zusammen, die Lunge wird ganz ausgepreßt, und die verbrauchte Luft kommt heraus. So vermeiden Sie Konzentrationsschwächen und Angespanntheit.
- Zwingen Sie sich zur Konsequenz in der Terminplanung:
  50% Zeit für geplante Arbeit
  30% Zeit für spontane Arbeit
  20% Zeit für Regeneration
- Vergessen Sie nicht, daß jede Aggression gegen andere in Form von Streß voll zurückkommt. Denken Sie positiv. Bevor Sie explodieren, bitte atmen Sie 3x kräftig ein und aus - blasen Sie den Ärger weg!
- Versuchen Sie, dem Tag Höhepunkte zu geben - und sei es nur, daß Sie sich z.B. Zeit nehmen, einen lieben Menschen anzurufen.
- Vergessen Sie nicht, daß Lächeln und Lachen den ganzen Körper entkrampfen und somit herrlich entspannen!
- Nutzen Sie jede Gelegenheit, um aufzustehen und herumzugehen, z.B. beim Telefonieren!
- Visualisieren:
  Nehmen Sie sich kurz Zeit, setzen Sie sich entspannt hin, und denken Sie an ein schönes Erlebnis. Oder versetzen Sie sich an einen warmen Sandstrand, fühlen Sie den angenehm kühlen Wind und hören Sie auf das leise Rauschen der Meereswellen.

Teetip:

20 g Baldrianwurzeln
20 g Hopfenzapfen
20 g Johanniskraut
10 g Rosmarin
30 g Pfefferminze

Bei Streßerscheinungen trinken Sie davon zur Beruhigung über zwei bis drei Wochen lang täglich drei Tassen.

- Magnesium, Kalium und Kalzium aus Vollkornerzeugnissen, Kartoffeln, Obst, Gemüse und fettarmen Milchprodukten für eine ordnungsgemäße Muskel- und Nervenfunktion und als Aufbauelemente zu sich nehmen. Gesunde Ernährung macht Sie belastbarer, Ihre Laune ist besser.
- Bewährte Fitneßimbisse:
  Becher Joghurt und Banane
  Fruchtschnitte oder Müsliriegel und 1/4 l Milch
  Vollkornkekse und 1/4 l Orangensaft
  Obst (Apfel, Birne, Banane,...)
- Zu großen Zigaretten- und Alkoholkonsum meiden - fördert nur den Streß!
- Am Abend nicht zu viel essen, sonst fällt die nächtliche Entspannung auch noch weg, da Ihr Organismus Zusatzarbeit leisten muß. Lieber kleine Zwischenmahlzeiten einlegen!

Übungen für Körper und Geist:

- Nacken:
  Aufrecht am Stuhl sitzen, Kopf einmal nach rechts ziehen, einmal nach links (jeweils 20 Sek. halten), 3-5x wiederholen. Kopf brustwärts ziehen (20-30 Sek. halten), 3-5x wiederholen. Vom Hinterkopf abwärts Nackenmuskeln mit kreisenden Bewegungen mit den Fingerspitzen massieren.
- Bei Kreuzschmerzen:
  Täglich die Lenden- und Kreuzbeinmassage ausführen. Dazu im Türkensitz hinsetzen, Hände gegeneinander warmreiben, dann entlang der Wirbelsäule und des Kreuzbeins des öfteren massieren (eine Hand bewegt sich nach oben, die andere nach unten).
- Bei Muskelverspannungen:
  Bequeme Sitzhaltung einnehmen, auf eine bestimmte Muskelpartie konzentrieren (Arme, Schultern, ...). Dort alle Muskeln anspannen (20 Sek.), wieder locker lassen. Dabei atmen Sie langsam, ruhig und tief durch die Nase ein und aus (mehrmals am Tag durchführen). So entspannt sich diese Muskelpartie.
- Unterarmdehnung:
  Strecken Sie zuerst den rechten, dann den linken Arm mit angewinkelter Hand so weit wie möglich nach vorne (20 Sek.), 3x wiederholen.

- Oberarmdehnung:
  Ziehen Sie den angewinkelten Arm nach hinten zur gegenüberliegenden Schulter. Sowohl mit dem rechten als auch mit dem linken Arm durchführen (20 Sek. halten und 3 x wiederholen).

Schlechte Gewohnheiten korrigieren

Oft sind es falsche oder schlechte Gewohnheiten, die uns den Alltag beschwerlich erscheinen lassen. Wenn es Ihnen gelingt, die kleinen Fehler aufzuspüren, dann versuchen Sie, diese zu korrigieren. Hier ein paar wichtige Hinweise. Das Beste für die Wirbelsäule, Bandscheiben und Gelenke ist Bewegung. Da wir aber nun einmal eine Sitzgesellschaft sind, wird das schwierig. Auch in einer Stunde Wirbelsäulengymnastik kann nicht das Fehlverhalten eines ganzen Tages ausgeglichen werden!

- Üben Sie einen sitzenden Beruf aus, so versuchen Sie, Ihre Position so häufig wie möglich zu verändern.
- Nehmen Sie verschiedene Sitzpositionen ein, z.B. aktiver Sitz mit geradem Rücken auf der Kante des Stuhls.
- Eine angenehme Position für die Wirbelsäule ist die sogenannte Stehsitzposition. Dabei sitzen Sie auf einem Stuhl, der so hoch ist, daß die Beine ausgestreckt bleiben.
- Wenn es Ihre Arbeit erlaubt, stehen Sie häufiger auf, oder gehen Sie herum. Müssen Sie viel stehen, überprüfen Sie stets Ihren Stand. Verteilen Sie das Gewicht immer auf beide Füße.
- Drehen Sie Ihr Bein nicht nach außen. Halten Sie die Knie stets gebeugt und das Becken aufgerichtet. Halten Sie die Wirbelsäule gerade.
- Denken Sie beim Bücken an den Einbeinkniestand, auch wenn Sie in gebückter Haltung arbeiten, etwa im Haushalt oder bei der Arbeit im Garten. Halten Sie den Rücken, besonders in vorgebeugter Position, immer gerade!
- Achten Sie auf eine ausreichende Arbeitshöhe - das gilt für Hausarbeiten wie Spülen, Bügeln oder Kochen ebenso wie für den Montagetisch in einer Werkstatt oder den Friseurstuhl.
- Wenn Sie mit Gegenständen wie Staubsauger, Besen oder ähnlichem arbeiten, so achten Sie auf eine ausreichende Stiellänge, um unnötiges Bücken zu vermeiden.

So heben Sie schwere Lasten richtig:

- Standfläche vergrößern durch Schritt- oder Grätschstellung
- Gerader Rücken (kein Katzenbuckel) und steiler Oberkörper
- Bewegung soll nur über Knie - und Hüftgelenk gehen (d.h. keine Bewegung in der Wirbelsäule).
- Anspannen der Bauch- und Rückenmuskulatur entlastet Ihre Wirbelsäule. Daher ist es wirklich wichtig, diese Muskelpartien zu trainieren.
- Beim Heben die Last möglichst nahe an den Körper nehmen, d.h. der Schwerpunkt der Last sollte möglichst senkrecht über den Füßen sein. Verteilen Sie das Gewicht gleichmäßig (links und rechts). Vermeiden Sie die Hohlkreuzhaltung und ein Verdrehen der Wirbelsäule (das Heben und Abstellen darf nicht gleichzeitig mit einer Rumpfdrehung verbunden sein). Stehen Sie frontal zur Last stehen. Und: Heben Sie schwere Lasten nie alleine!
- Tragen Sie Handttaschen diagonal, und wechseln Sie des öfteren die Seite. Das gleiche gilt für die Arbeitstasche. Verteilen Sie Lasten möglichst gleichmäßig. Zwei leichtere Taschen sind besser als eine schwere .
- Tragen Sie schwere Lasten, wenn möglich, auf dem Rücken.
- Sorgen Sie für eine rückenfreundliche Matratze und geeignete Sitzmöbel. Falls nötig, stützen Sie Ihre Wirbelsäule durch Kissen oder ähnliches ab, sodaß sie in ihrer natürlichen Haltung erhalten bleibt.

Augentraining

Die Augen nehmen 80% aller Sinneseindrücke auf, die der Mensch verarbeiten muß. Kein anderes Sinnesorgan ist mehr gefordert als sie - nicht nur im Beruf, sondern auch in der Freizeit. Besonders das Arbeiten am Computer beansprucht die Augen enorm. Augen und Gehirn sind am Bildschirm aufs höchste gefordert. Das äußert sich durch Kopfschmerzen, einen verspannten Nacken-Schulterbereich, frühzeitige Alterssichtigkeit, verminderte Konzentrationsfähigkeit und Erschöpfung, gerötete, flimmernde und tränende Augen, Doppeltsehen, Augenbrennen durch zu trockene Augen, schlechtes Sehen bei Dunkelheit, Schwindelgefühle und Abgespanntheit. Das Denken und die Konzentrationsfähigkeit werden durch eine Überforderung der Augen bis zu 90% herabgesetz. Deshalb brauchen auch Augen Entspannung und Pflege.

Wenn Sie vor dem Computer sitzen, werden die Augen (Nahbereich 40 - 80cm) in ihrer natürlichen Bewegung eingeschränkt. Sie brauchen daher Entspannung und Regeneration.

So entspannen Sie die Augenmuskeln:

- Brille ablegen
- entspannt und aufrecht sitzen
- Kopf entspannt geradehalten
- Schulter und Nacken hängenlassen
- Atmung kontrollieren
- Verspannung und Müdigkeit bewußt ausatmen

Nie vergessen, daß Sie durch häufige, kurze Pausen Ihre Leistungsfähigkeit erhöhen können!

Einfache Übungen gegen Augenstreß:

- Augen bewegen anstatt zu starren, so werden die Augenmuskeln gelockert, und es entsteht keine Augenbelastung.
- Ab und zu des öfteren blinzeln, so können sich die Augen regenerieren, da sie mit Tränenflüssigkeit befeuchtet werden.
- Augen wandern lassen.
- Gähnen weckt Körper, Verstand und Gemüt, es öffnet den Körper zur Aufnahme von Sauerstoff. Dadurch bewirkt es eine tiefere Atmung, aktiviert den Blutkreislauf, aktiviert die Tränendrüsen, entspannt und lockert die Muskulatur sowohl um Augen und Kiefer als auch von Kopf, Hals, Nacken, Schulterbereich und Bauch.

WAS TUN GEGEN RÜCKENSCHMERZEN UND VERSPANNUNGEN?

Die Wirbelsäule

Der Wirbelsäule verdanken wir die aufrechte Haltung. Sie schützt und beinhaltet die Fortsetzung des Gehirns, das Rückenmark. Muskeln und Bänder sorgen für den Zusammenhalt der Wirbelsäule. Für Elastizität in diesem knöchernen Gefüge sorgen die Bandscheiben oder Zwischenwirbeln. Sie agieren als sogenannte Pufferzonen.
Die Wirbelsäule besteht aus 7 Halswirbeln (beweglich), 12 Brustwirbeln (starr) und 5 Lendenwirbeln (beweglich). Im unteren Bereich schließen das Kreuzbein und das Becken an; sie schützen die unteren Organe.
Die Wirbelsäule wird vorne durch die geraden und schrägen Bauchmuskeln stabilisiert. Für die Aufrechthaltung der Wirbelsäule ist besonders der große lange Rückenmuskel verantwortlich. Er reicht von der Beckenhöhe bis zur Halswirbelsäule. Weitere Muskeln und Bänder halten das Kreuzbein und seine Umgebung zusammen. Zwischen der Halswirbelsäule und dem oberen Teil der Brustwirbelsäule sind der Trapezmuskel und die Schulterheber wichtig. Sie alle, auch die sogenannten Kleinmuskeln, die von Wirbel zu Wirbel ziehen, sollten ihre Spannung durch Bewegungsmangel nicht verlieren, denn sonst kann es zu unangenehmen Schmerzen kommen.
Gleichgültig, von welchem Teil der Wirbelsäule Schmerzen ausgehen, man sollte ihnen so schnell wie möglich beikommen. Bei andauerndem Schmerz ist auf alle Fälle der Arzt - meist der Orthopäde - zu kontaktieren.

Probleme der Wirbelsäule:

Ist die Halswirbelsäule betroffen, so spricht man oft vom Zervikalsyndrom. Dies sind starke Schmerzen im Schulter- und Nackenbereich, die in den Kopf und in die Arme ausstrahlen können. Häufig berichten Betroffene auch von einem „haubenartigen Kopfschmerz“. Ausgelöst werden kann das Zervikalsyndrom durch chronische Muskelverspannungen oder Bandscheibenschäden. Akute Blockaden in diesem Bereich entstehen häufig durch eine unkoordinierte Fehlbewegung, Überanstrengung, Zugluft oder Nässe.

◆ ***Hexenschuß***

Ist die Lendenwirbelsäule betroffen, kommt es oft zu Ischias und Hexenschuß. Schon leichte Ischiasbeschwerden, die ab und zu auftreten, gehen dem akuten Hexenschuß voraus und sind deutliche Warnzeichen für einen späteren Bandscheibenvorfall!
Der Ischiasnerv ist ein großer Nervenstrang, der sich aus den Nervenwurzeln der Lendenwirbelsäule zusammensetzt und über die Gesäßpartie ins Bein verläuft. Er versorgt dort bestimmte Muskeln, Haut- und Unterhautpartien.
Ist der Ischiasnerv geschädigt, kann es zu Reflex- und Muskelausfällen kommen, auch die Hautsensibilität kann verlorengehen. Defekte Bandscheiben, aber auch Nässe, Zugluft und Sitzen auf einem kalten Stein können Ischias auslösen.

Ein Hexenschuß oder Lumbago tritt meist bei einer belanglosen Alltagsbewegung wie z.B. Einkaufskiste aus dem Auto heben, auf. Der Oberkörper wird gedreht, um die Kiste neben das Auto zu stellen – eine typische Hexenschußbewegung!

Abgesehen von angeborenen und daher medizinisch kaum zu beeinflussenden Faktoren (z.B. unterschiedliche Länge der Beine) ist der Löwenanteil der Wirbelsäuleerkrankungen „hausgemacht“. Schuld daran sind unergonomische Arbeitsplätze, falsches Sitzen und Liegen, sowie Haltungs- und Bewegungsfehler im Haushalt oder beim Tragen von Lasten. Risikofaktoren sind auch Übergewicht und Rauchen.

Eine einseitig überforderte Muskulatur kann die Wirbelsäule nicht stabilisieren. Verspannungen und Schmerzen sind das Ergebnis. Wenn Sie dann immer noch nicht reagieren, kann es zu akuten und chronischen Rückenbeschwerden, Hals- oder Lendenwirbelsyndromen, Ischias, Hexenschuß oder Bandscheibenvorfällen kommen.

So helfen Sie sich bei Hexenschuß:

- Wenn die Schmerzen akut auftreten, legen Sie sich mit dem Bauch auf einen Tisch und schieben sich nach und nach ein paar Kissen unter den Bauch, bis das Gesäß die höchste Stelle des Körpers ist. Etwa 15 Minuten so liegen bleiben.
- Legen Sie sich mit dem Rücken auf den Boden, und lagern Sie

die Unterschenkel so auf einen Stuhl, daß Oberschenkel und Rumpf einen rechten Winkel bilden - 15 Minuten so verharren.

- Sinnvoll sind Einreibungen der schmerzenden Stellen mit Rosmarinöl, Kamillenöl, Johanniskrautöl, Franzbranntwein, Melissengeist oder Olivenöl.
- Schnelle Linderung der Schmerzen können auch Fango-Auflagen bringen oder die Auflage von zwei Kilo heißen Pellkartoffeln. Auch ein heißer Heilerdebrei tut gute Dienste.
- Wannenbad mit Wacholderöl-Zusatz nehmen.
- Zinnkrautbad und Haferstrohbad als Vertreter der Kieselsäurebäder helfen ebenfalls.
- Akupressur: Genau diesen Energiepunkt können Sie sich mit Hilfe der Akupressur selbst zunutze machen. Suchen Sie mit dem Daumen der rechten Hand 3 Finger breit vom Ellenbogen nach unten genau auf dem Unterarmmuskel der linken Hand den Druckpunkt. Ihn massieren Sie in kreisenden Bewegungen 1 bis 2 Minuten. Wiederholen Sie die Übung.
  Ein Punkt, der Verkrampfungen löst und Schmerzen lindert, liegt auf dem Handrücken in der Verlängerung des spitzen Winkels zwischen kleinem Finger und Ringfinger.
- Ganz wichtig: Wer an Hexenschuß oder Ischias leidet, darf nicht regungslos daliegen oder sitzen - hier gilt: Wer rastet, der rostet.
- Bestrahlungen mit einer Infrarotlampe lindern den Schmerz.
- Wenn die Schmerzen immer wieder auftreten, dann gehen Sie zum Neurologen oder Orthopäden, und lassen Sie die Wirbelsäule untersuchen.
- Teempfehlung:
  Zu gleichen Teilen Zinnkraut, Teufelskralle und Beinwell. Sie wirken vorwiegend auf den Rücken.
- 1 EL Löwenzahn-Frischpflanzensaft in den Tee wirkt ebenso.

◆ *Bandscheibenvorfall*

Ein Bandscheibenvorfall wird durch eine dauerhafte Überbelastung der Bandscheiben z.B. bei falschem Heben und Tragen, Hohlkreuzhaltung sowie bei Übergewicht forciert. Der Belastungsdruck kann sich nicht mehr gleichmäßig verteilen. So hat der zwischen den Bandscheiben eingelagerte Gallertkern die Tendenz auszutreten. Solange der Faserring, der den Gallertkern umgibt, intakt ist, wird der Gallertkern seine Position nicht verändern.

Jedoch durch falsche Dauerbelastung reißt der Faserring ein und dabei entweicht Flüssigkeit. Die Puffereigenschaft der Bandscheibe wird stark vermindert. Gleichzeitig kann der Gallertkern seine Position verändern. Er übt Druck auf den geschädigten Faserring aus, bis er entweichen kann. Dann drückt er gegen die Nervenwurzeln, und es kommt zu starken Schmerzen.
Bei längerer Dauer treten Nervenwurzelschädigungen auf, wobei auch die Beine ausfallen können.

Schadensortung:
Der Schmerz sagt uns, wo der Bandscheibenschaden eingetreten ist:

- Im Bereich der Halswirbel:
  Schiefer Hals, Migräne, Nackensteife, Brachialagie (also Schmerzen, die vom Nacken zur Schulter ausstrahlen und weiter über den Arm zur Hand).

- Im Bereich der Brustwirbel:
  Schmerzen im Brustbereich, die manchmal Halsschmerzen ähneln, Zwischenrippen-Neuralde (meist nach einem Sturz oder bei sehr belastenden Sportarten)

- Im Bereich der Lendenwirbel:
  Hexenschuß (also eine akute Muskelverspannung, die reflektorisch von der Lendenwirbelsäule ausgelöst werden kann), Ischialde, wenn zusätzlich Schmerzen über den Ischiasnerv in ein Bein ausstrahlen.
  Solange der Faserring die Bandscheibe noch zusammenhält, kann die Verwölbung wieder zurückrutschen. Der Druck auf die Nerven läßt nach, sie erholen sich bald wieder.
  Schlimmer wird es, wenn eine Bandscheibe platzt und es zu einem richtigen Bandscheibenvorfall kommt, der häufig eine Operation notwendig macht.

So helfen Sie sich bei Bandscheibenschmerzen:
- Bettruhe, flach und nicht weich liegen. Schmerz- und Entzündungshemmer, eventuell Salben, die die Durchblutung fördern.
- Warm halten, warme Bäder, Schlamm-, Fango-, und Moorpackungen, Heißluft-Therapie.

- Elektro-Therapien (Tiefenwärme) zur Durchblutung und Entspannung der Rückenmuskulatur. Massagen, Unterwassermassagen und Bindegewebsmassagen lösen Muskelverspannungen.

Zur Vorbeugung empfohlen:

- Unterhemden tragen, um Unterkühlungen zu vermeiden
- Bauch- und Rückenmuskulatur trainieren
- Regelmäßig Schwimmen, Saunabesuche (aber ohne Kaltwasseranwendung)
- Gymnastik und leichte Sportarten betreiben
- Bei Kreuzschmerzen an eine Turnstange hängen (auch eine Teppichklopfstange oder ein Türrahmen tun es) und mit den Beinen pendeln.
- Richtige Haltung in allen Lebenslagen bewahren, das heißt richtig heben und tragen.
- Bei Nackenschmerzen sollten Sie sich bäuchlings aufs Bett legen Kopf überhängen lassen und locker damit hin und her pendeln.
- Vollwertige Ernährung
- Übergewicht abbauen

Was Sie für einen gesunden Rücken tun können:

- Rückenschule (Übungsprogramm siehe S. 95)
- Übergewicht abbauen
- Vollwertige Ernährung, um den Organismus mit all den wichtigen Vitalstoffen zu versorgen. Bewußte Ernährung im Hinblick auf die Gesunderhaltung der Wirbelsäule bedeutet, Nahrungsmittel einzuschränken, die die Aufnahme von Kalzium behindern oder dessen Ausscheidung vermehren.
  Die Aufnahme von Kalzium behindern u. a. Spinat, Rhabarber, Tomaten, Paprika, Sojabohnen oder Weizenkleie. Die Ausscheidung von Kalzium wird durch eine übermäßige Eiweißzufuhr, etwa durch üppige Fleischportionen begünstigt. Eiweiß ist aber auch notwendig, um Kalzium in die Knochen einzubauen. Wie immer ist das richtige Maß entscheidend. Zwei- oder dreimal pro Woche Fleisch oder Fisch dürfte ein guter Kompromiß sein.
  Kalziumkiller sind Nahrungsmittel, die reichlich Phosphor enthalten wie Süßigkeiten, Fast-Food-Gerichte, Cola-Getränke, Fleisch- und Wurstwaren sowie Fische. Ein Zuviel davon verhindert die Aufnahme und fördert gleichzeitig den Abbau von Kalzium aus den

Knochen. Am besten ist es, wenn ebensoviel Phosphor wie Kalzium aufgenommen wird.

- Nikotin vermeiden! Es stört die Durchblutung des Knochengewebes. Die Zufuhr von Nährstoffen wird behindert.
- Kaffee und Alkohol einschränken, da dadurch die Ausscheidung von Kalzium vermehrt wird.
- Ab und zu Sonnenbestrahlung (mit Maß!), denn so wird Vitamin D gebildet. Vitamin D reguliert den Gehalt von Kalzium und Phosphor im Blut.
- Gerade, aufrechte Haltung - kontrollieren Sie sich im Spiegel. Bringen Sie den Körper in jene Haltung, in der Sie sich kraftvoll fühlen. Sie sollten keine müde und schlaffe Haltung einnehmen.
- Wer Kreuzschmerzen hat, sollte prüfen, ob sein Bett in Ordnung ist. Im Fachhandel gibt es elastische Matratzen und entsprechende Bettsysteme, die dem Rücken gut tun.
- Schwimmen und Gymnastik strecken die Wirbelkörper und geben so den bedrängten Nervenfasern mehr Luft. Bewegung trainiert nicht nur die Muskeln, sondern auch die Wirbelsäule.
- Halten Sie den Rücken stets gerade. Richtiges Sitzen und Stehen will gelernt sein. Im Sitzen die Knie höher als die Hüfte halten, den Oberkörper stützen. Die Knie immer leicht gebeugt halten.
- Beim Heben von Lasten in die Hocke gehen, die Last dicht am Körper halten, nicht zu schwere Dinge heben.

Bewegungsübungen mit dem Partner:

- Beugen Sie Wirbelsäuleproblemen mit speziellen Bewegungsübungen vor, die Sie zu Hause mit Ihrem Partner durchführen können. Bei diesen Übungen kommt es darauf an, die Bauchmuskeln zu stärken und die Rückenmuskulatur zu dehnen. In der Aufwärmphase sollten Sie bei geöffnetem Fenster etwa 3 Minuten lang auf der Stelle joggen.

- Die Partner stehen einander gegenüber, beugen den Oberkörper nach vorne und schwingen die gestreckten Arme.

- Ein Partner sitzt mit gestreckten Beinen am Boden, der andere stellt sich ihm den Rücken zuwendend vor ihn und zieht die Arme nach vorne. Der am Boden sitzende Partner stützt sich an seinen Füßen ab und hält den Rücken gerade.

- Stellen Sie sich hinter Ihren sitzenden Partner und stützen Sie seinen Rücken seitlich mit Ihren Knien ab. Ziehen Sie seine Arme in die Höhe.
- Ruhen Sie sich doch einmal auf dem Rücken des Partners aus. Diese Übung tut allerdings nur dann gut, wenn die Wirbelsäule in Ordnung ist. Vermeiden Sie ruckartige Bewegungen.
  Partnerwechsel sind bei allen Übungen selbstverständlich.

Kräftigungsübungen:

- Die Bauchmuskulatur:
  Am schonendsten geschieht dies in Rückenlage bei aufgestellten Füßen. Es sollen nun gleichzeitig Oberkörper und Beine vom Boden angehoben werden. Selbst das gleichzeitige Abheben nur des Kopfes und der Füße zeigt bereits einen Erfolg.
- Die mittlere Gesäßmuskulatur:
  In Seitenlage wird das obenliegende Bein soweit es geht seitlich nach hinten gehoben. Nach kurzem Halten wird die Übung wiederholt.
- Die große Gesäßmuskulatur:
  In Bauchlage werden abwechselnd das linke und das rechte Bein gestreckt und nach hinten oben gehoben, wobei darauf geachtet wird, daß durch eine leichte Beugung des anderen Hüftgelenks nicht mitgeholfen wird.

Richtiges Gehen:

- In der Fortbewegung rollen die Füße von den Fersen zu den Zehen, am Ort von den Zehen zu den Fersen ab. Die Kniegelenke sind stets gebeugt.
- Beim längerem Stehen drücken Sie die Knie nach vorne - gebeugt halten. Außerdem aktivieren Sie Ihre Bein- und Gesäßmuskeln und halten den Körper möglichst aufrecht.

So sitzen Sie rückenschonend am Schreibtisch:

- Füße mit der ganzen Fußsohle auf den Boden stellen.
- Rücken gerade und über seine ganze Länge an der Rückenlehne des Sitzes bzw. des Sessels angelehnt, wobei die Rückenlehne senkrecht sein muß.
- Wenn nötig, kann auch ein Kissen in die Lendenkreuzbeingegend gelegt werden.

- Bei gerader Haltung sollte man die Schultern nie „herunterfallen“ lassen, während man den Rücken gerade hält.

Wie können Ärzte und Therapeuten Rückenleiden behandeln?

◆ ***Akupunktur***
Blockiert die Weiterleitung der Schmerzreize durch die Nerven. Endorphine (körpereigene Opiate) werden durch Nadelreize freigesetzt und lindern den Schmerz.

◆ ***Akupressur***
Genau definierte Punkte (an Rücken oder Gliedmaßen) werden statt mit Nadeln manuell stimuliert. Wirkt ähnlich wie Akupunktur, fördert die Durchblutung, hemmt Entzündungen und kurbelt die Kortisolproduktion an.

◆ ***Bindegewebsmassage***
Wird auch als „Körperreflexzonenmassage“ bezeichnet. Methode, bei der nicht die Muskulatur, sondern durch langsames Streichen das unter der Haut gelegene Bindegewebe gereizt wird. Über bestimmte Haut- und Körpersegmente werden über einen Reflex Organe zur Heilung angeregt.

◆ ***Chirotherapie***
Manuelle Behandlung durch gezielte Handgriffe. Einzelne Wirbelsegmente werden mobilisiert, eingeklemmte Nerven vorsichtig befreit. Sollte nur von dafür ausgebildeten Ärzten durchgeführt werden!

◆ ***Elektrotherapie***
TENS (Transkutane Elektrische Nervenstimulation): Dient in erster Linie der Schmerzlinderung. Über auf die Haut aufgeklebte Elektroden werden die Nerven günstig beeinflußt.

◆ ***Heilgymnastik***
Verschiedene Verfahren, vom Arzt verordnet. Unterstützt vom Physikotherapeuten, bewegt der Patient Gelenke und Wirbelsäule, die dadurch geschmeidiger und schmerzfrei werden.

- ***Klassische Massage***
Lockert und entspannt verkrampfte Muskeln. Schmerzerzeugende Schlackenstoffe (z.B. Milchsäure) werden abgebaut und Endorphine angeregt.

- ***Kieselsäure***
Man vermutet durchblutungsregulierende Effekte, die den Zustand der Bindegewebes beeinflussen.

- ***Magnesium***
Wichtig für das optimale Funktionieren der Muskulatur. Bei Mangel kommt es zu Muskelkrämpfen und -kribbeln. Magnesiumtabletten können bei bereits verspannten Muskeln, aber auch vorbeugend eingenommen werden.

- ***Neuraltherapie***
Injektion einer örtlich betäubenden Substanz bringt Schmerzfreiheit und Muskelentspannung. Die Blockade löst sich sofort.

- ***Psychotherapie***
Bei langdauernden unklaren und chronischen Beschwerden einen Versuch wert. Kann die psychischen Hintergründe aufdecken und so über Umwege den Rücken entlasten.

- ***Shiatsu***
Asiatische Massagetechnik, bei der neben Akupunkturpunkten durch sanfte Druck- und Streichtechniken auch die Körpermeridiane stimuliert werden. Blockierte Energien können wieder frei fließen.

- ***Vitamine***
In einer vom Arzt verschriebenen Dosierung führen Vitamine des B-Komplexes (B1, B6, B12) zu einer deutlichen Verringerung von chronischen und akuten Schmerzen. Bei Entzündungen der Gelenke scheinen auch „Freie Radikale“ (aggressive Moleküle) eine Rolle zu spielen. Vitamin E kann Freie Radikale entschärfen.

◆ ***Operation***
Letzter Schritt, wenn nichts anderes mehr hilft. Vor allem bei schweren Bandscheibenvorfällen und drohenden Lähmungen. Der Trend geht zu möglichst kleinen Eingriffen.

Tee-Empfehlung:
- Arnikatinktur
- Birkenblättertee
- Brennessel

Entlastung für die Wirbelsäule

- Entlastung für die Halswirbelsäule (auch Brust- und Lendenwirbelsäule) in Rückenlage:
  Auf dem Rücken liegen, die Beine angezogen/gebeugt hochlagern, Arme über den Kopf gestreckt hochlagern.

- Entlastung für die Halswirbelsäule (auch Brust- und Lendenwirbelsäule) im Sitzen mit Rückenlehne und Armlagerung:
  Arme unterstützt durch ein Kissen auf einem Tisch entspannt hochlagern.

- Entlastung für die Halswirbelsäule (auch Brust- und Lendenwirbelsäule):
  Aufrecht mit geschlossenen Beinen auf einem Sessel sitzen.

- Entlastung für die Halswirbelsäule im Sitzen und in Arbeitsstellung:
  Arme auf Tisch abgelegt, Kopf/Stirn auf einen Arm abstützen.

- Entlastung für die Halswirbelsäule im Sitzen und in Schreibstellung:
  Am Tisch sitzend, Arme auf den Tisch ablegen, einen Arm aufstützen, Kinn in die Hand des aufgestützten Arms legen.

- Entlastung für die Lendenwirbelsäule (auch Brust- und Halswirbelsäule) in Rückenlage:
  Beine hochlagern, Kreuz und Kopf durch Kissen stützen.

- Entlastung für die Lendenwirbelsäule (auch Brust- und Halswir-

belsäule) in Bauchlage:
Füße hochlagern, Bauch und Kopf durch Kissen stützen.

- Entlastung für die Lendenwirbelsäule (auch Brustwirbelsäule) in Halbseitenlage:
  Ein Bein angezogen, in halber Seitenlage auf dem Bauch liegen, Bauch und angewinkeltes Bein mit Kissen stützen.

- Entlastung für die Lendenwirbelsäule (auch Brust- und Halswirbelsäule) in Seitenlage:
  In kompletter Seitenlage Kopf, oben gelagerten Arm und oben gelagertes, angewinkeltes Bein mit Kissen stützen.

- Entlastung für die Lendenwirbelsäule in gebückter Haltung und in Arbeitsstellung:
  Ein Bein bei vorgebeugtem Oberkörper auf Kisten abstellen.

- Entlastung für die Lendenwirbelsäule (auch Halswirbelsäule) im Stand:
  Bei entspannter Beinhaltung, in Höhe der Schulterblätter anlehnen, ein Bein völlig entlastet.

- Entlastung für die Halswirbeslsäule (auch Brust- und Lendenwirbelsäule) bei aufrechtem Sitzen ohne Lehne:
  Beine leicht geöffnet, Füße mit ganzer Sohle am Boden, gerader Rücken, Hände entspannt auf den Oberschenkeln abgelegt.

- Entlastung für die Lendenwirbelsäule im Sitzen und in Arbeitshaltung:
  Rittlings auf (Büro-) Sessel sitzen, Beine sind gespreizt, Arme am Tisch abgestützt.

- Entlastung für die Lendenwirbelsäule im Stand und in Arbeitsstellung:
  Bei aufrechtem Oberkörper ein Bein auf einer Kiste abstellen.

Rückenschule

Dieses Übungsprogramm wurde von Experten des Sozialmedizinischen Zentrums Ost der Stadt Wien, Donauspital, Institut für physikalische Medizin und Rehabilitation, zusammengestellt.

◆ ***Nackenmuskulatur***

Kräftigung und Stabilisierung:

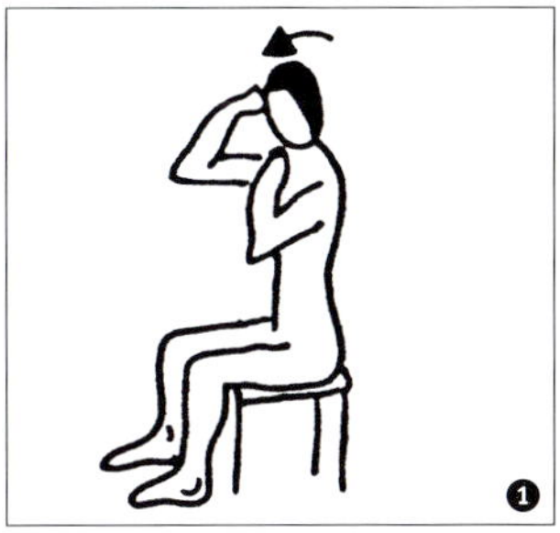

❶ Kräftigung der Beugemuskulatur:
Widerstand mit den Händen an der Stirn (eventuell auch am Kinn), nach unten schauen, Druck gegen die Hände.

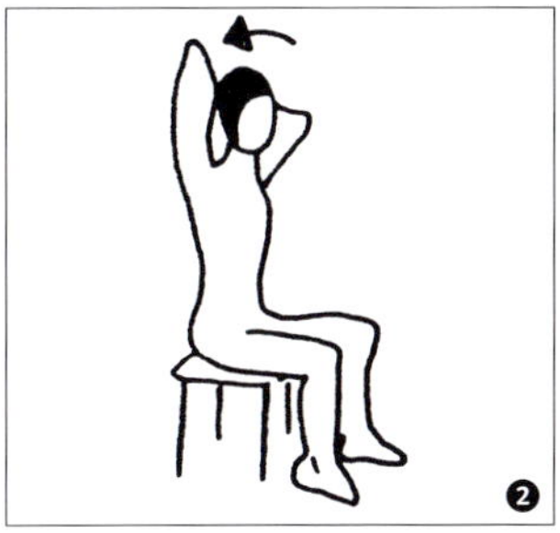

❷ Kräftigung der Streckmuskulatur:
Widerstand am Hinterkopf, nach oben schauen.

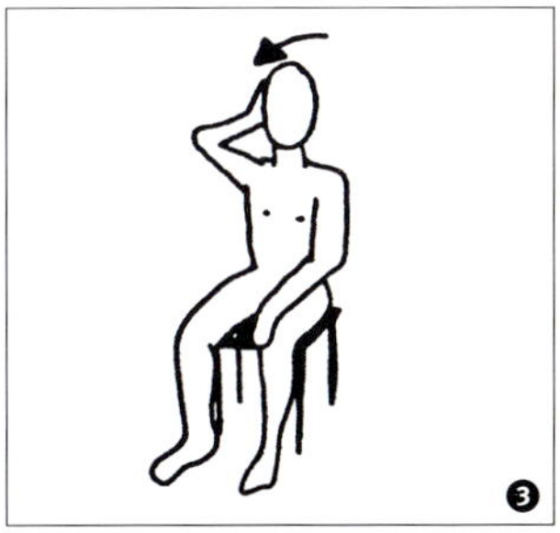

❸ Kräftigung der Seitneiger:
Widerstand über dem Ohr, Ohr will zur Schulter, die Hand verhindert die Bewegung.

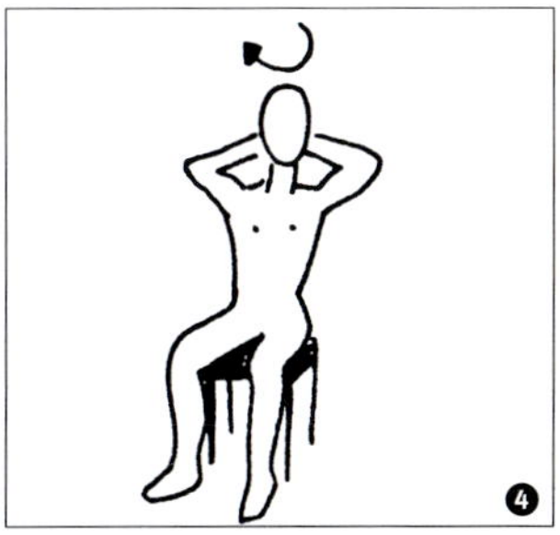

❹ Kräftigung der Rotatoren:
Widerstand mit einer Hand an der Schläfe, mit der anderen am seitlichen Hinterhaupt. Sie wollen den Kopf drehen, die Hände verhindern die Bewegung.

So führen Sie die Übungen aus:
Die Übungen werden isometrisch gegen Widerstand ausgeführt, d.h. es erfolgt keine sichtbare Bewegung. Ausgangsstellung ist eine korrekte Sitzhaltung (gerader Rücken). Anspannung mindestens 5-6 Sekunden für Anfänger, 8-10 Sekunden für Fortgeschrittene halten. Pause 6 Sekunden, 5 Wiederholungen, ganze Übungsfolge mindestens 3x wiederholen, zwischen den Übungsfolgen: 2-3 Minuten Pause.

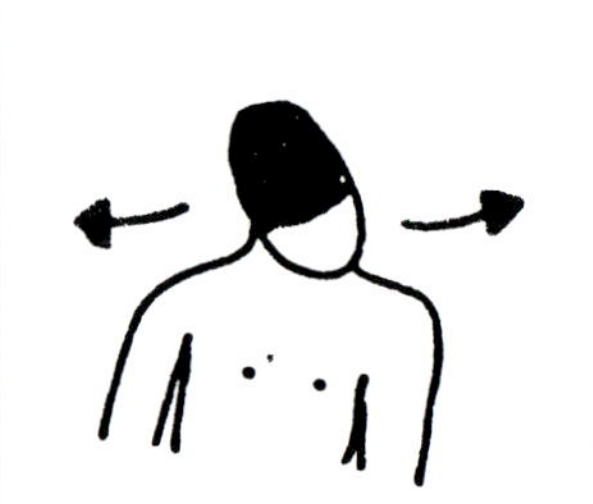

❶

Beweglichkeitsverbesserung und Entspannung der Nackenmuskulatur:

❶ Kopf im Halbkreis von einer Seite zur anderen bewegen.

❷

❷ Arme seitlich ausgebreitet. Linker Arm wird so gedreht, daß der Daumen nach unten schaut und der Handrücken nach vorne. Rechter Arm: Handfläche nach oben. Der Kopf dreht zur linken Hand. Dann Positionswechsel der Arme, Kopf dreht gleichzeitig zur anderen Seite (langsame Bewegungsausführung).

Dehnung der Nackenmuskulatur:

❸ Trapezius:
Bei Dehnung der linken Seite - mit linker Hand unter die Sitzfläche fassen - Kopf nach links drehen - nach rechts neigen.

❸

Levator scapuale (Schulterblattheber):
Wie Übung 1, nur Kopf nach rechts drehen.

So führen Sie diese Übungen aus:
Dehnung 10-20 Sekunden halten, kurze Pause, mindestens 3x wiederholen.

◆ ***Rumpfmuskulatur***

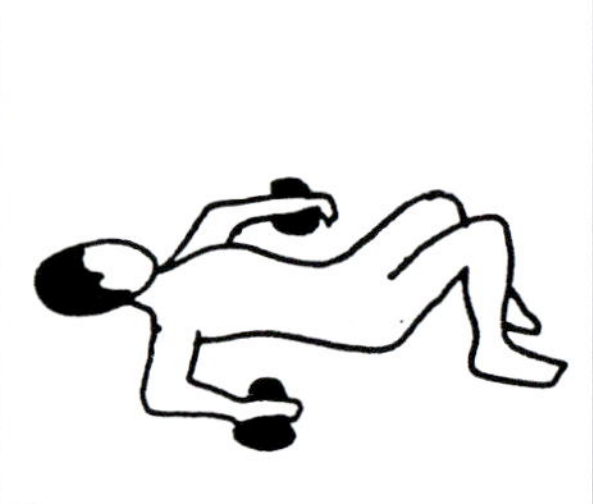

❹

Kräftigung und Stabilisierung der Rumpfmuskulatur:

❹ Rückenlage:
Arme abgespreizt neben den Körper legen, Ellbogen 90 Grad gebeugt, je ein zusammengerolltes Handtuch unter die Handgelenke. Mit Schulterblättern, Ellbogen, Hand und Kopf (mit dem Kopf nur leicht!) nach unten drücken.

So führen Sie diese Übungen aus:
Dehnung 10-20 Sekunden halten, kurze Pause, mindestens 3x wiederholen.

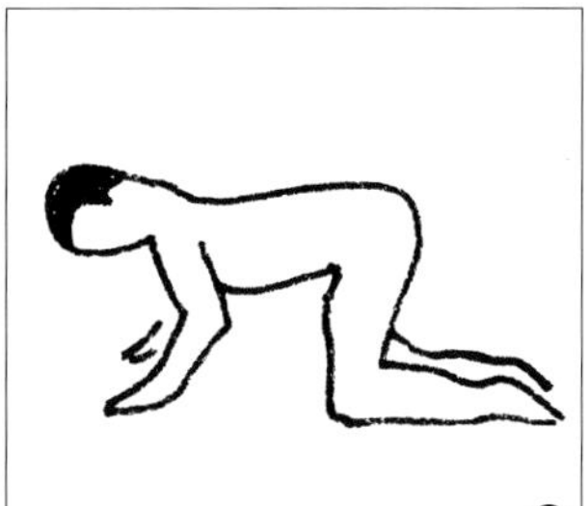
❶

❶ Vierfüßlerstand:
(Die folgenden Übungen sind auch zur Kräftigung der Muskulatur im Bereich der Lendenwirbelsäule geeignet.)
Korrekte Ausgangsstellung einnehmen - d.h. Hände befinden sich unter den Schultern, Finger schauen nach vorne, Ellbogen leicht gebeugt, Schulterblätter stabilisieren (dürfen nicht wie Flügel aus dem Rücken ragen), Rücken gerade, Kopf in Verlängerung der Wirbelsäule einordnen (Blick nach unten), Knie sind hüftbreit, positioniert, Oberschenkel stehen vertikal.

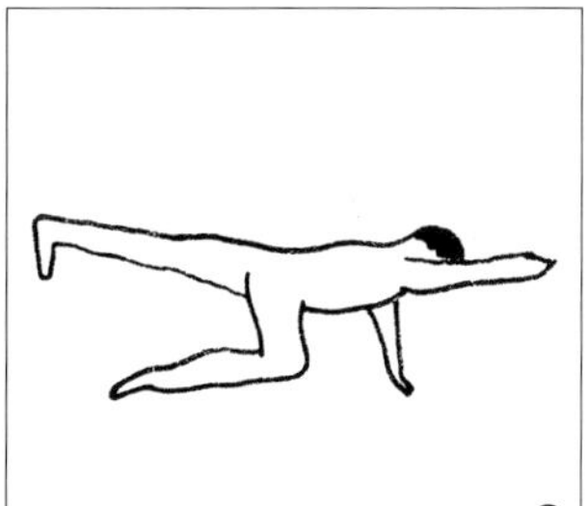
❷

❷ Diagonales Abheben nur von Arm und Bein - danach diagonal Arm und Bein - der Rücken bleibt dabei gerade. Achtung: Nicht das Becken verdrehen!

So führen Sie diese Übung aus:
langsame Bewegungsausführung, 2-3 Minuten Pause, Übungsfolge 3x wiederholen.

Beweglichkeitsverbesserung und Dehnung:

❸

❸ Verbesserung der Beugung:
Ausgangsstellung - Vierfüßlerstand, Hände möglichst nahe bei den Knien, auf die Faust stützen - einen Buckel machen.

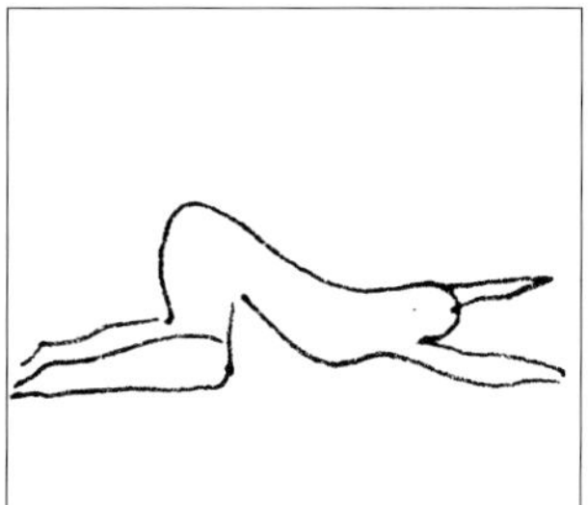
❹

❹ Verbesserung der Streckung:
Ausgangsstellung- Fersensitz, Arme vorstrecken, Gesäß von den Fersen wegbewegen, Brust so weit wie möglich zu Boden bringen. Alternative bei Bewegungseinschränkung bzw. Schmerz in der Schulter.

So führen Sie die Übungen aus:
Anspannung mindestens 5-6 Sekunden für Anfänger, 8-10 Sekunden für Fortgeschrittene halten. Pause 6 Sekunden, 5 Wiederholungen, ganze Übungsfolge mindestens 3x wiederholen, zwischen den Übungsfolgen: 2-3 Minuten Pause.

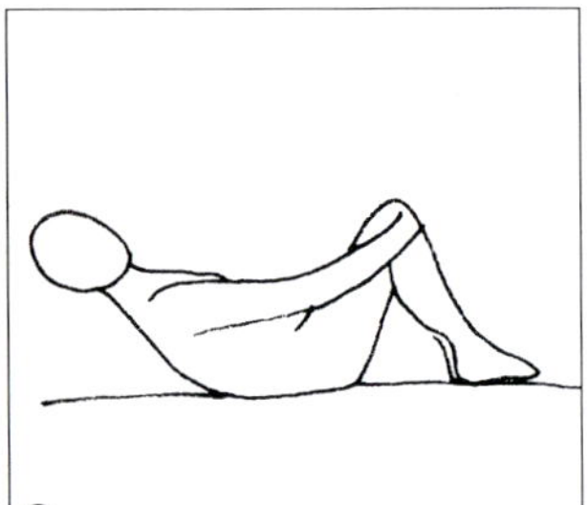
❶

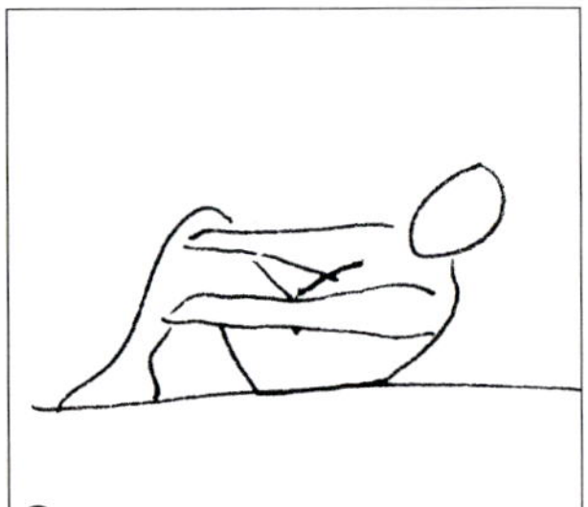
❷

❸

❹

◆ ***Lendenwirbelsäule***

Kräftigung und Stabilisierung der unteren Rumpfmuskulatur:

❶ Kräftigung der geraden Bauchmuskulatur
Rückenlage, Beine aufgestellt. Kopf und Schultergürtel von der Unterlage abheben. Die Lendenwirbelsäule behält Kontakt mit der Unterlage.
Haltung der Arme: entweder vorgestreckt oder Finger verschränken und den Nacken mit den Händen unterstützen.

❷ Kräftigung der schrägen Bauchmuskulatur
Gleiche Ausgangsstellung. Beim Hochheben den Oberkörper abwechselnd nach rechts und links drehen.

❸ Kräftigung der Gesäßmuskulatur
Vierfüßlerstand mit Unterarmstütz.

❹ Bein anheben. Das Knie bleibt gebeugt. Achtung: in der Wirbelsäule darf keine Bewegung stattfinden - Rücken stabilisieren!
Alle Übungen aus Punkt 2 für die Brustmuskulatur dienen auch zur Kräftigung der Muskulatur im Bereich der Lendenwirbelsäule.

So führen Sie die Übungen aus:
Dehnung 10-20 Sekunden halten, kurze Pause, mindestens 3x wiederholen.

◆ ***Dehnung***

- Kniestrecker (Quadriceps)
  Stand. Bei der Dehnung des linken Beines sucht die rechts Hand einen fixen Halt, das Knie wird gebeugt, die linke Hand umgreift den Fuß, das Becken wird nach vorne bewegt, ohne das ein Hohlkreuz entsteht (Anspannung der Gesäßmuskulatur). Das Knie eventuell auf einem gepolsterten Hocker abstellen.
  Dehngefühl - vorderer Oberschenkel.
- Kniebeuger (ischiocrurale Muskulatur)
  Stand, Ferse auf einem Hocker, Knie leicht gebeugt. Becken und Oberkörper nach vorne kippen. Achtung: Der Rücken darf dabei nicht rund werden (Nabel bewegt sich nach vorne unten - Brustbein nach vorne oben).
  Dehngefühl - hinterer Oberschenkel, nicht in der Kniekehle.

- Hüftbeuger (Musk. iliopsoas)
  Halbkniestand. Linkes Bein weit vorstellen, rechtes Bein wird etwas innenrotiert. Körper nach vorne bewegen, die Hüfte des rechten Beines bewegt sich nach vorne unten. Der Oberkörper wird nach links geneigt. Kein Hohlkreuz machen!
  Dehngefühl - im Bereich der rechten Hüfte vorne.
- Muskulatur des inneren Oberschenkels (Adduktoren)
  Auf einem Hocker sitzen und ein Bein seitlich wegstrecken.
  Dehngefühl - innerer Oberschenkel.
- Wadenmuskulatur
  Frontal zu einer Wand stellen. Schrittstellung - das zu dehnende Bein ist hinten. Den Körper nach vorne verlagern, dabei soll die Ferse des hinteren Beines den Kontakt mit dem Boden nicht verlieren. 2 Varianten: Dehnung mit leicht gebeugtem oder gestrecktem Knie.
  Dehngefühl - in der Wade.

So führen Sie die Übungen aus:
Anspannung mindestens 5-6 Sekunden für Anfänger, 8-10 Sekunden für Fortgeschrittene halten. Pause 6 Sekunden, 5 Wiederholungen, ganze Übungsfolge mindestens 3x wiederholen, zwischen den Übungsfolgen: 2-3 Minuten Pause.

Übungen für den Schultergürtel

Da der Hals-Schulterbereich sehr oft durch zu langes Sitzen, aber auch durch Hausarbeit und Zugluft sehr in Anspruch genommen wird und dadurch oft verspannt ist, hier noch einige spezielle Übungen zur Kräftigung der Halswirbelsäule und des Schultergürtels:

Übungen gegen Verspannungen der Nackenmuskulatur:
- Schultern fest zu den Ohren hochziehen und fallen lassen.
- Rechte Schulter kreisen - gleiche Übung mit der linken Schulter ausführen.
- Beide Schultern nach hinten kreisen.
- Rechte Schulter nach vorne kreisen - gleiche Übung mit der linken Schulter.
- Beide Schultern nach vorne kreisen.

- Abwechselnd rechte und linke Schulter zum Ohr hinaufziehen und fallen lassen.
- Einen Arm hochheben, den anderen neben dem Körper hinunter hängen lassen: Beide Arme nach hinten dehnen, locker lassen, Arme wechseln.
- Den Kopf seitlich zur Schulter runter ziehen, das Ohr zur Schulter, dann wieder hoch und auf die andere Seite wechseln.
- Den Kopf zur Seite drehen, langsam nicken, dann in der Mitte nicken, danach zur anderen Seite.
- Den Kopf rollen, von einer Schulter über die Brust zur anderen und über die Brust wieder zurückrollen, nicht nach hinten kreisen.
- Arme abwechselnd nach hinten kreisen. Arme abwechselnd nach vorne kreisen.
- Einen Arm nach vorwärts kreisen, jedes Mal den Arm wechseln.
- Beide Arme seitlich bis Schulterhöhe hochheben, und bei gestreckten Armen abwechselnd Handflächen nach oben und unten drehen.
- Schultern nach vorne ziehen (runden Rücken machen) und dann Schultern zurückziehen (Ellbogen und Schulterblätter zusammenziehen).

So führen Sie die Übungen richtig aus:
3-5 Wiederholungen; hören Sie auf Ihren Körper, Sie sollen die Übungen keineswegs als schmerzhaft empfinden.

Sport aus der Rückensicht

◆ ***Laufen***
Ursprünglichste Art der schnellen Fortbewegung. Achten Sie auf stoßentlastende Schuhe mit elastischer Sohle, besonders unter der Ferse. Vorsicht bei Sprints!

◆ ***Radfahren***
Für eine entlastete Wirbelsäule soll die Lenkstange möglichst hoch sein. Die Sattelhöhe soll so gewählt werden, daß beim Durchtreten des Pedals das Bein nicht ganz gestreckt ist (vollständige Streckung würde Kniegelenk überbeanspruchen).

- ***Gymnastik***

Vorsicht beim Gruppenturnen. Was für den athletischen Typ als Auflockerung wirkt, kann den unbeweglichen belasten. Kunstturnen sollte bei Bänderschwäche und wiederholtem Auftreten von Kreuzschmerzen gemieden werden.

- ***Schwimmen***

Ideal, wenn auf ausreichende Wassertemperatur geachtet wird. Menschen mit Wirbelsäulenproblemen sollten Kraul- oder Rückenschwimmen dem Brustschwimmen vorziehen.

- ***Golf***

Ohne entsprechendes Aufwärmen können Mukelrisse im Schulter- und Rückenbereich auftreten.

- ***Windsurfen***

Problemsport (nasse Kleidung)

- ***Wasserschi***

Bandscheiben, Bänder und Muskeln ächzen dabei.

- ***Rudern***

Ruhiges Wanderrudern ja, Wettkampfrudern eher nein.

- ***Tennis***

Problematisch wegen der reflexartigen, unerwarteten Bewegungen. Service und Smash sind Bandscheiben-Gift. Den Ehrgeiz nicht übertreiben.

- ***Fuß-, Hand-, Volley- und Basketball***

Erhöhte Gefahr durch direkte Verletzungen. Auch Sprungwürfe und hartes Kopfballspiel treffen direkt die Wirbelsäule. Sollte besser Profis überlassen werden.

- ***Kegelsport***

Wirbelsäule kann die stets gleiche Bewegung meist stabilisieren. Bei Schmerzen aufhören.

◆ ***Reiten***
Bei Rückenproblemen nicht unbedenklich. Sturzgefahr bedenken!

◆ ***Alpinschilauf***
Bei guter Kondition, richtiger Kleidung und Ausrüstung ist auch für leicht Wirbelsäulengeschädigte nichts einzuwenden. Eisplatten verursachen jedoch oft ruckartige Bewegungen. Lange Liftfahrten begünstigen Unterkühlung!

◆ ***Schilanglauf***
Eine vom Bewegungsablauf her nur positiv zu bewertende Sportart.

◆ ***Eislaufen***
Abgesehen von der Sturzgefahr keine Probleme. Aufpassen wegen Unterkühlung!

Gelenksschmerzen

Die Gelenke sind jene Teile des Körpers, die an den Berührungspunkten von zwei oder mehreren Knochen deren gegenseitige Beweglichkeit ermöglichen und gleichzeitig eine solide Verbindung wie in einer festen Kupplung gewährleisten. Ein Gelenk besteht also aus zwei oder mehreren Knochenenden (den Gelenksköpfen), die mit Knorpelmasse verkleidet sind (sie erleichtert die Gleitbewegung aus der Gelenkskapsel), die die Gelenksköpfe umfaßt, aus starken Bändern, die die gesamte Vorrichtung verstärken und aus einer zähen Flüssigkeit, die in der Kapsel enthalten ist und zur Schmierung der Köpfe dient.

Was tun bei Verstauchungen:

- Jede weitere Belastung der betroffenen Gliedmaßen vermeiden (Arm in Halsbinde, Beine ruhigstellen)
- Kalte Umschläge oder Eisbeutel auflegen
- Das verstauchte Gelenk ruhig legen, aber nicht zu fest verbinden. Es ist ratsam, das Gelenk in Watte einzuhüllen und dann mit einer Mullbinde zu verbinden, sodaß ein eventuelles Anschwellen desselben nicht behindert wird. Später kann ein elastischer Verband vorteilhaft sein.
- Notfalls schmerzstillende Mittel verabreichen und mit entzün-

dungshemmenden, Blutergüsse und Schmerzen stillenden Mitteln einreiben
- Wenn keine Besserung eintritt, den Arzt aufsuchen

Was tun bei Verrenkungen:
- Das Gelenk vorsichtig in jener Position, in der es sich befindet, stillegen und die verunfallte Person einem Arzt übergeben.
- Jeden Versuch, die Verrenkung einzurichten, absolut unterlassen

Was tun bei rheumatischen Erkrankungen:
- Entzündungshemmende Arzneien und Ruhe
- Verringerung des Körpergewichtes bei Übergewichtigen (vor allem, wenn die Gelenke der Wirbelsäule, die Knie und die Fußgelenke befallen sind) ist von Nutzen
- Weitere Maßnahmen sind von der Art der Erkrankung abhängig und dürfen nur vom behandelnden Arzt angeordnet werden.

Was tun bei infektiöser Arthritis:
- Ist ein schmerzendes Gelenk aufgeschwollen, fühlt es sich warm an und ist gerötet, unbedingt den Arzt aufzusuchen
- Vorerst können kalte Umschläge und entzündungshemmende Medikamente von Nutzen sein.

Balsam für die Gelenke

Alle Maßnahmen haben zum Ziel, das Gelenk von störenden Stoffwechselschlacken, z.B. auskristallisierter Harnsäure, zu befreien. Sie regen den Stoffwechsel an und fördern die Ausscheidung über die Nieren.
- Moor, Fango, Heilerde oder gesalzener Quark, auch ein Heusäckchen oder eine Packung mit Kartoffelbrei sind Balsam für die Gelenke.
- Hilfreich ist etwa das Kauen von täglich 5-10 Wacholderbeeren über einen Zeitraum von drei Wochen. Die Inhaltsstoffe des Wacholders können die Nieren allerdings stark reizen, sodaß sich eine solche Kur nur für Nierengesunde eignet.
- Tee aus der Spierstaude stärkt die Gelenke.
- Als Einreibemittel: Fichtennadel-, Arnika-, Wacholder-, Eukalyptus-, Senf- oder Lorbeeröl.
- Arzneitee bei Gelenksbeschwerden:

schmerzlindernder Tee mit salicyhaltigen Inhaltsstoffen
20 g Schlüsselblumenwurzel
20 g Ringelblumen
30 g Spierstaudenblüten
30 g Veilchenkraut
Man bereitet einen Kaltauszug aus einem Eßlöffel der Mischung pro Tasse. Dann kurz aufkochen und dreimal täglich eine Tasse warm nach dem Essen trinken.
- Trinken Sie morgens nüchtern und abends ein Glas Heilerde.
- Der kalte Heilerdeumschlag: Zwischen Tuch, Heilerdepastete und Haut entwickelt sich in ein Wärmestau, der die Durchblutung anregt und bis weit in die Tiefe wirkt.
- Birkensaft, Brennesselsaft, Wacholderextrakt

Arthrosen

Als „Arthrosen" werden Erkrankungen des Bewegungsapparates bezeichnet, die durch Abbau-, Abnützungs- oder Verschleißerscheinungen hervorgerufen werden.
Im Gegensatz zu den entzündlichen Rheumakrankheiten ist nicht die Gelenksinnenhaut, sondern das Knorpelgewebe betroffen.

Eine Gelenksarthrose beginnt mit der Schädigung des Knorpelgewebes, das die Gelenkfläche überzieht. Im Knorpel entstehen winzige Verletzungen, die zu einer Aufrauhung der Knorpeloberfläche führen. Die dadurch entstehenden Reibung im Gelenk erzeugt starke Schmerzen. Das Knorpelgewebe kann aus verschiedenen Ursachen geschädigt werden:
- Überbeanspruchung
  Falsche oder extreme Belastungen (körperliche Arbeit, Leistungssport u.a.)
- Mechanische Ursachen
  Angeborene oder erworbene Formfehler der Gelenke, X-oder O-Beine, verletzungsbedingte Schädigungen.
- Entzündliche Ursachen
  Sekundäre Arthrosen, Veränderungen des Knorpelgewebes nach vorheriger Entzündung.
- Metabolische Ursachen
  Störungen des Stoffwechsels können sich auf Dauer nachteilig auf die Struktur des Knorpelgewebes auswirken. Einlagerungen

von Fett u.a. verändern das Gewebe so, daß es weniger elastisch und durch Stoß, Druck oder Belastung leichter verletzbar wird. Veranlagungsbedingte Eigenschaften können eine Arthrose begünstigen. Sind in der Familie Arthrosekrankheiten bekannt, sollte vorbeugend besonders darauf geachtet werden, die Gelenke keinen schädigenden Belastungen auszusetzen.
Die Arthrose ist im Ursprung keine Entzündung. Es kommt aber im Verlauf des arthritischen Abbauprozesses zu Begleitentzündungen, die gelegentlich so heftig werden können, daß ein entzündetes Gelenk infolge einer Arthrose einen entzündlichen Rheumatismus vortäuschen kann. Man spricht dann von einer „aktivierten" Arthrose.

Behandlung und Vorbeugung:
Die Abbauprozesse lassen sich durch spezielle Medikamente, die den Knorpelstoffwechsel beeinflussen können, aber auch durch diätetische und physikalische Maßnahmen beeinflussen. Je früher eine beginnende Arthrose erkannt wird, desto größer sind die Heilungschancen. Wenn in Verbindung mit einer degenerativen Gelenkserkrankung eine Störung des Harnsäurestoffwechsels und/oder des Fettstoffwechsels vorliegen, ist es unumgänglich, diese Stoffwechselstörung mitzubehandeln. Außerdem muß bei Übergewicht immer eine Normalisierung des Körpergewichts angestrebt werden. Die Behandlung erfordert oftmals umfangreiche Maßnahmen. Dazu gehören schmerzlindernde, zum Teil auch entzündungshemmende Arzneimittel, Therapien (Bäder, Packungen, Elektrobehandlungen, Massagen, Krankengymnastik u.a.), korrigierende Maßnahmen (z.B. Einlagen) und orthopädisch-operative Therapien (z.B. Gelenkersatz = Endoprothese). Zur Vorbeugung wird der Arzt geeignete gymnastische Übungen und Sportarten empfehlen. Schwimmen ist für eine Arthrose-Gymnastik besonders günstig, weil die Gelenke praktisch ohne Belastung gut bewegt werden. So ist auch im täglichen Leben für Hüft- und Kniearthrosen Fahrradfahren wesentlich günstiger als Gehen, weil dabei das gesamte Körpergewicht auf dem Sattel ruht und sich nicht auf arthritisch veränderten Gelenke lastet.

Empfehlungen:

- Bewegungsübungen
  In der Behandlung aller rheumatischen Krankheiten spielen Bewegungsübungen eine große Rolle. Wegen der Vielfalt dieser Krankheiten gehört eine wirksame Übungsbehandlung in die Hand von speziell ausgebildeten Fachkräften, insbesondere von Krankengymnasten und Ergotherapeuten. Diese erhalten vom Arzt alle Informationen - vor allem über das Behandlungsziel. Unter einer solchen Anleitung kann der Patient sein individuelles Programm erlernen und es dann - unter gelegentlicher Kontrolle einer Fachkraft - zu Hause selbständig weiterführen.

- Brennessel
  Die Brennessel ist ein altbewährtes Hausmittel gegen Rheuma und Arthrose. Frische Blätter auf die betroffene Stelle gelegt, brennen zwar zunächst unangenehm, haben aber eine heilsame Wirkung auf die kranken Gelenke.

- Schwimmen
  Geeignet ist vor allem das Rückenschwimmen. Der Auftrieb des Wassers entlastet alle Gelenke, während die Bewegung gegen den Wasserwiderstand größere Muskelanstrengung erfordert. Die Bewegungswärme fördert die Durchblutung. Vorsicht vor zu kaltem Wasser: Hier droht Unterkühlung!

- Kneipp-Anwendungen
  Güsse mit kaltem Wasser fördern die körpereigene Wärme. Sie wirken so schmerzlindernd und erleichtern die Beweglichkeit. Ihr Körper muß unbedingt vor der Behandlung warm sein. Kalte Güsse wirken nur am warmen Körper. Je kälter das Wasser ist, um so mehr und anhaltend fördert es die Durchblutung und erzeugt so Wärme im behandelten Körperteil.

Gesunde Ernährung

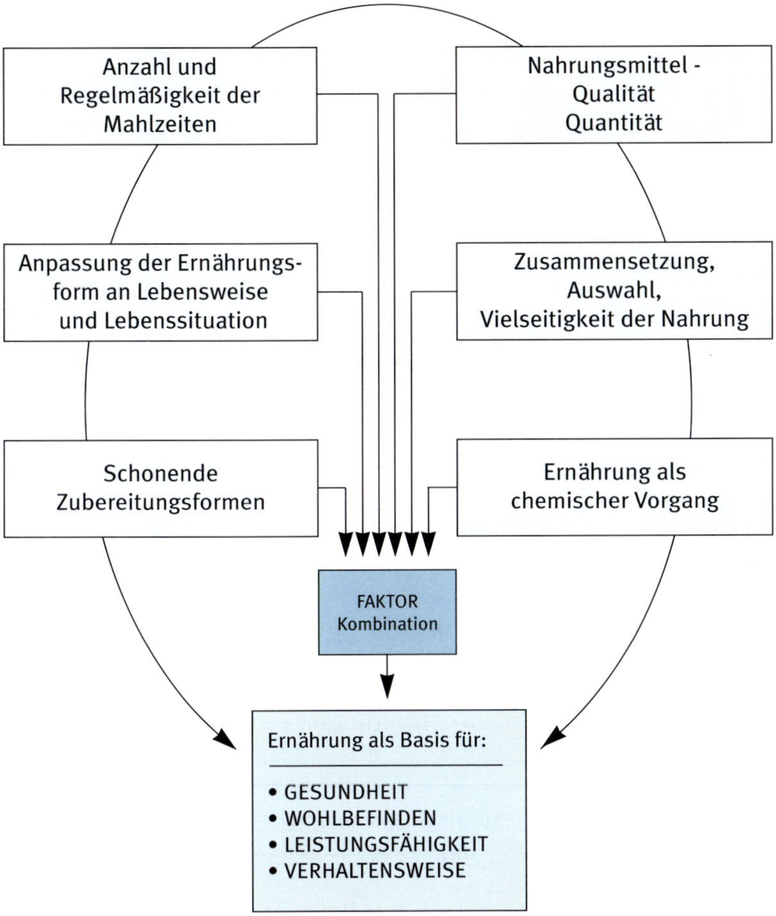

Richtige Ernährung ist eine Faktorenkombination!

Einseitige Ernährungsvorschläge und Spezialdiäten können auf Dauer isoliert nicht mit Erfolg praktiziert werden.

Gesunde Ernährung

Unsere Eßlust ist falsch programmiert. Sie wird allein vom Bauch, nicht vom Kopf regiert. Wir essen zuviel Fett, vor allem tierisches Eiweiß, zuviel Süßes, wir trinken zuviel Alkohol - und essen überhaupt zuviel. Nur bei Gemüse, Rohkost und Ballaststoffen greifen wir zuwenig zu.

Die gesundheitlichen Folgen des falsch verstandenen Eß-Genusses sind gravierend: Drei Viertel der Österreicher leidet - ernährungsabhängig, wenn nicht ernährungsbedingt - unter zu hohen Blutfettwerten. Viele sind übergewichtig, erkranken an Bluthochdruck, Arteriosklerose und anderen Herz-Kreislauferkrankungen, an Gicht, Diabetes, Leberschäden und Darmbeschwerden. Fast alle haben Karies. Mindestens ein Drittel aller Krebserkrankungen ist ebenfalls ernährungbedingt.
Kulinarische Lust darf den biologischen Zweck der Nahrungsaufnahme, die Gesunderhaltung, nicht außer acht lassen.

Wer sich für Ernährung interessiert, stößt auf der Suche nach der Wahrheit auf viele Meinungen, Behauptungen und Ratschläge, die sich dann teilweise widersprechen. Dabei ist es ganz einfach, den richtigen Weg zu finden: über die Vollwert-Kost. Sie unterscheidet sich in wesentlichen Punkten von der üblichen „Hausmannskost“.

Unter „Vollwert-Kost“ verstehen wir eine Ernährungsweise, die alles enthält, was der menschliche Körper für seine Gesunderhaltung und volle Leistungsfähigkeit benötigt. Alle Bestandteile der Nahrung werden im möglichst naturbelassenen Zustand erhalten.

Ärzte wie Bircher-Benner, Dr. Bruker und Kollath, zu ihrer Zeit verkannt und verachtet, erforschten die Wertigkeit der Nahrungsmittel und entdeckten die Erfordernisse einer echten Vollwert-Ernährung, wie sie uns heute in den verschiedensten Variationen empfohlen wird. Der Reformwarenhandel aber auch Supermärkte bieten eine breite Palette ausgesuchter und hochwertiger Lebens- und Nahrungsmittel an, so daß sich jedermann ohne Beschaffungsschwierigkeiten vollwertig ernähren kann. Bio- und Naturkostläden ergänzen das umfangreiche Angebot des Reformwarenhandels meist durch Gemüse aus biologischem Anbau.

Vollwerternährung bedeutet keinesfalls karge Körndelkost: Meist ist sie vielseitiger als die bürgerliche Küche. In jedem Fall ist sie gesünder. Ihr wichtigstes Kriterium: Viele natürliche Lebensmittel, ein großer Teil davon roh.

Grundbestandteile der Vollwertkost

Die Vollwert-Kost kennt zwei Grundbestandteile der Ernährung:

◆ ***Lebensmittel***

Darunter versteht man „lebendige Nahrung" mit den originalen Vitalstoffen in der von der Natur vorgesehenen Ausgeglichenheit und Menge. Solche Lebensmittel sollten die Basis unserer Ernährung sein. Sonst fehlt dem Körper etwas, und er gleitet in den Zustand der Krankheit ab.

◆ ***Nahrungsmittel***

Hinter diesem Begriff verbergen sich Lebensmittel, die durch unterschiedliche Bearbeitung (Trocknung, Erhitzung, Konservierung) einen Teil ihrer Vitalstoffe eingebüßt haben und im strengen Sinne biologisch tot sind. Vitamine und Enzyme sind meist nicht mehr enthalten, ihr eigener Stoffwechsel ist vernichtet, und sie sind nur mehr Depots für verschiedene Nährstoffe, Mineralien und Spurenelemente.
Lebensmittel sollten aus biologischem Anbau stammen, also von vollwertigen Böden, aus vollwertigem Saatgut, aus vollwertigem Wachstum (chemiefrei) und vollwertigen Gewinnungs- und Lagerungsmethoden.

Faustregeln für die Vollwert-Kost:

- Täglich mehrmals Rohkost wie Obst und Gemüse
- Häufig Brot aus vollem Korn
- Weniger Fett
- Weniger Fleisch
- Selten etwas Süßes

So setzen Sie diese Kost am besten im Alltag um:

- Essen Sie Gemüse und Obst täglich mehrmals als Zwischenmahlzeit möglichst roh oder als Salat; Obst auch in Form frisch gepreßter Säfte. Mehrere kleine Mahlzeiten anstelle von drei Hauptmahlzeiten entlasten übrigens die Verdauung und machen Sie vitaler.

- Physiologisch sinnvoll ist es, vor jeder größeren Mahlzeit einen kleinen Salat oder ein Stück Obst zu essen. Dann können alle Nährstoffe besser aufgenommen werden. Die Verdauungssäfte werden durch den Kauvorgang angeregt, und der Magen ist bereits etwas gefüllt - mit kalorienarmer Kost.

- Die Vollwert-Ernährung nach Professor Dr. Claus Leitzmann empfiehlt, etwa die Hälfte der täglichen Nahrungsmenge - bezogen auf das Gewicht - als Frisch- bzw. Rohkost zu verzehren. Nur mit Obst und Salat läßt sich das natürlich nicht bewältigen. Vollkornbrot, frisch geschrotetes oder gekeimtes Getreide (Frischkornmüsli), Nüsse, fettarme Milch und Sauermilchprodukte, milchsauer vergorenes Gemüse, Mineralwasser und verschiedene Kräutertees müßten im Speiseplan einen wichtigen Platz einnehmen.

Hauptsünden der Ernährung:

- Industriezucker schadet nur den Zähnen (Karies) und belastet die Bauchspeicheldrüse (Altersdiabetes).
  Industriezucker sollte durch Honig, Birnendicksaft oder Ahornsirup ersetzt werden.
- Auszugsmehl rauben uns jegliche Vitalstoffe (Vitamine, Mineralien, Spurenelemente) und Ballaststoffe. Mangel an Ballaststoffe bedeutet Darmträgheit, was letztlich den Darmkrebs fördern kann. Möglichst frisch gemahlene Vollkornprodukte sollen die weißen und grauen Auszugsmehle ersetzen!
- Raffinierte Fette - d.h., erhitzte, konservierte, präparierte oder gefärbte Fette haben alle fettlöslichen Vitamine und biologisch guten Eigenschaften verloren. Eine weitere Entwertung bedeutet das Backen, Braten, Kochen oder Fritieren. Die Folge: Erhöhter Cholesterinspiegel, der wiederum Herzinfarkt und Arteriosklerose bewirken kann. Empfohlen wird deshalb die Verwendung von naturbelassenen Fetten wie Butter oder kaltgepreßten Ölen (z.B. Olivenöl).
- Nicht zuviel cholesterinhältige Nahrung zu sich nehmen.

Die größten Cholesterinlieferanten

Lebensmittel	Cholesteringehalt
100 g Hirn	2.000 mg
100 g Leber	320 mg
Eier (1 Stück)	314 mg
Garnelen, 100 g	138 mg
Austern, 100 g	269 mg
Butter, 100 g	240 mg
Schlagobers, 100 g	109 mg
Fleisch, 100 g	70 mg
Käse, 50% F.i.Tr., 100 g	100 mg

- Überhöhter Eiweißkonsum, vor allem durch Fleisch, führt zu schlechterem Zellstoffwechsel und damit zu Rheuma, Gicht und Arthrosen (Gelenkabnützung). Nicht öfters als zweimal wöchentlich sollten Fleischprodukte verzehrt werden. Das für den Körper notwendige Eiweiß wird durch pflanzliches Eiweiß zugeführt (Soja, Hülsenfrüchte).

12 Gebote einer gesunden Ernährung -
So bleiben Sie schlank und vital:

❶ Ziehen Sie frische Lebensmittel konservierten vor. Produkte aus biologischem Anbau, wenig gedüngte Produkte.

❷ Vollwertprodukte sind von großer Bedeutung.
Getreide (Weizen, Roggen, Reis, Hirse, Dinkel) enthält die gesamte Palette der Mineralstoffe, die unser Körper benötigt. Getreide ist eine wichtige Protein- und Vitaminquelle (B-Komplex - gut für die Nerven). Genügend Ballaststoffe sichern eine gute Verdauung und helfen so, das Gewicht zu halten.

❸ Essen Sie jeden Tag Gemüse.

Kalorienarme, entschlackungsfördernde Gemüsesorten:	
100 g Brokkoli	ca. 33 kcal
100 g Fisolen	ca. 33 kcal
100 g Karotten	ca. 41 kcal
100 g Paprika	ca. 24 kcal
100 g Rote Rüben	ca. 44 kcal
100 g Sauerkraut	ca. 25 kcal
100 g Zucchini	ca. 28 kcal

❹ Vergessen Sie nicht auf Hülsenfrüchte (Bohnen, Erbsen, Linsen etc.). Sie enthalten mehr Protein als Fleisch und außerdem Vitamine und Mineralsalze in großen Mengen. Sie gehören zu den Lebensmitteln mit dem höchsten Eisen- und Magnesiumgehalt und einem hohem Ballaststoffanteil.

❺ Essen Sie jeden Tag wenigstens 2x täglich Obst als Zwischenmahlzeit.

Kalorienarme, entschlackende Obstsorten:	
Äpfel	ca. 55 kcal
Banane	ca. 90 kcal
Birne	ca. 55 kcal
Grapefruit	ca. 40 kcal
Kiwi	ca. 53 kcal
Mango	ca. 65 kcal
Papaya	ca. 50 kcal
Wassermelone	ca. 24 kcal

Ananas wirkt besonders darmreinigend!

❻ Vermeiden Sie zuviel Salz. Es führt zu hohem Blutdruck und bindet Wasser im Gewebe. 1 Gramm/Tag ist ausreichend. Naturbelassenes Meersalz bevorzugen.

❼ Vermeiden Sie weißen Zucker.
Zucker entzieht dem Körper wichtige Vitamine, und Sie nehmen leere Kalorien zu sich. Auch mit Limonaden, industriell gefertig-

ten Konfitüren und Süßigkeiten vorsichtig umgehen, sonst bekommen Sie eine sogenannte „schwammige Haut“.

❽ Vorsicht bei fetten Speisen!
44% der täglichen Kalorienmenge nehmen Herr und Frau Österreicher in Form von Fett zu sich. Das sind 157 g/Tag und 57 kg/Jahr (empfohlen sind 80 g/Tag und 30 kg/Jahr).

❾ Fleisch nicht öfter als 2x pro Woche essen.
Mageres Fleisch und Fisch bevorzugen. Fleisch enthält versteckte Fette und oft sehr viele Purine, durch die unsere Harnsäurewerte gewaltig ansteigen.

❿ Magere Milchprodukte essen.
Magermilch, Käse, Joghurt, Topfen sind reich an Phosphat- und Kalzium (für Zähne und Knochenbau wichtig). Mit Schlagobers und flüssigem Obers sparsam umgehen.

⓫ Lieber öfters am Tag kleinere Mahlzeiten essen und ca. 2 l - 2,5 l pro Tag trinken (Wasser, Mineral, aufgespritzte Fruchtsäfte). So können Schlacken besser abtransportiert werden.

⓬ Gut gekaut ist halb verdaut. So ist man schneller satt und nimmt nicht so viele Kalorien auf (ca. 40-50 mal pro Bissen).

Bewertung von Nahrungsmitteln und Lebensmitteln nach Prof. Kollath

Gruppe	zu empfehlende Lebensmittel/Nahrungsmittel	bedingt zu empfehlende Lebensmittel/Nahrungsmittel	abtzulehnende Lebensmittel/Nahrungsmittel
Obst	roh, schonend gedünstet, Trockenfrüchte (ungeschwefelt!)	gekocht, gebacken (Bratäpfel), Säfte	nicht biologisch, Konserven, bestrahlte Südfrüchte
Milch	Molke	Rohmilch, Vorzugsmilch	pasteurisierte Milch, homogenisierte, ultraerhitzte Milch, Sterilmilch, Kondensmilch
Milchprodukte	Obers, Topfen, Buttermilch Schwedenmilch, Joghurt		Milchzubereitungen mit Bindemittel, Zucker usw.
Käse	gereifter Käse, Käse aus Rohmilch (Emmentaler, Hartkäse)	Käse aus pasteurisierter Milch, schnell gereifter Käse	Käse mit Zusatz von Phosphat (Koch-, Schmelzkäse), Nitrat (Schnittkäse), Farbstoffen
Getreide	Speisen aus Vollgetreide roh oder gekocht, ganz oder geschrotet (Brei, Frischkorn)	Grieß, dunkle Mehle, Graupen, ungeschälter Reis, Vollkorn-Teigwaren	Auszugsmehle, Getreidestärke, weißer Reis, helle Nudeln
Brot	Vollkornbrot, Vollkornsemmeln, Bio-Brot, Knäcke-Brot, Demeter-Fermentgetreide, Brottrunk	Misch- und Graubrot, Steinmetz-, Grahambrot	Brot aus hellen Mehlen, mit Backhilfsmitteln, ohne ausreichende biologische Gärung
Süßmittel	Honig, Malzextrakt, Zuckerrübensirup, Obstdicksäfte	Ahorn-Sirup, Süßstoff	Zucker, zuckerhaltige Ware
Fleisch		Rind, Lamm	gefrorenes, gepökeltes Fleisch, Innereien, Schwein, Wurst, Tiere aus konventioneller Mast
Fisch		gebraten, gekocht, gegart	rückstandsbelasteter Seefisch, Süßwasserfisch aus Mastanlage
Ei		roh, gekocht, von freilaufenden und vollwertig ernährten Hennen	Batterie-Eier, konventionell gefütterte Tiere
Fett	kaltgepreßte Öle, Butter (kein Distelöl!)	reine Planzenfette (Kokos-, Palmkernfette), Sojaöl	heißgepreßte oder extrahierte Öle, Margarine, gehärtete Fette, tierisches Schmalz, Talg, Distelöl

Essenspyramide - Wegweiser zur richtigen Ernährung

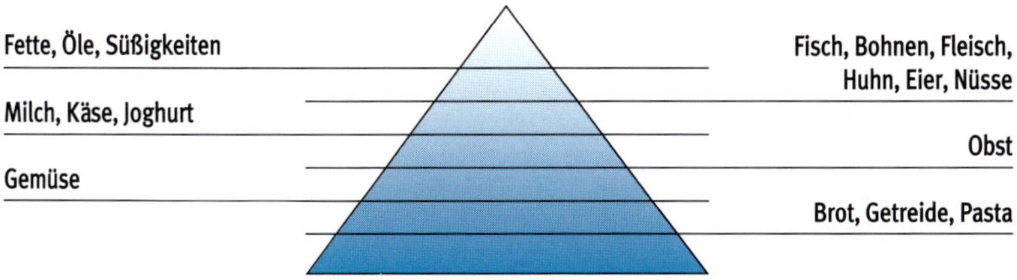

Die Essenspyramide wurde von der amerikanischen Bundesregierung zusammengestellt. Sie garantiert eine gesunde, ausgeglichene und geschmackvolle Ernährung.

◆ ***2-3 Portionen Obst pro Tag***
Früchte sind reich an Vitaminen, besonders an Vitamin C. Sie sind nicht fett und daher kalorienarm. Frische Früchte sind zu bevorzugen. Vermeiden Sie gesüßte Früchte und Fruchtsäfte sowie künstlichen Sirup. Äpfel, Bananen, Orangen, Melonen und Beeren werden besonders empfohlen.

◆ ***3-5 Portionen Gemüse pro Tag***
Gemüse beinhaltet ebenfalls viele Vitamine, besonders Vitamin A und C. Es ist ballaststoffreich, meist ohne Fett und sorgt für eine gute Verdauung. Alle grünen Blattgemüsearten und oranges bis gelbliches Gemüse z.B. Karotten. Aber auch Kartoffeln werden uns nahegelegt. Frische Gemüsesäfte nicht vergessen!

◆ ***6-8 Portionen Vollkornbrot, Reis und Pasta pro Tag***
Sie enthalten komplexe Kohlenhydrate und geben uns viel Energie. Sie sorgen für das wichtige Vitamin B, Mineralstoffe und Ballaststoffe. Vermeiden Sie Zusätze wie fetten Käse, zuviel Butter oder Mayonnaise sowie fette Soßen.

◆ ***2-3 Portionen Milch, Joghurt & Käse pro Tag***
Milchprodukte enthalten viel Kalzium, welches für unsere Knochen von großer Wichtigkeit ist. Sie beeinhalten auch Eiweiß und Vitamin B12. Sparen Sie mit Kalorien und Fett, indem Sie magere Milchprodukte wählen.

◆ ***Nur kleine Portionen Fett, Öl oder Süßes***
Sie sind kalorienreich, aber nährstoffarm. Eine Ausnahme sind kaltgepreßte Pflanzenöle, da sie viel Vitamin E enthalten, das ein Balsam für unsere Haut ist. Aber auch vom kaltgepreßten Planzenöl reicht ein Teelöffel!

◆ ***1-2 Portionen Fleisch, Fisch, Bohnen, Eier und Nüsse pro Tag***
Sie sind exzellente Eiweißlieferanten und sind darüber hinaus reich an Eisen, Zink und Vitamin B. Besonders empfohlen wird Tofu (aus der Sojabohne) als Kalziumlieferant. Sonnenblumenkerne, Kürbiskerne und Nüsse (in Maßen) enthalten wiederum Vitamin E.

Nährwerttabelle verschiedener Obstsorten

	in 100 g eßbarem Anteil sind enthalten	Protein g	Fett (g)	Kohlenhydr. g	Energie: Joule kJ	Energie: Kalorien kcal	Mineralstoffe: Kalium mg	Mineralstoffe: Kalzium mg	Mineralstoffe: Phosphor mg	Mineralstoffe: Eisen mg	Vitamine: Carotin µg	Vitamine: B_1 µg	Vitamine: B_2 µg	Vitamine: C mg
Kern & Steinobst	Äpfel	0,3		12	229	55	144	6	12	0,5	47	35	32	12
	Birnen	0,4		12	231	55	126	10	15	0,3	32	33	38	5
	Kirschen, süß	0,9		14	265	63	229	17	20	0,4	84	39	42	15
	Marillen	1,0		10	186	45	278	16	21	0,6	1800	40	53	9
	Pfirsiche	0,7		9	175	42	205	8	23	0,5	400	27	51	10
	Pflaumen	0,6		11	207	50	221	14	18	0,4	210	72	43	5
Beerenobst	Brombeeren	1,2		7	178	43	189	44	30	0,9	270	30	40	17
	Erdbeeren	0,8		6	137	33	147	26	29	0,9	49	31	54	64
	Heidelbeeren	0,6		7	156	37	65	10	13	0,7	130	20	20	22
	Johannisb., rot	1,1		7	151	36	238	29	27	0,9	38	40	30	36
	Johannisb., schw.	1,3		10	196	47	310	46	40	1,3	140	51	44	177
	Kiwis	1,0		11	221	53	295	38	31	0,8	370	17	50	71
	Preiselbeeren	0,3		8	152	36	72	14	10	0,5	23	14	24	12
	Stachelbeeren	0,8		8	161	39	203	29	30	0,6	210	16	18	35
	Weintrauben	0,7		16	292	70	192	18	20	0,5	27	46	25	4
Trockenobst	Äpfel	1,4		61	1104	264	622	30	50	1,2	-	100	100	12
	Feigen	3,5		54	1013	242	850	193	108	3,3	51	120	85	3
	Marillen	5,0		56	1035	247	1370	82	114	4,4	4620	7	110	11
	Pflaumen	2,3		53	952	227	824	41	73	2,3	670	150	120	4
	Rosinen	2,5		66	1170	280	782	31	110	0,3	30	120	55	1
Schalenobst	Erdnüsse, geröstet und geschält	26	50	13	2624	627	777	65	409	2,3	-	250	140	0
	Haseln., ohne Sch.	12	62	11	2810	672	636	226	333	3,8	29	390	210	3
	Mandeln, o.Sch.	19	54	9	2606	623	835	252	454	4,1	120	220	620	-
	Walnüsse, o.Sch.	14	62	12	2903	694	544	87	409	2,5	48	340	120	3

Quelle: Souci , S. W., Fachmann, W., H., Hrsg.: Deutsche Forschungsanstalt für Lebensmittelchemie, Garching: Die Zusammensetzung der Lebensmittel, Nährwerttabellen (bei den Angaben handelt es sich um errechnete Mittelwerte, die in weiten Grenzen schwanken können).
Zeichenerklärung: 1 g = 1 Gramm; 1 mg = 1 Milligramm = 1 /1000 g; 1 µg = 1 Mikrogramm = 1/1000 mg; 1kcal = 1 Kilokalorie =4,184 Kilojoule (kJ); 1 kJ = 0,239 kcal; - = Es liegen keine genauen Analysen vor.

Nährwerttabelle verschiedener Gemüsesorten

NÄHRWERTTABELLE – GEMÜSE UND GEMÜSEERZEUGNISSE	je 100 g verzehrbarer Anteil (+: nur in Spuren vorhanden)														
	Energie		Hauptnährstoffe			Ballaststoffe	Mineralstoffe					Vitamine			
			Eiweiß (Protein)	Fett	Kohlenhydrate		Natrium	Kalium	Kalzium	Phosphor	Eisen	A	B1	B2	C
	kcal	kJ	g	g	g	g	mg	mg	mg	mg	mg	µg	mg	mg	mg
Artischocken	55	230	2,4	0,1	11,0	-	47	350	53	130	1,5	17	0,14	0,05	8
Auberginen	56	234	2,3	0,1	11,4	1,7	33	273	53	101	1,2	15	0,12	0,04	6
Karfiol	27	113	2,4	0,2	4,0	2,3	16	311	22	72	1,1	21	0,10	0,11	69
Fisolen	35	146	1,9	0,3	6,1	3,6	2	243	56	44	0,8	60	0,08	0,11	19
Bohnen in Dosen	23	96	1,2	0,1	4,2	-	275	148	34	24	1,3	33	0,07	0,04	4
Brokkoli	33	138	3,5	0,2	4,3	3,2	14	410	113	78	1,3	316	0,10	0,20	110
Chicorée	16	67	1,3	0,2	2,3	1,1	4	192	26	26	0,7	216	0,05	0,03	10
Chinakohl	16	67	1,2	0,3	2,0	0,9	7	202	40	30	0,6	13	0,03	0,04	36
Endivien	19	80	1,7	0,2	2,6	1,9	53	320	68	54	1,6	333	0,06	0,10	10
Erbsen, grün	79	331	6,3	0,5	12,4	5,3	2	316	26	116	1,9	63	0,35	0,14	27
Feldsalat	21	88	1,8	0,3	2,7	1,6	4	420	32	49	2,0	650	0,07	0,08	26
Fenchel	50	209	2,1	+	8,5	1,3	86	492	107	54	2,7	781	0,22	0,11	93
Gartenkresse	46	192	4,2	1,4	4,1	-	5	550	214	38	2,9	365	0,15	0,19	60
Grünkohl	57	238	6,0	0,9	6,1	4,8	44	436	230	90	2,7	833	0,20	0,20	140
Gurken	13	54	0,8	0,2	2,0	0,7	8	141	15	23	0,5	28	0,02	0,03	+
Karotten, roh	41	172	1,1	0,2	8,7	2,3	45	341	37	36	0,7	1.100	0,06	0,05	8
Knoblauch	136	569	6,1	0,1	27,5	-	-	-	38	134	1,4	-	0,20	0,08	14
Kohlrabi	31	130	2,0	0,1	5,6	1,6	10	372	41	51	0,5	2	0,06	0,04	66
Kopfsalat	17	71	1,4	0,2	2,2	1,4	40	194	23	31	0,7	150	0,06	0,08	10
Kürbis	27	113	1,0	0,1	5,5	-	1	383	22	44	0,8	100	0,05	0,07	9
Mangold	23	96	2,1	0,3	2,9	-	90	376	103	39	2,7	583	0,10	0,20	39
Meerrettich	75	314	2,8	0,3	15,3	-	9	554	105	65	1,4	4	0,14	0,11	114
Wassermelonen	24	100	0,6	0,2	5,0	0,4	+	158	11	11	0,4	+	0,05	0,05	6
Zuckermelonen	52	218	0,9	0,1	12,0	0,4	20	330	6	21	0,2	+	0,06	0,02	32
Paprika	24	100	1,2	0,3	4,1	1,8	2	213	10	26	0,7	100	0,07	0,07	140
Pastinaken	68	285	1,3	0,4	14,9	-	8	468	51	73	0,6	4	0,08	0,13	18

Nährwerttabelle verschiedener Gemüsesorten

NÄHRWERTTABELLE / GEMÜSE UND GEMÜSEERZEUGNISSE	je 100 g verzehrbarer Anteil (+: nur in Spuren vorhanden)														
	Energie		Hauptnährstoffe			Ballaststoffe	Mineralstoffe					Vitamine			
			Eiweiß	Fett (Protein)	Kohlehydrate		Natrium	Kalium	Kalzium	Phosphor	Eisen	A	B1	B2	C
	kcal	kJ	g	g	g	g	mg	mg	mg	mg	mg	µg	mg	mg	mg
Petersilienblatt	60	252	4,4	0,4	9,8	-	33	1.000	245	128	8,0	1.207	0,14	0,30	166
Petersilienwurzel	33	138	3,3	0,6	3,6	-	28	880	190	80	3,2	5	0,10	0,10	41
Porree	27	113	1,8	0,4	4,0	2,8	5	260	120	34	2,0	333	0,12	0,06	25
Radieschen	20	84	1,1	0,1	3,5	0,8	12	242	35	28	1,2	4	0,04	0,04	27
Rettich	19	80	1,0	0,1	3,4	2,7	18	322	32	30	0,9	+	0,03	0,03	29
Rhabarber	18	75	0,6	0,1	3,7	0,8	2	270	52	24	0,5	12	0,02	0,03	10
Rosenkohl	52	218	4,9	0,6	6,7	2,5	7	390	36	80	1,5	55	0,10	0,16	102
Rote Rüben	44	184	1,6	0,1	9,1	2,2	62	335	16	33	0,7	2	0,03	0,05	10
Rotkraut	30	126	1,7	0,2	5,3	2,4	4	267	38	32	0,5	5	0,07	0,05	50
Sauerkraut, roh	25	103	1,5	0,3	4,0	2,2	355	228	48	43	0,6	20	0,03	0,05	20
Schnittlauch	54	227	3,6	0,7	8,4	-	3	434	167	75	1,3	50	0,14	0,15	47
Schwarzwurzeln	78	326	1,4	0,4	17,2	-	5	320	58	76	3,3	3	0,15	0,03	4
Sellerie (Knolle)	40	167	1,7	0,3	7,4	-	77	310	55	105	0,5	3	0,06	0,06	10
Spargel, roh	26	109	2,2	0,2	3,8	1,5	4	220	22	46	1,0	50	0,14	0,16	28
Spargel, in Dosen	20	84	1,9	0,3	2,3	-	355	104	17	38	0,9	50	0,06	0,08	15
Spinat	30	126	3,2	0,3	3,7	1,7	54	470	93	51	3,1	816	0,10	0,20	51
Tomaten, roh	21	88	1,1	0,2	3,7	1,4	6	270	13	27	0,5	133	0,06	0,04	24
Tomaten, in Dosen	21	88	1,1	0,2	3,6	-	5	204	10	22	0,5	117	0,05	0,04	18
Tomaten, Mark	50	209	2,3	0,5	9,0	-	580	1.160	60	34	-	207	0,09	0,06	9
Weißkraut	25	105	1,3	0,2	4,6	2,1	13	233	49	29	0,4	10	0,05	0,05	47
Wirsing	30	126	2,6	0,4	4,1	2,4	9	275	57	55	0,9	12	0,05	0,07	50
Zucchini	28	117	1,6	0,1	5,1	0,8	-	200	30	25	0,5	58	0,05	0,09	16
Zuckermais, roh	103	431	3,0	1,2	20,0	-	+	300	7	116	0,5	120	0,15	0,12	12
Zuckermais, in Dosen	110	463	3,2	1,5	21,0	-	209	230	-	-	-	-	-	-	-
Zwiebeln, roh	40	167	1,5	0,2	8,1	1,6	9	157	27	36	0,5	33	0,03	0,04	10
Zwiebeln, getr.	326	1.368	10,5	0,9	69,1	-	105	1.040	162	243	3,3	50	0,30	0,20	42

Nährwerttabelle verschiedener Hülsenfrüchte

Nährwerttabelle / Hülsenfrüchte	je 100 g verzehrbarer Anteil: Energie		Hauptnährstoffe			Ballaststoffe	Mineralstoffe					Vitamine			
			Eiweiß (Protein)	Fett	Kohlen-hydrate		Natrium	Kalium	Kalzium	Phosphor	Eisen	A	B1	B2	C
	kcal	kJ	g	g	g	g	mg	mg	mg	mg	mg	µg	mg	mg	mg
Bohnen, weiß	294	1228	22,0	1,6	47,8	19,2	2	1300	105	430	6,1	67	0,60	020	2,0
Bohnen, weiß, gek.	96	403	7,5	0,6	14,4	7,5	0,7	455	36	149	2,1	-	0,10	0,05	-
Erbsen	342	1431	23,0	1,4	56,7	16,6	26	930	51	378	5,0	13	0,76	0,27	1,6
Erbsen, grün, gekocht	73	304	5,6	0,5	10,8	5,0	2,0	213	22	91	1,3	-	0,23	0,16	-
Kichererbsen	314	1314	19,8	3,4	48,6	10,7	27	580	110	428	7,2	30	0,48	0,18	4,0
Linsen	325	1361	23,5	1,4	52,0	10,6	4	810	74	412	6,9	17	0,43	0,26	-
Linsen, gekocht	90	378	7,4	0,4	13,4	2,8	1,0	225	23	130	2,1	-	0,08	0,07	-
Sojabohnen	343	1434	33,7	18,1	6,1	15,2	4	1740	257	591	8,6	95	0,99	0,52	0
Sojakeimlinge	26	104	3,8	0,5	-	-	-	157	32	12	0,6	-	0,18	0,15	16,0
Sojamehl, vollfett	370	1548	37,3	20,6	3,1	10,9	4	1870	195	553	12,1	20	0,77	0,28	0
Sojagetränk	36	151	3,4	1,5	2,2	-	-	-	21	48	0,8	-	0,08	0,03	0

Nährwerttabelle verschiedener Teigwaren

Nährwerttabelle / Teigwaren	Nährstoffgehalte je 100g Trockengewicht: Energie		Hauptnährstoffe			Ballaststoffe	Cholesterin	Mineralstoffe					Vitamine			
			Eiweiß (Protein)	Fett	Kohlen-hydrate			Kalium	Natrium	Phosphor	Magne-sium	Eisen	B1	B2	B6	Niacin
	kcal	kJ	g	g	g	g	mg	mg	mg	mg	mg	mg	mg	mg	mg	mg
Eiernudeln	347	1452	13	3	70	3,4	94	164	17	195	67	1,6	0,2	0,1	0,06	2,0
Spaghetti, eifrei	362	1513	12,5	1,2	75,2	-	0	-	5	165	-	1,5	0,09	0,06	-	2,0
Vollkornnudeln	343	1435	15	3	64	8	0	165	32	172	53	3,8	0,31	0,13	0,2	3,1

Zeichenerklärung:
kJ = Kilokalorie
kcal = Kilokalorie (1 kcal = 4,184 kJ)
g = Gramm
mg = Milligramm (1 mg = 0,001 g)
µg = Mikrogramm (1 µg = 0,001 mg)
- = es liegen keine genauen Daten vor

Quellen:
Die große Nährwert Tabelle, Gräfe und Unzer Verlag, München
Ballaststoffe in der Ernährung, AID, Bonn
Ballaststoffgehalt in unseren Lebensmitteln, GMF, Bonn,
Bundesanstalt für Getreide, Kartoffel- und Fettforschung, Detmold und Münster

Die Zusammensetzung der Lebensmittel, Wissenschaftliche Verlagsgesellschaft mbH, Stuttgart

Nährwerttabelle verschiedener Käsesorten

NÄHRWERTTABELLE KÄSE	je 100g verzehrbarer Anteil (+: nur in Spuren vorhanden)												
	Energie		Hauptnährstoffe				Cholesterin	Mineralstoffe			Vitamine		
			Eiweiß (Protein)	Fett	Kohlenhydrate	Wasser		Kalzium	Phosphor	Eisen	A	B1	B2
	kcal	kJ	g	g	g	mg	mg	mg	mg	mg	µg	mg	mg
Hartkäse													
Chester (Cheddar), 50% Fett i. Tr.	415	1742	25,4	32,2	+	36,3	100	810	530	0,6	390	0,04	0,44
Emmentaler, 45% Fett i. Tr.	403	1685	28,7	29,7	+	35,7	92	1020	636	0,3	320	0,05	0,34
Parmesan	396	1655	35,6	25,8	+	29,6	68	1290	840	1,0	340	0,02	0,62
Schnittkäse, fett													
Edamer, 45% Fett i. Tr.	371	1552	24,8	28,5	+	41,9	95	678	403	0,6	220	0,06	0,35
Edamer, 30% Fett i. Tr.	266	1113	26,4	16,2	+	49,1	54	800	570	0,6	150	0,06	0,35
Edelpilzkäse, 50% Fett i. Tr.	371	1554	21,1	29,8	+	42,8	88	526	362	0,2	260	0,04	0,50
Gouda, 45% Fett i. Tr.	382	1600	25,5	29,2	+	36,4	114	820	443	0,5	260	0,03	0,20
Tilsiter, 45% Fett i. Tr.	372	1556	26,3	27,7	+	40,6	95	858	522	0,2	120	0,06	0,36
Tilsiter, 30% Fett i. Tr	285	1194	28,7	17,2	+	46,2	58	830	580	0,5	120	0,05	0,35
Weichkäse													
Brie, 50% Fett i. Tr. (Rahmbrie)	361	1512	22,6	27,9	+	45,5	100	400	188	0,5	140	0,05	0,34
Camembert, 60% Fett i. Tr.	393	1645	17,9	34,0	+	43,9	93	400	310	0,6	630	0,04	0,37
Camembert, 45% Fett i. Tr.	299	1253	21,0	22,3	+	52,0	62	570	350	0,2	330	0,05	0,60
Camembert, 30% Fett i. Tr.	228	955	23,5	13,5	+	58,2	38	600	540	0,2	200	0,05	0,67
Harzer, Korbkäse	126	528	30,0	0,7	+	64,0	7	125	266	0,3	60	0,03	0,36
Limburger Käse, 45% Fett i. Tr.	281	1176	22,4	19,7	+	51,7	90	534	256	0,6	380	0,05	0,35
Limburger Käse, 20% Fett i. Tr.	196	819	26,4	8,6	+	58,5	31	510	285	0,4	37	0,04	0,35
Romadur, 30% Fett i. Tr.	231	967	23,7	13,7	+	57,2	33	374	316	0,6	200	0,05	0,35
Romadur, 20% Fett i. Tr.	190	794	23,9	9,2	+	60,3	21	448	325	0,6	200	0,05	0,35
Frischkäse													
Doppelrahmfrischkäse, 60% Fett i. Tr.	353	1477	11,3	31,5	3,0	52,8	103	79	137	0,6	300	0,05	0,23
Hüttenkäse, 20% Fett i. Tr.	108	453	12,3	4,3	3,6	78,5	18	95	150	0,3	17	0,03	0,25
Schichtkäse, 20% Fett i. Tr.	102	426	11,9	5,0	0,9	78,0	14	79	200	0,4	30	0,05	0,30
Schichtkäse, 10% Fett i. Tr.	82	343	12,7	2,4	0,9	78,6	7	77	163	0,3	30	0,03	0,30
Topfen, 40% Fett i. Tr.	167	701	11,1	11,4	3,3	73,5	37	95	187	0,3	90	0,03	0,24
Topfen, 20% Fett i. Tr.	116	485	12,5	5,1	3,4	78,0	17	85	165	0,4	40	0,04	0,27
Topfen, mager	78	325	13,5	0,3	4,0	81,3	1	92	160	0,4	2	0,04	0,30
Topfen, 20% Fett i. Tr.	124	519	10,0	3,7	12,7	70,0	13	70	150	0,2	60	0,03	0,28
Schmelzkäse													
Schmelzkäse, 45% Fett i. Tr.	282	1178	14,4	23,6	+	51,3	80	547	944	1,0	300	0,03	0,38

Nährwerttabelle verschiedener Brotsorten

Nährwerttabelle — **Mittlerer Gehalt in 100 g Brot**	je 100 g verzehrbarer Anteil													
	Energie		**Hauptnährstoffe**			**Ballaststoffe**	**Mineralstoffe**					**Vitamine**		
			Eiweiß (Protein)	Fett	Kohlen-hydrate		Natrium	Kalium	Kalzium	Phosphor	Eisen	B1	B2	Niacin
	kcal	kJ	g	g	g	g	mg	mg	mg	mg	mg	µg	µg	mg
Pumpernickel	202	860	6,5	1,2	42,1	10,1	569	454	84	229	2,4	50	80	1,2
Roggenvollkornbrot/ Roggenschrotbrot	205	872	6,3	1,2	42,3	9,0	424	291	56	153	3,0	180	150	1,0
Roggen(mehl)brot	218	926	6,3	1,4	46,2	6,5	520	230	20	134	1,9	160	120	1,1
Roggenmischbrot	230	978	6,5	1,4	47,9	5,8	400	230	23	167	2,3	180	80	1,0
Weizenmischbrot	256	1001	7,0	1,5	48,5	4,5	400	210	26	110	1,7	140	70	1,2
Weizen(mehl)brot Weißbrot	252	1070	7,5	1,8	51,5	3,2	385	130	25	90	0,9	90	60	1,0
Weizentoastbrot	261	1124	7,9	3,9	49,7	3,1	380	130	25	90	0,9	80	50	1,0
Weizenvollkornbrot	206	877	6,7	1,2	42,2	6,4	430	210	95	265	2,0	230	150	3,3
Brötchen/Semmeln	253	1084	7,7	1,0	51,3	3,5	485	115	25	110	0,6	100	50	1,0
Knäckebrot	333	1413	10,6	1,7	68,7	15,8	463	436	55	380	5,0	200	180	1,1

Quellen:
Analysenwerte der Bundesanstalt für Getreide-, Kartoffel- und Fettforschung, Detmold und Münster, Detmold, Institut für Müllerei- und Bäckereitechnologie.
Die große Nährwerttabelle. Gräfe und Unzer Verlag, München.

Erläuterungen:

g	= Gramm	
mg	= Milligramm	= 1/1000 Gramm
µg	= Mikrogramm	= 1/1000 Milligramm

Umrechnungsmöglichkeiten:

1 Kilokalorie (kcal) = 4,184 Kilojoule (kJ) ≈ 4,2 kJ

1 kJ = 0,239 kcal ≈ 0,24 kcal

Nährwerttabelle verschiedener Fischarten

Mittlere Gehalte an Fett, Cholesterin und n-3-Fettsäuren in 100g				
Fischart	mittlerer Fettgehalt %	Cholesterol mg/100g verzehrbarer Anteil	n-3-Fettsäuren	Gesamt
Magerfische < 1% Fett				
Kabeljau	0,6	35	0,21	0,32
Scholle	0,8	55	0,13	0,25
Witting	0,5	31	0,10	0,2
Schellfisch	0,6	29	0,14	0,2
Hecht	0,9	39	0,10	0,3
Flunder	0,5	46	0,12	0,2
mittelfette Fische 1-10% Fett				
Glattbutt	2,0	60	0,12	0,4
Sardelle	2,3	-	1,00	1,8
Dornhai	9,5	52	1,30	3,0
Seehecht	1,4	23	0,20	0,4
Rotbarsch	3,5	42	0,25	0,5
Seezunge	1,4	50	0,10	0,2
Thunfisch	6,0	38	1,70	2,4
Karpfen	5,9	67	0,07	0,3
Wildlachs	5,5	-	1,04	2,3
Zuchtlachs	8,3	35	0,73	1,3
Regenbogen-Forelle	3,4	55	0,41	0,6
fette Fische > 10% Fett				
Schw. Heilbutt	11,6	46	0,43	1,5
Hering	12,3	60	1,29	3,1
Makrele	20,0	50	2,16	5,1
Sprotte	16,6	39	1,20	2,1
Aal	24,5	70	0,66	1,1

Nährwerttabelle verschiedenen Geflügels

Energie- und Nährstoffgehalte in 100 Gramm eßbarem Anteil							
	Energie		**Eiweß**	**Fett**	**Eisen**	**Vitamine**	
	kcal	kJ	g (%)	g (%)	mg	B1 mg	B2 mg
Hähnchen	144	602	20,6	5,6	1,8	0,08	0,16
Hähnchenschenkel	113	473	20,6	2,4	1,8	0,10	0,24
Hähnchenbrust	109	457	22,8	0,9	1,1	0,07	0,09
Suppenhuhn	274	1147	18,5	20,3	1,4	0,06	0,17
Perlhuhn	158	664	23,4	6,4	0,8	0,06	0,10
Pute (jung)	163	682	22,4	6,8	1,5	0,08	0,14
Putenbrust	115	483	24,1	1,0	1,0	0,05	0,08
Putenkeule	124	521	20,5	3,6	2,0	0,09	0,18
Ente	243	1017	18,6	17,7	2,1	0,30	0,20
Barbarieente	211	883	17,4	15,2	4,2	0,35	0,27
Gans	364	1521	15,7	31,0	1,9	0,12	0,26
Wachtel	120	504	22,4	2,3	-	0,13	0,17
Taube	182	762	20,9	9,5	-	0,10	0,28
Fasan	133	557	23,8	3,7	0,4	0,09	0,13

Kräuter-Tips

Viele Kräuter lassen sich problemlos am Küchenfenster ziehen und werden erst kurz vor dem Gebrauch gepflückt. Grob gehackte Basilikumblätter geben Ihrem Paradeissalat eine erfrischende Note oder verwandeln sich mit ein wenig Salz, Pfeffer, Knoblauch, einigen Pinienkernen und etwas Parmesan im Mörser zerstampft und mit Olivenöl verrührt in ein Pesto alla Genovese, eine herrliche kalte Spaghettisauce.
Bei den Kräutern kommen überwiegend die Blätter zur Anwendung. Während eher hartblättrige Kräuter wie Rosmarin, Thymian, Lorbeer oder Salbei ihr Aroma auch in getrocknetem Zustand lange bewahren und dieses erst beim Kochen wieder richtig entfalten, schmecken die zartblättrigen am besten frisch.
Auch mit Minze, bei uns hauptsächlich als Tee bekannt, bringen Sie neuen Schwung in Ihre Küche, zu Lammfleisch, Faschiertem oder auch im Fruchtsalat, zum Beispiel mit Melonen und Himbeeren.
Man sollte Gewürze immer trocken, kühl und luftgeschützt aufbewahren. So vermeidet man auch, daß sich ihr starker Duft auf andere Lebensmittel überträgt bzw. daß sie Fremdgerüche annehmen. Zerkleinerte oder gar gemahlene Gewürze verlieren ihr Aroma besonders schnell. Will man also den vollen Genuß auskosten, so lohnt es sich allemal, Pfeffer, Muskat & Co frisch zu reiben, zu mahlen oder im Mörser zu zerstoßen.

Bei der Verwendung von Kräutern sind einige Grundregeln zu beachten:

- Die Kräuter möglichst frisch verwenden.
- Kräuter erst kurz vor der Verwendung schneiden.
- Nie zu fein hacken, weil sonst das Aroma verlorengeht.
- Den Großteil der Kräuter erst kurz vor dem Servieren zuführen.
- Damit getrocknete Kräuter ihr volles Aroma entfalten, sollten Sie sie vor der Zugabe zur Speise zwischen den Fingern zerreiben.

◆ ***Basilikum***

Enthält Vitamin C, organische Säuren, wirkt anregend auf die Schleimhäute der Luftwege und fördert die Verdauung fetter Speisen. Es paßt zu Lamm, Kalb, Fisch, Salaten und Nudelgerichten . Das volle Aroma entwickelt Basilikum, wenn man es grob in Streifen schneidet und erst am Ende der Garzeit in die Speise rührt.

◆ ***Kerbel***
Sollte wie Basilikum nicht gekocht werden, enthält Vitamin A und C, Eisen, ätherische Öle sowie Bitterstoffe. Es harmoniert mit Spargel, Kalb, Huhn und Fisch.

◆ ***Liebstöckel***
Wird auch „Maggikraut“ genannt und hat einen sehr kräftigen, würzigen, zartbitteren Geschmack. Liebstöckel wirkt krampflösend, harntreibend und ersetzt bei einer Diät oft das Salz. Liebstöckel paßt zur Zubereitung von Kartoffelgerichten, deftigen Eintöpfen, Suppen, Rohkost- und Pilzgerichten.

◆ ***Majoran und Oregano***
Majoran enthält Vitamin A und C, lindert Blähungen und Regelbeschwerden. Er kommt bei Braten aller Art zum Einsatz. Oregano birgt ätherische Öle, Harze, Gerb- und Bitterstoffe und wird für Gemüse, pikante Saucen und italienische Nudelgerichte verwendet.

◆ ***Petersilie***
Petersilie enthält Eisen, Kalzium, Karotin, Magnesium, die Vitamine A, B1, B2 und reichlich Vitamin C. Es wirkt appetitanregend, verdauungsfördernd und harntreibend. Petersilie wird für Suppen, helle Saucen, Eintöpfe, Salate, Gemüse, Fisch- und Geflügelgerichte verwendet.

◆ ***Schnittlauch***
Enthält reichlich Vitamin A, B, C, ätherische Öle, Kalzium, Natrium, Kalium, Phosphor. Es wird zu vielen Gerichten gereicht, die auch mit Zwiebeln gewürzt werden können.

◆ ***Ingwer***
Findet als Backgewürz Verwendung und paßt zu süßsauren Speisen. Appetitanregend, magenstärkend, verdauungsfördernd.

◆ ***Kümmel***
Brotgewürz (mit Getreide gemahlen) und für Suppen und Gemüse. Hilft gegen Blähungen und wirkt verdauungsfördernd.

- ***Nelken***

In Zitronenschale gesteckt (ohne Kopferl) für süße Getreidegerichte geeignet. In Zwiebel gesteckt verfeinern Nelken pikante Getreidefüllungen. Verdauungsanregend.

- ***Paprika***

Verwendet werden die getrockneten, gemahlenen roten Paprikaschoten. Die Schärfe und das Aroma der Paprikaarten hängen vom mitgemahlenen Samenanteil ab. Mehr Aroma, Ölgehalt und Gehalt an Vitaminen haben Delikateß- und Edelsüß-Paprika, mehr Schärfe und Farbkraft mindere Sorten wie halbsüßer Paprika oder Rosenpaprika. Hoher Vitamin E-Gehalt bewirkt Steigerung der Herzleistung.

- ***Rosmarin***

Ganze Blätter zum Mitkochen in Suppen und Saucen, zerkleinert zu Tomaten und Kartoffelgerichten, Pizzen und Salaten. Wirkt anregend auf den gesamten Organismus.

- ***Thymian***

Der Name Thymian ist vom griechischen thymos abgeleitet und bedeutet Mut, Kraft. Er weist also auf kräftige, stimulierende Wirkung hin. Das blühende Kraut wird frisch und getrocknet verwendet. Nicht alleine verwenden. Harmoniert mit Zwiebel, Paprika, Curry, Muskat, Petersilie, Majoran, Rosmarin.

- ***Zitronenmelisse***

Für Salatsaucen und Gemüse und zum Garnieren von Fruchttorten bestens geeignet. Stärkt Gehirn und Rückenmark, hilft bei Schlaflosigkeit und Depressionen.

Küchenkräuter helfen gegen Falten:

Frauen, die ihre Speisen mit Kräutern zubereiten, brauchen sich im Alter nicht liften zu lassen. Zu diesem Forschungsergebnis sind Wissenschaftler der schottischen Hochschule für Landwirtschaft in Ayr gekommen. Vor allem Majoran, Thymian, Oregano, Estragon und Salbei enthalten Substanzen, die den altersbedingten Abbau bestimmter Hautlipide verlangsamen. Dies könnte das Entstehen von Altersrunzeln erheblich bremsen - wenn nicht sogar aufhalten.

Richtiges Einlagern von Obst & Gemüse

Natürliche Konservierungsformen sind nicht nur für Gartenbesitzer zur Verwendung ihrer Überschüsse interessant, sondern für alle, die sich gesund und natürlich ernähren wollen. Zur Haupterntezeit kann auch der Stadtbewohner frischgereiftes Obst und Gemüse von Obst- und Gemüsestandeln kaufen.

◆ *Der ideale Kellerraum*

Der ideale Vorratskeller sollte eine konstante Temperatur von 2 bis 7° C während der Einlagerungszeit und eine relative Luftfeuchtigkeit von 90 % aufweisen. Mit Hilfe eines Thermo- und eines Hygrometers (Feuchtigkeitsmeßgerät) können die richtigen Werte stets überwacht werden.

Fehlt ein Naturboden im Keller, kann die Luftfeuchtigkeit auch durch ein Sanddepot in einer Kellerecke verbessert werden. Dieses dient zum Lagern von Gemüse und muß konstant feucht gehalten werden.

Für tiefe Temperaturen und Frischluft sorgt ein geeignetes Lüftungssystem. Ideal sind gegenüberliegende Maueröffnungen: Die warme Luft steigt nach oben und verläßt über ein Fenster den Raum. Die kalte Luft sinkt hinunter und zieht nach.

◆ *Kernobst*

Nur unverletzte, voll ausgebildete und spätreife Sorten eignen sich sehr gut für die Frischlagerung. Jede Sorte hat dabei ihre charakteristische Lagerzeit. Zur Lagerung werden handliche Lattenkisten aufeinander gestellt. Äpfel können beispielsweise problemlos in mehreren Schichten übereinander gelagert werden.

◆ *Lagergemüse*

Zum Einlagern im Keller eignen sich Chinakohl, Karotten, Kartoffeln, Kohl, Kürbis, Poree, Kohlrabi, Rote Rüben, Meerrettich, Schwarzwurzeln, Sellerie und Zwiebeln. Das Lagergemüse sollte erst im Herbst oder Vorwinter geerntet werden und unverletzt, ungewaschen, trocken und frei von überflüssigen Pflanzenteilen eingekellert werden. Das Gemüse darf nicht direkt auf dem Kellerboden liegen, sondern auf einem Lattenrost oder in Kisten, die eine minimale Durchlüftung zulassen.

Als Alternativen zur Kellerlagerung bieten sich Dachboden, Balkon, Terrasse, Garage oder Speisekammer an.
Sinken die Temperaturen unter 2° C, müssen die Lebensmittel z.B. mit Wolldecken geschützt werden.

◆ ***Trocknen von Obst & Gemüse***

Das Dörren und Trocknen ist eine alte Form der Konservierung. Es eignet sich besonders gut für Obst, Gemüse, Pilze und Kräuter. Dörrobst ist die Grundlage für viele Spezialitäten, wie Früchte- und Kletzenbrot sowie eine Zugabe zu Müsli und Obstsalat oder dient als Süßigkeitsersatz.
Früchte und Gemüse enthalten im erntefrischen Zustand bis zu 90% ihres Gewichts Wasser. Wenn es gelingt, den Wassergehalt unter 12% zu senken, können sich Bakterien und Schimmelpilze nicht mehr vermehren und die Nahrungsmittel werden haltbar. Beim Trocknen wird allerdings das hitzeempfindliche Vitamin C zerstört. Dagegen bleiben andere Vitamine, Mineral- und Nährstoffe in konzentrierter Form erhalten. Über Nacht in Wasser eingeweicht wirken Trockenfrüchte verdauungsfördernd.

◆ ***Lufttrocknen***

Ideal für die Lufttrocknung im Freien ist ein warmer, trockener, gut belüfteter und vor direkter Sonneneinstrahlung geschützter Ort. Der Trockenvorgang sollte möglichst zügig ablaufen, um Schimmel- und Fäulnisbildung zu verhindern und sollte nicht länger als vier bis fünf Tage dauern. Früchte oder Gemüse werden - ganz oder zerteilt - nebeneinander auf Rosten oder Sieben ausgelegt und mehrmals gewendet. Abgedeckt wird das Ganze mit einem Mulltuch oder Fliegengitter, um Insekten fernzuhalten. Ideal für das Luftrocknen ist ein gut durchlüfteter Dachboden, auf dem sich im Herbst die Wärme hält. Hier ist es sinnvoll, Kräuter, Gemüse und Früchte in Büscheln bzw. einzeln aufgefädelt aufzuhängen.
Zum Aufbewahren des Trockenguts eignen sich fest verschließbare Behälter aus beschichtetem Blech (kein Alu), Glas (das vor Licht geschützt wird) oder Kunststoff. Es können auch Papiersäcke verwendet werden.
Das Dörrgut muß völlig ausgekühlt sein, bevor es in einem Lager versorgt wird. Es sollte staubdicht und trocken lagern, sodaß keine Feuchtigkeitsaufnahme erfolgen kann.

Zum Trocknen eignen sich z.B. Äpfel, Apfelschalen, Beeren, Birnen, Karfiol, Blüten und Blumen, Bohnen, Gewürzsamen, Hagebutten, Weichseln, Knoblauch, Küchen- und Teekräuter, Kürbis, Marillen, Pflaumen, Pilze, Tomaten, Zuckermais.

- ***Das Trocknen von Kräutern***

Die Kräuter sollten vormittags von der Blüte geerntet und wenn notwendig gewaschen und staubfrei getrocknet werden. Man breitet sie entweder auf ein Gitter aus, legt sie auf ein Packpapier oder hängt sie in Büscheln gebunden an schattigen und luftigen Stellen auf. Am Kachelofen oder im Backrohr können die Kräuter in vier bis sechs Stunden bei 50° C, im Mikrowellenherd in sechs bis zehn Minuten bei ca. 360 Watt, getrocknet werden. Danach werden die Kräuter mit Hilfe eines Nudelholzes zerkleinert oder durch eine Gewürzmühle gedreht und in dunklen Schraubgläsern oder Dosen luftdicht aufbewahrt.

- ***Tiefkühlen***

Um selbst angebautes oder erntefrisch gekauftes Obst und Gemüse zu lagern, bietet sich das Tiefkühlen zur schonenden Konservierung an. Aus ernährungsphysiologischer Sicht ist diese Methode zwar empfehlenswert, sie ist jedoch mit einem sehr hohen Energieeinsatz verbunden.
Nur aus frischen und einwandfreien Rohwaren läßt sich eine gute und haltbare Gefrierkonserve herstellen. Nicht jedes Tiefkühlgerät ist mit einem minus 40° C-Schockgefrierfach ausgestattet, in dem das Kühlgut - ohne viel an innerer und äußerer Qualität zu verlieren - in nur wenigen Stunden rasch durchgefroren werden kann, um dann im normalen Gefrierfach gelagert zu werden. Im Tiefkühlabteil oder Gefriergerät sind eingefrorene Lebensmittel bei mindestens minus 18° C im allgemeinen drei bis zwölf Monate haltbar. Bei längerer Lagerzeit gehen jedoch sehr viele Vitalstoffe verloren. Während einer zwölfmonatigen Gefrierlagerung treten beim Obst kaum Vitamin C-Verluste auf.
Einige Gemüsesorten wie z.B. Karfiol, Bohnen, Erbsen, Kohl, Karotten, Pilze, Spinat, Wirsing, Kohlsprossen werden vor dem Einfrieren blanchiert, d.h. kurz in kochendes Wasser - vorzugsweise in Wasserdampf oder in den Mikrowellenherd - gegeben und dann im eiskalten Wasser abgekühlt. Denn: Ohne Vorgaren wäre Gemüse nur

drei bis vier Wochen haltbar.

Haben Sie keine Angst beim Kauf von Tiefkühlware - die wichtigen Vitamine sind auch hier zum größten Teil enthalten. Frisches Gemüse und Obst ist natürlich zu bevorzugen, aber Tiefkühlgemüse und Obst ist besser als gar keines.

Wissenswerte Küchenregeln

- Achten Sie beim Einkauf auf eine unbeschädigte Verpackung, das Ablaufdatum und die Lagerhinweise.
- Der Hinweis „Gekühlt lagern“ bedeutet, daß Sie das Lebensmittel in den Kühlschrank (+2 bis +6° C) geben müssen.
- „Kühl lagern“ dagegen heißt, daß als Aufbewahrungsort auch der Küchenkasten ausreicht, sofern es dort kühl und trocken ist.

Bei Schimmel müssen Sie radikal handeln. Angeschimmelte Speisen befördern Sie umgehend in den Abfalleimer! Selbst wenn der grünliche Belag nicht größer als ein Stecknadelkopf ist, hat das Pilzmycel - für Ihr Auge unsichtbar - bereits das ganze Lebensmittel durchzogen. Es genügt daher nicht, nur den optisch sichtbaren Schimmel zu entfernen.

- Verschmutztes, erdiges Gemüse nicht zusammen mit sauberem lagern. Nur so ist eine Übertragung von Keimen auszuschließen.
- Verwenden Sie zum Gemüseputzen Essigwasser und säuern Sie Salate kräftig. Essig und Zitronensaft töten die Bakterien in kurzer Zeit ab und sind daher eine ausgezeichnete Waffe gegen unerwünschte Mikroorganismen.
- Verzichten Sie auf rohes Fleisch, und braten Sie Geflügel immer gut durch. Das hilft nicht nur gegen Salmonellen, sondern auch gegen Listerien (Bakterien), die Kälte sehr gut vertragen, aber vor Hitze kapitulieren.
- Auch im Kühlschrank gilt: Lebensmittel, die möglicherweise Salmonellen enthalten könnten, getrennt von anderen Lebensmitteln lagern. Achten Sie darauf, daß Fleischsaft nicht andere Speisen verunreinigt. Fleisch, Fisch und Geflügel am besten in einer Schüssel aufbewahren.
- Bei Kühlschranktemperaturen (+2 bis +6° C) vermehren sich Salmonellen kaum. Moderne Geräte weisen spezielle Frischhaltezo-

nen auf (Temperatur: 0° C), die sich ideal zur Lagerung von Fleisch- und Wurstwaren, Geflügel, Fischen, Meeresfrüchten sowie Milchprodukten eignen. Auch rohe Eier gehören in den Kühlschrank.

- Panierreste dürfen nicht aufgehoben werden.
- Schneiden Sie bei Weich- und Schnittkäse die Rinde großzügig weg. Die Schmierflüssigkeit, mit der diese Sorten behandelt werden, ist ein besonders guter Nährboden für Bakterien. Davon abgesehen, stellt die Rinde gewissermaßen die natürliche Verpackung des Käses dar und sollte daher generell nicht verspeist werden.
- Käse soll im Kühlschrank gelagert werden. Bei Zimmertemperatur unter der Käseglocke vermehren sich die Keime kräftig.
- Ein- und dieselbe Speise sollte nicht mehrmals erwärmt werden. Davon raten Experten ab.
- Spiegeleier sollten auf beiden Seiten gebraten werden; kernweiche Eier je nach Größe zumindest sieben Minuten lang kochen (die Randschicht des Dotters muß ebenso wie das Eiweiß fest sein).

Alle Geräte wie Schneidbrett, Geschirr und Besteck, die für die Zubereitung von Geflügel usw. verwendet wurden, müssen sofort danach gründlich mit heißem Wasser und Spülmittel gereinigt werden. Ebenso Ihre Hände. Ein häufiger Fehler: Zwiebeln, Salat oder Kräuter werden auf demselben Brett geschnitten, auf dem zuvor das Fleisch zerkleinert wurde.

- Verwenden Sie keine Holz-, sondern Kunststoffbretter. In den Ritzen von Holzbrettern können sich Salmonellen fast unbegrenzt halten.
- Fischkauf:
  Achten Sie darauf, daß die Kiemen eine kräftig-rote Farbe haben und die einzelnen Kiemenblätter sichtbar sind.
  Die Augen sollen klar und nach außen gewölbt sein. Die Pupillen dürfen nicht grau sein, die Hornhaut darf nicht milchig sein.
  Die Haut hat eine klare Farbe und sollte mit einer natürlichen Schleimhaut überzogen sein.
  Frischer Fisch riecht leicht nach Meer, aber niemals penetrant nach Ammoniak.

Der Säure-Basen-Haushalt

Der Körper ist sehr darauf bedacht, Produktion und Ausscheidung von Säuren und Basen auszubalancieren. Effektive Regelsysteme halten den pH-Wert - das Maß für den Säure- bzw. Basengehalt - des Blutes konstant. Über Niere, Lunge, Darm und Haut wird ausgeschiedenen, was zuviel ist.

Übersäuerung führt zu Migräne, rheumatischen Krankheiten, Stoffwechselerkrankungen und Magen-Darm-Störungen.

Theorien besagen, daß 80% der Nahrung aus sogenannten Basenbildern wie Gemüse, Obst, Salate und Milch bestehen sollen. Säurebilder wie Fleisch, Eier, Käse, stärke- und zuckerhaltige Produkte sollten hingegen nur 20% ausmachen.

Stark säuernde Lebensmittel:	**Betont basische Lebensmittel:**
Hartkäse	Porree
Topfen	Fisolen
Obers	Spinat
Butter	Sellerie
Margarine	Tomaten
	Blattsalate
Schweinefleisch	Gurke (Freiland)
Rindfleisch	Erdäpfel (Blaublüher)
Seefisch	Kohlrabi
Süßwasserfisch	Kohl (im Winter)
Putenfleisch	Rote Rüben (frisch)
	Steinpilze
Schwarzbrot	
Weißbrot	Apfel (reif)
Vollkornbrot	Zwetschken
Vollkornknäcke	Himbeeren
	Pfirsich
Reis, geschält	Weintrauben
Naturreis	Orangen
Nudeln, weiß	Zitronen
Nudeln, Vollkorn	Bananen
alle Arten von Alkohol	weiße Bohnen
Bohnenkaffee	Sojagranulat
Schwarztee, Marmeladen	
Schokolade- und -erzeugnisse	

Alle Vitamine auf einen Blick

Tagesbedarf	Hauptfunktionen	Vorkommen
A 800 -1.000 µg (Mikrogramm)°°	Erhaltung gesunder Haut und Schleimhaut, Knochen, Zähne und Sehvermögen; notwendig für die Fortpflanzung; schützt möglicherweise vor Krebs	Butter, Käse, Obers, Vollmilch, Eigelb, Leber, Spinat, Brokkoli, Marillen, Melonen, Karotten
C 75 mg (Milligramm)°°	Fördert die Heilung und Gesunderhaltung von Blutgefäßen, Zähnen und Zahnfleisch; stärkt die Widerstandskräfte; kann Nitrosamine hemmen	Obst und Gemüse, z.B. Johannisbeeren, Sanddorn, Zitrusfrüchte, Erdbeeren, Kartoffeln, Tomaten, grüner Paprika, dunkelgrünes Gemüse
D 5-10 µg °°	Kräftigt Knochen und Zähne; unterstützt die Aufnahme von Kalzium und Phosphor	wird durch Einwirkung des Sonnenlichts auch selbst produziert, Milch, Fisch, Eigelb
E 12 mg	Wichtig für die roten Blutkörperchen; schützt Gewebe vor Oxidation; hilft bei der Verwertung von Vitamin K, „Hautvitamin", liefert Energie	Nüsse, Samen, Weizenkeime, Vollgetreide, Pflanzenöle, grünes Blattgemüse, Butter
K 70-140 µg	Fördert die Blutgerinnung	Die Hälfte des Tagesbedarfs erzeugt der Körper; Milch, Blumenkohl, Spinat, Brokkoli, Rinderleber
B1 (Thiamin) 1,1-1,4 mg °°	Fördert die Freisetzung der Energie aus Kohlenhydraten; notwendig für gesunde Gehirn- und Nervenzellen und für die Herztätigkeit	Vollgetreide, getrocknete Bohnen, Nüsse, Schweinefleisch
B2 (Riboflavin) 1,5-1,7 mg °°	Fördert die Freisetzung von Energie aus der Nahrung; steht in Wechselwirkung mit anderen B-Vitaminen	Milchprodukte, Leber, Vollgetreide, dunkelgrünes Blattgemüse, Nüsse
B3 (Niacin) 15-18 mg °°	Fördert die Freisetzung von Energie aus der Nahrung; DNS-Synthese; notwendig für die Funktion von Herz, Nerven und Verdauungssystem	Milchprodukte, Fisch, Vollgetreide, Nüsse, getrocknete Bohnen, Erbsen und Linsen, Eier, Fleisch
B5 (Pantothensäure) 4-7 mg	Fördert die Freisetzung der Energie aus der Nahrung; notwendig für die Synthese zahlreicher Körpersubstanzen	Vollgetreide, getrocknete Bohnen, Nüsse, Eier
B6 (Pyridoxin) 1,8-2,2 mg	Wichtig für die chemische Reaktion von Proteinen und Aminosäuren, für die Gehirnfunktionen und die Bildung roter Blutkörperchen	Vollgetreide, grünes Blattgemüse, Nüsse, Bananen, Fisch, Fleisch
B12 (Cobalamin) 3 µg	Notwendig für rote Blutkörperchen; erhält die Funktion des Nervensystems	Leber, Rindfleisch, Schalentiere, Eier, Milch
Folsäure 300 µg °°	Wichtig für die DNS-Synthese; notwendig für Zellteilung und Zellimmunität	Weizenkleie, grünes Blattgemüse, getrocknete Bohnen und Erbsen, Getreide, Leber
Biotin 100-200 µg	Bildung von Fettsäuren; unterstützt Stoffwechsel von Aminosäuren und Kohlenhydraten	Hefe, Milch, Leber, Eier

Es gibt fettlösliche Vitamine wie A, D, E, K und wasserlösliche Vitamine wie den B-Komplex und das Vitamin C. Eine Verbindung besonderer Art ist die aus der Molke freigelegte Orotsäure, deren Name aus dem griechischem „Oros“ - Molke - stammt.

Der für die Bildung von Muskeln, Drüsen und Fermenten gleichermaßen wichtige Aufbau von Eiweiß erfolgt in Gegenwart von Orotsäure in wesentlich kürzerer Zeit.
Orotsäure sollte man also auch bei Diäten keineswegs weglassen.

Molke ist ein Naturprodukt und hilft, die Stoffwechselschlacken schneller abzutransportieren. Täglich 1/4 l Naturmolke (1 Monat hindurch) hilft Fett zu verbrennen und überflüssige Kilos zu verlieren.

Die Quasi-Vitamine

Vitamin	Wichtig für	Enthalten in
Bioflavonoide	Gefäße, Kreislauf, Immunschutz, Fettverwertung, Blutbild	Beerenfrüchten, anderem Obst, Buchweizen, Gemüse
Carnitin	Fettverbrennung, Muskelenergie, Zellentgiftung, Leber, Nebenhoden	Muskelfleisch, Leber, Milch
Pangaminsäure (Vitamin B 15)	Eiweißstoffwechsel (im Herzmuskel) Fett- und Zuckerstoffwechsel, Drüsen, Nerven, Kreislauf	(Vollkornprodukten, Naturreis)
Coenzym A	Zellenergie, Blutfettwerte, Vitalität	Joghurt, Pantethin (Bestandteil des B-Vitamins Pantothensäure)
Coenzym Q 10	Fettverbrennung, Energieerzeugung, Herzmuskel, Vitalität	Rinderherz, Muskelfleisch, Leber, Niere, Eigelb, Milchfetten, Vollkorn, Weizenkeime

(Mehr über diese faszinierenden Biostoffe erfahren Sie in dem Buch ›Fit durch Vitamine‹, Südwest Verlag, München [3]1993.)

Alle wichtigen Mineralstoffe auf einen Blick

Tagesbedarf	Hauptfunktionen	Vorkommen
Chlor 1900-5000 mg	Steuert den Flüssighaushalt; reguliert den pH-Wert des Blutes; bildet im Magen Salzsäure	Fisch, Tafelsalz, eingelegte und geräucherte Nahrungsmittel
Chrom 0,5-0,2 mg	Wichtig für Glucosestoffwechsel; hilft möglicherweise bei der Kontrolle des Glucosespiegels im Blut	Käse, Vollgetreide, getrocknete Erbsen, Bohnen und Linsen, Bierhefe, Erdnüsse, Fleisch
Eisen (Männer 10 mg, gebärfähige Frauen 18 mg)	Notwendig für die Bildung von Hämoglobin, das im Blut den Sauerstoff transportiert; bildet verschiedene Enzyme, die Infektionen abwehren	Erbsen, Bohnen, Nüsse, getrocknete Früchte, grünes Blattgemüse, Vollgetreideprodukte, Melasse, rotes Fleisch, Leber (vor allem Schweineleber) Eigelb,
Fluor 1,5-4 mg	Unterstützt die Bildung kräftiger Knochen und Zähne; beugt Karies bei Kindern vor	Seefische, Meeresfrüchte, schwarzer Tee, Gelatine
Jod 0,15 mg	Notwendig für die Funktion von Schilddrüse und Zellen; hält Haut, Knochen und Nägel gesund; beugt Kropfbildung vor	Jodiertes Speisesalz, Seefische, Meeresfrüchte, Algen, in jodreichen Gegenden angebautes Gemüse, Pflanzenöl
Kalium 1500-6000 mg	Unterstützt eine regelmäßige Herztätigkeit und Muskelkontraktion; regelt den Nährstofftransport und Wasserhaushalt	Bananen, Orangen, Erdnußbutter, getrocknete Erbsen und Bohnen, Fleisch, Kartoffeln, Kaffee, Tee, Kakao, Joghurt
Kalzium 500 mg	Wichtig für gesunde Knochen, Zähne, Herzschlag, Blutgerinnung und Muskelkontraktion; beugt möglicherweise Bluthochdruck vor	Milchprodukte, Sardinen, Grünkohl, Brokkoli, Tofu, Austern
Kupfer 2-3 mg	Bildung roter Blutkörperchen; notwendig für die Eisenaufnahme und Produktion von Enzymen; wirkt mit Zink zusammen	Schalentiere (insbesondere Austern), getrocknete Bohnen, Kakao, Rosinen, Nüsse, Butter, Schweine- und Rinderleber
Magnesium 300 mg (Frauen) 350 mg (Männer)	Knochenbildend; unterstützt die Funktion von Nerven und Muskeln sowie einen regelmäßigen Herzrhythmus	Weizenkleie, Vollgetreide, rohes grünes Blattgemüse, Sojabohnen, Nüsse, Bananen, Aprikosen, hartes Trinkwasser, Milchprodukte
Mangan 2,5-5,0 mg	Für Knochen, Fortpflanzung und Zellfunktion erforderlich	Eigelb, schwarzer Tee, Obst, Gemüse und Hülsenfrüchte, Vollgetreide, Nüsse, Kakao
Molybdän 0,15-0,5 mg	Wichtig für die Zellfunktion	Innereien, Hülsenfrüchte, Vollgetreide, dunkelgrünes Gemüse
Natrium bis maximal 2000 mg	Hilft den Wasserhaushalt des Körpers und den Blutdruck regulieren	Kochsalz, alle salzhaltigen Fertigprodukte
Phosphor 800 mg	Kräftigt Knochen und Zähne; wichtig für den Energiestoffwechsel	Fisch, Geflügel, Fleisch, Käse, Eigelb, Milchprodukte, getrocknete Erbsen und Bohnen
Selen 0,05-0,2 mg	Wirkt zusammen mit Vitamin E gegen die Zellschädigung durch Sauerstoff; notwendig für Immunenzyme und Antikörper	Fische, Meeresfrüchte, rotes Fleisch, Eigelb, Huhn, Knoblauch, Milch, Paranüsse
Zink 15 mg	Wachstum, geschlechtliche und fötale Entwicklung, Bestandteil von Enzymen, die für Immunzellen benötigt werden	Krebsfleisch, Austern, Rindfleisch, Leber, Geflügel, Eier, Bierhefe, Vollgetreide

Mineralstoffe machen 4% unseres Körpergewichtes aus. Die anorganischen Substanzen sind notwendig, damit sich Knochen bilden können, das Herz richtig arbeitet und die Muskeln mit Sauerstoff versorgt werden. Es gibt mehr als 60 Mineralstoffe, ca. 20 sind lebenswichtig. Bei Diäten sollte man auf den Kalzium- und Eisenhaushalt nicht vergessen.

Kalzium (Blattgemüse, Sojabohnen, Milchprodukte, Melasse):

- für Beweglichkeit und Elastizität des Muskels
- wichtig für Knochenaufbau und Zähne

Eisen (Tofu, Bohnen, Hirse, Fleisch):

- beim Sauerstofftransport unerläßlich
- gegen Müdigkeit und Blässe

Lebenswichtige Spurenelemente auf einen Blick

Spurenelemente	Wichtig für	Enthalten in
Chrom	Blutzuckerspiegel, Kohlenhydratstoffwechsel, Fettverwertung	Bierhefe, Leber, Fleisch, Vollkorn, Rüben, Pilzen, Melasse
Eisen	Produktion von Blutfarbstoff, Sauerstofftransport, Zellatmung	Leber, Austern, Herz, Zunge, Muskelfleisch, grünem Blattgemüse, Vollkorn
Fluor	Knochen, Zähne, Fortpflanzung, Wachstum	Fisch, Meeresfrüchten, Teeblättern, Fleisch, Käse
Jod	Schilddrüse, Zellenergie, Fettverbrennung, Vitalität	Fisch, Meeresfrüchten, jodiertem Kochsalz
Kupfer	Eisenverwertung, Enzyme, Farbbildung in Haut und Haar, Nervenzellen, Knochenbau	Leber, Vollkorn, grünem Blattgemüse, Nüssen, Meeresfrüchten
Mangan	Immunschutz, Wachstum, Sauerstoffversorgung, Sehkraft, Zeugungsfähigkeit	Vollkorn, Eigelb, Nüssen, Samen, grünem Gemüse, Bierhefe
Selen	Enzyme, Vitaminversorgung, Fettverwertung, Hormonproduktion, Knochenbau, Blutbildung, Nerven, Gehirn	Vollkorn, Knoblauch, Fleisch, Fisch, Krabben, Bierhefe, Leber
Zink	Enzyme, Bindegewebe, Kohlenhydratstoffwechsel, Immunabwehr, Sexualfunktion	Vollkorn, Bierhefe, Weizenkleie, Weizenkeim, Kürbis

Spurenelemente steuern in unserem Körper rund 50.000 verschiedene Stoffwechselvorgänge. Sie müssen dem Körper unbedingt zugeführt werden, besonders hervorzuheben ist Molybdän.
Es hilft beim Aufbau der Übersäuerung im Organismus und beim Abbau der Harnsäure (Sojaprodukte, Weizenkeime, Vollkorn, Knoblauch).

Ballaststoffe

Gramm Ballaststoffe pro 100 Gramm	unlöslich	löslich	insgesamt
Backwaren/Getreideprodukte			
Weizenfeinbrot	1,7	1,5	3,2
Roggenmischbrot	3,8	2,2	6,0
Roggenvollkornbrot	6,3	2,6	8,9
Roggenknäckebrot	10,0	4,1	14,1
Zwieback	3,6	1,6	5,2
Cornflakes	2,8	1,2	4,0
Haferflocken	5,0	4,5	9,5
Nudeln, gekocht	0,4	1,1	1,5
Vollkornnudeln, gekocht	0,7	3,7	4,4
Reis, parboiled, gekocht	0,2	0,4	0,6
Naturreis, gekocht	0,4	0,6	1,0
Weizenspeisekleie	45,7	3,6	49,3

Gramm Ballaststoffe pro 100 Gramm	unlöslich	löslich	insgesamt
Obst			
Äpfel	1,1	1,2	2,3
Ananas	0,9	0,5	1,4
Bananen	1,4	0,6	2,0
Erdbeeren	1,2	0,8	2,0
Heidelbeeren	3,5	1,4	4,9
(Wasser-)Melonen	0,1	0,1	0,2
Johannisbeeren	3,1	0,4	3,5
Kiwi	2,4	1,5	3,9
Orangen	0,9	1,3	2,2
Pfirsiche	0,8	0,9	1,7
Pflaumen	0,9	0,8	1,7
Weintrauben	1,2	0,4	1,6

Gramm Ballaststoffe pro 100 Gramm	unlöslich	löslich	insgesamt
Gemüse (Rohware)			
Auberginen	1,3	0,1	1,4
Blattspinat	1,3	0,5	1,8
Blumenkohl	2,4	0,5	2,9
Brokkoli	1,7	1,3	3,0
Champignons	1,5	0,4	1,9
Eisbergsalat	1,4	0,4	1,8
Feldsalat	1,4	0,4	1,8
Fenchel	2,5	0,8	3,3
Gurken	0,8	0,1	0,9
Kartoffeln	0,6	1,3	1,9
Kohlrabi	1,0	0,5	1,5
Karotten	1,5	1,4	2,9
Rettich	0,9	0,3	1,2
Rotkraut	1,7	0,8	2,5
Rosenkohl	3,3	1,1	4,4
Tomaten	0,8	0,5	1,3
Weißkraut	2,2	0,8	3,0
Zwiebeln	0,7	0,7	1,4

Gramm Ballaststoffe pro 100 Gramm	unlöslich	löslich	insgesamt
Hülsenfrüchte (gegart)			
weiße Bohnen	3,4	4,1	7,5
Kidneybohnen	3,2	5,1,	8,3
grüne Erbsen	4,0	1,0	5,0
Linsen	1,8	1,0	2,8

Gramm Ballaststoffe pro 100 Gramm	unlöslich	löslich	insgesamt
Nüsse			
Erdnüsse	6,3	0,8	7,1
Haselnüsse	4,6	2,8	7,4
Mandeln	6,5	3,3	9,8
Walnüsse	2,5	2,1	4,6

Quelle: Bundesanstalt für Getreide-, Markt- und Ernährungsforschung e. V. (GMF), Bonn. **Hinweis:** Zur Bestimmung unlöslichen und löslichen Ballaststoffe wurde die modifizierte AOAC-Methode nach den Empfehlungen der Amtlichen Sammlung von Untersuchungsverfahren nach § 35 LMBG herangezogen, die in ihren Ergebnissen mit der ebenfalls empfohlenen modifizierten Berliner Methode übereinstimmt.

Quellstoffartige Ballaststoffe beeinflussen den Stoffwechsel. Sie helfen, den Cholesteringehalt des Blutes zu verringern und schützen möglicherweise den Darm vor bösartigen Entartungen.

Zu empfehlen:
Weizenkleie gegen Verstopfung, Haferkleie zur Cholesterinsenkung, Guarmehl für Zuckerkranke, kalorienfreies Agar Agar als Geliermittel: Die Industrie bietet die verschiedensten Ballaststoffe auch in isolierter und konzentrierter Form mit definierten Indikationen an. In der Tat: Die Produkte können, was sie sollten.
Mehrere Eßlöffel Weizenkleie erleichtern den täglichen Gang zur Toilette. Etwa 40 Gramm Haferkleie im Frühstücksmüsli verringern einer Untersuchung zufolge den Cholesteringehalt des Blutes um zehn Prozent. Und mit 20 bis 25 Gramm Guarmehl pro Tag haben es Diabetiker leichter, unerwünschte Blutzuckerspritzen zu vermeiden. Bevor man sogleich zu Medikamenten greift, mag es sinnvoll sein, bei Stuhlverstopfung oder erhöhten Blutfettwerten „Ballaststoffe pur" auszuprobieren.
Allerdings muß besonders viel getrunken werden, da bei der Aufnahme isolierter Quellstoffe das Risiko eines Darmverschlusses besteht.
Vor allem Vollkornprodukte sind reichlich mit Ballaststoffen ausgestattet. Schon drei bis vier Scheiben Vollkornbrot liefern etwa 20 Gramm Ballaststoffe, mehr als die Hälfte der täglich notwendigen Zufuhr. Wenn Sie dann noch bei Gemüse und Obst kräftig zulangen, ist Ihre Ballaststoffzufuhr ideal.

Was sind Schlacken?

Schlacken sind alle, nicht am Leben Ihrer Körperzellen beteiligten Substanzen, die sich an allen möglichen und unmöglichen Stellen in Ihrem Körper festsetzen und ihn am ordnungsgemäßen Funktionieren hindern.

Zu den Schlacken gehören:

- Kalk und andere Mineralien (z.B. als Gallen-, Nieren-, und Blasensteine oder als Kristalle in Gelenken und Gewebe)
- Cholesterin (z.B. als Auskleidung in den Aterien)
- Speichereiweiß im Zwischenzellgewebe und an Zellmembranen (wodurch deren Durchlässigkeit behindert wird)

- zuviel Fett in den Fettspeicherzellen
- Gifte aus Nahrungsmittel-Verunreinigungen (z.B. aus den industriellen Zusatzstoffen)
- Phosphorsäure, Oxalsäure, Harnsäure und andere Überreste des Stoffwechsels (was sich z.B. in Rheuma und Gicht äußert)
- anorganische und organische Umweltgifte (Blei, Cadmium, Benzol, Holzschutzmittel u.a.)
- eingekapselte Infektionsherde und Erreger von früheren Krankheiten
- alte Kotreste im Darm
- im Übermaß gespeichertes Wasser (Ödeme)

Was bewirkt Entschlackung?

- Gewichtsabnahme durch Ausscheiden von Giften, Wasser und Kotresten sowie durch Verbrennung von Speichereiweiß und Fettreserven
- Gesundung, Regeneration und Verjüngung
- mehr Energie und Leichtigkeit
- mehr Widerstandskraft gegen Krankheitserreger
- mehr Genuß durch erhöhte Sensitivität
- mehr Mut zu notwendigen Änderungen
- beste Voraussetzung für eine Ernährungsumstellung
- mehr Eigenverantwortlichkeit und Vertrauen
- erhöhte innere Freiheit und Klarheit
- ein Gefühl der Erleichterung
- verbessertes Erkennen des eigenen Potentials
- Offenheit und Empfänglichkeit für spirituelle Energien

Entschlackung leicht gemacht

- Finger weg von Blitzdiäten, sondern versuchen Sie, weniger Nahrung aufzunehmen, und lassen Sie durch Bewegung die Kilos „purzeln". Eine wöchentliche Gewichtsabnahme bis zu einem Kilo ist ein realistisches Ziel!
- Bevorzugen Sie Obst und Gemüse - reduzieren Sie fette Speisen, Alkohol und Süßigkeiten!
- Trinken Sie 2 bis 2 1/2 l Wasser, Tee oder aufgespritzte Säfte. So können sogenannte Ketonkörper (Stoffe, die Schlacken im Blut bilden) abgebaut werden. Nicht zuviel beim Essen trinken, sonst wird die Magensäure verdünnt und die Verdauung verlangsamt.

- Alkohol einschränken.
- Langsam essen und 40-50 mal kauen.
- Verzichten Sie auf Salz und Zucker.
- 1/4 l Wasser mit einer ausgepreßten Zitrone pro Tag baut Fett ab und stärkt die Immunkraft Ihres Körpers.
- Schalten Sie einmal in der Woche einen Entschlackungstag z.B. Folienkartoffeltag, Reis- oder Ananastag ein. Sie dürfen davon essen, soviel sie wollen!
- Essen Sie Grapefruit, Sie wirkt entschlackend auf Leber und Niere und fördert die Ausscheidung von Säuren, die zu Rheuma führen.
- Essen Sie Sauerkraut, es enthält Cholin, welches Ihren Stoffwechsel und somit die Verdauung ankurbelt.
- Trinken Sie täglich 1/2 l Naturmolke (einen Monat lang), so können Sie Fett verbrennen und Schlacken abtransportieren.
- Regelmäßige Bewegung - auch wenn es „nur" Stiegen steigen ist. Besonders zu empfehlen sind: langsames Joggen und Radfahren.
- Kalt-warm-kalte Wechselduschen am Morgen kurbeln Ihren Stoffwechsel an. Diese Anwendungen nur durchführen, wenn Ihnen warm ist!

Entschlackende Ernährung auf einen Blick:
- Vor dem Mittagessen viel trinken (ca. 1 1/2 l).
- Zum Mittagessen oder Abendessen können Sie ruhig ein Gläschen guten Wein oder ein Bier trinken.
- Zwischendurch einen Apfel oder Karotten essen.

sehr gut	gut	sehr schlecht
grüner Salat Essig und Öl	gemischter Salat	Kartoffelsalat plus Mayonnaise
gekochtes Gemüse, besonders Brokkoli, Karotten, Rote Rüben, Zucchini, Fenchel	---	Gemüse in Öl, Fett
Fisch gekocht, gegrillt	Steak gegrillt, Hendl, Pute	Fleisch mit Saft, dicke Soßen, alles Gebackene
Folienkartoffeln	Kartoffelpürree, Petersilkartoffeln	Pommes, Langos
Naturreis	normaler Reis	Reis mit Soßen
Obst, besonders Apfel, Ananas, Papayas, Kiwis, Heidelbeeren, Erdbeeren und Himbeeren	Banane (Magnesium gut für Nerven)	stark gesüßte Früchte
Magermilchprodukte Milch 1%, Buttermilch, Molke	Joghurt 1%	Schlagobers, zuviel fette Milch
Magerkäse, rechtsdrehende Joghurts	Schafskäse, Ziegenkäse	fetter Käse
---	Honig, Süßstoff	Süßigkeiten
Vollkornbrot(-gebäck)	normales Brot, Gebäck	Weißbrot, Salzstangen

Was tun bei überzähligen Kilos ?

Voraussetzung für eine dauerhafte Gewichtsabnahmen sind nicht Blitzdiäten, sondern daß einerseits die mit der Nahrung aufgenomme Energie reduziert wird, und daß andererseits gleichzeitig der Energieverbrauch durch zusätzliche körperliche Bewegung erhöht wird.

Folgende sportliche Aktivitäten eignen sich zum Abnehmen:

- Langsames Joggen, schnelles Spazierengehen, Radfahren und Langlaufen. Diese aeroben Übungen sollten Sie dreimal pro Woche mindestens 20 Minuten ausüben, denn hier wird die Energie zu 50% aus dem eigenen Fett bezogen. Sie bauen das Muskelgewebe auf und tragen zu einem Gewichtsverlust bei, da die Muskeln Kalorien verbrennen.
- Auch sollten Sie die „arbeitssparenden" Einrichtungen im Berufsalltag sowie zu Hause meiden!

anstatt	besser	kcal-Verbrauch/10 min.
Lift fahren	Stiegen steigen	180
Auto fahren	schnelles Gehen	65
Sitzen (z.B. beim (Telefonieren, ...)	auf und ab gehen	35
beim Fernsehen sitzen	Heimfahrrad benützen, am Stand laufen, Unkraut jäten	65

Tips zur Gewichtsreduzierung:

- Viel trinken (Mineral, Kräutertees und aufgespritzte Fruchtsäfte), um die giftigen Schlacken auszuscheiden.
- Mehr Kohlehydrate essen (Getreide, Gemüse, Obst).
- Alkohol meiden (1 g Alkohol = 7 kcal).
- Sollten Sie auf „Süßes" Heißhunger verspüren, kompensieren Sie mit einem Stück Obst (1 Apfel hat ca. 80 kcal, 1 Schokoriegel mind. 250 kcal).
- Vermeiden Sie Salziges (Chips) - hier trinken Sie besser ein Glas Tomatensaft oder andere Gemüsesäfte (Roter Rübensaft hilft beim Abbau von Fettzellen).
- Saucen und fette Dressings meiden!
- Starke Einschränkung bei Zucker, Tafelsalz und weißem Mehl (= Vitamin B-Räuber).

- Kalzium (Milchprodukte), Eisen und Vitamin C (Grünes Gemüse, Trocken- u. Hülsenfrüchte), Vitamin B (Vollkornprodukte, Nüsse, Hühnerfleisch, Fisch) sollten auch Sie bei Ihrer reduzierten Nahrungsaufnahme einplanen.
- 2 bis 3 Tassen Brennesseltee zur Reinigung des Blutes und zur Regulierung des Eisengehaltes trinken.
- Nahrungsaufteilung: 60% Kohlehydrate, 15% Proteine, 25% Fette.

Gewichtsstillstand:
Zum Stillstand beim Abnehmen kommt es, weil durch geringe Nahrungsaufnahme der Stoffwechsel auf Sparflamme arbeitet und dadurch auch weniger Kalorien verbraucht werden.
Diese Umstellung stellt sich ca. nach 4 bis 5 Tagen Diät ein!

Aufpassen muß man besonders nach Blitzdiäten, da der Stoffwechsel noch langsam weiterarbeitet, jedoch nun wieder mehr Energie, also mehr Kalorien bekommt. So wird Fett sehr schnell und leicht wieder aufgebaut. Also Achtung nach Blitzdiäten: Sonst nehmen Sie in schnellster Zeit doppelt so viele Kilos zu, wie Sie abgenommen haben.

Wie wirkt die Ernährung auf den Organismus

Die Ernährung liefert uns Energie und kurbelt den Stoffwechsel an.
Um eine positive Wirkung auf den Organismus auszuüben, sollten wir
- 55-60% Kohlehydrate (Vollkornbrot, Kartoffeln, Obst, Gemüse, etc.)
- 10-15% Eiweiß (Milchprodukte, Fleisch) und
- 20-25%Fett (Öle, Fette) Ballaststoffe, Mineralstoffe, Spurenelemente zu uns nehmen.

So berechnen Sie Ihr Idealgewicht:

◆ ***Normalgewicht***
Körpergröße in cm minus 100 = Normalgewicht in kg
Davon unterscheidet man das Idealgewicht, das nach den Statistiken die höchste Lebenserwartung garantiert.
Wenn Sie diese vorgegebenen Werte aber nicht erreichen, so sind Sie nicht verzweifelt, und bitte versuchen Sie nicht mit Blitzdiäten die Kilos „purzeln“ zu lassen. Wichtig ist Ihr individuelles Wohlbefinden, Ihr persönliches Idealgewicht!

- ***Idealgewicht***

Normalgewicht minus 10% = Idealgewicht/Männer
Normalgewicht minus 15% = Idealgewicht/Frauen

Mann		**Frau**	
Körpergröße minus Normalgewicht	180 cm 100 80 kg	Körpergröße minus Normalgewicht	165 cm 100 65 kg
minus 10% Idealgewicht	8 kg 72 kg	minus 15% etwa Idealgewicht	10 kg 55 kg
Normalgewicht plus 10% od. mehr	80 kg 8 kg	Normalgewicht plus 10% od. mehr ca.	65 kg 7 kg
Übergewicht ab	88 kg	Übergewicht ab	72 kg

Wieviel Energien/Kalorien darf man zu sich nehmen?

Der Energiebedarf wird in Kalorien oder Joule gemessen. Er wird in einen Grundumsatz und einen Leistungsumsatz unterteilt. Der tägliche Energiebedarf ist natürlich auch von verschiedenen Faktoren wie Alter, Gewicht, Größe und sportlicher Aktivität abhängig.

Was sind Kalorien (Joule)?

Der Begriff Kalorie (vom Lateinischen calor = Wärme, Hitze) stammt aus der Physik und wird definiert als jene Wärmemenge, die notwendig ist, um 1 g chemisch reines Wasser von 14,5 auf 15,5° C zu erhitzen. Neuerdings spricht man statt dessen auch von Wärmeeinheit (W. E.).

Bei allen chemischen Reaktionen mit Sauerstoff (Oxydation = Verbrennung) - auch bei der Nahrungsverwertung - werden Energien freigesetzt, die in Kalorien angegeben werden können. Den Nährwert der Ernährung bewertet man nach der Zahl der Kalorien, die bei der Verbrennung im Stoffwechsel freigesetzt werden. Umgekehrt gibt man auch die zum Leben notwendige Nahrungsmittelmenge in Kalorien an.

Seit dem 1. 1. 1978 ist es international üblich (und im offiziellen Sprachgebrauch verbindlich), den Nährwert in Joule auszudrücken. Diese Maßeinheit für Energie, benannt nach dem Physiker James Joule (1818-1889), entspricht der Energiemenge, die erforderlich ist, um ein kg in einer Sekunde einen m weit zu bewegen. Während man offiziell die Einheit Kalorie durch Joule ersetzt hat, verwendet man umgangssprachlich weiterhin den vertrauten Begriff Kalorie. Wir geben deshalb in diesem Buch stets Kalorien und Joule an. Eine Kalorie ergibt aufgerundet 4,2 Joule.

Der Kalorienbedarf wird - sofern der Stoffwechsel normal arbeitet— von zwei Faktoren bestimmt: Grundumsatz und Mehrbedarf durch jede körperliche Haltung oder Bewegung, die von völliger Ruhe im Liegen abweicht.

Der Grundumsatz:

Der Grundumsatz ergibt sich aus dem Energiebedarf, der zur Erhaltung der lebensnotwendigen Körperfunktionen erforderlich ist, in erster Linie der Produktion von Körperwärme. Er beträgt normalerweise eine Kalorie (4,2 Joule) je kg Körpergewicht in der Stunde, bei nüchternem Magen und in völliger Ruhe im Liegen. Der individuelle Grundumsatz kann nur vom Fachmann ganz exakt bestimmt werden. Zur Berechnung des Kaloriengrundbedarfs genügt es aber, den Grundumsatz nach folgender Formel selbst zu ermitteln:

Beispiel:
Körpergewicht = 68 kg
Tagesgrundumsatz: 68 kg x 24 Stunden x 1 Kalorie/4,2 Joule = 1632 Kalorien/6854 Joule.

Bei Übergewicht darf der Grundumsatz zur Ermittlung des täglichen Kalorienbedarfs natürlich nicht nach dem zu hohen Körpergewicht berechnet werden, denn sonst schreibt man das Übergewicht ja für alle Zeiten fest; vielmehr geht man vom Normal- oder Idealgewicht aus.
Um das Gewicht zu halten, kann man 33 kcal pro kg Körpergewicht zu sich nehmen.

Bewegung drei- bis viermal pro Woche mindestens 12 Minuten lang und eine individuell zusammengestellte Mischkost (Gemüse,

Früchte, Vollkornprodukte, mageres Fleisch und Fisch, magere Milchprodukte) mit ca. 1200 kcal/Tag garantieren zwar kein blitzartiges Abnehmen, aber einen konstanten Gewichtsverlust, den man auch halten kann.

Kalorienbedarf bestimmter Berufsgruppen

Kalorienbedarf/Tag	Berufsgruppen
2200-2400 Kalorien	alle Berufe, die vorwiegend im Sitzen oder Stehen ausgeübt werden, also die meisten Büroarbeiten und geistigen Berufe
2600-2800 Kalorien	dazu gehören die meisten Handwerker und Ärzte (außer Chirurgen)
3000-3200 Kalorien	alle Berufsgruppen mit überdurchschnittlicher Körperbelastung wie Briefträger, Laboranten und Schuster
3200-3600 Kalorien	Chirurgen und Handwerker mit schwerer körperlicher Beanspruchung, insbesondere Maler, Metallarbeiter und Schreiner
4000-4500 Kalorien	Berufsgruppen, die körperlich noch schwere Arbeit leisten, zum Beispiel landwirtschaftliche Berufe, Maurer und Schmiede
5000-6000 Kalorien	Berufe mit außergewöhnlich schwerer köperlicher Belastung, wie Bergleute, Holzfäller und landwirtschaftliche Berufe während der Erntezeit

Wobei Sie wie viele Kalorien verbrauchen

Haltung/Bewegung	Kalorienbedarf (pro Stunde gerechnet)
Sitzen	72
Stehen (je nach Haltung)	75-78
Spazierengehen (4 km/h)	220
Marschieren (6 km/h)	350
Bergsteigen (je nach Steigung)	360-500
Radfahren (15 km/h)	380
Schwimmen	640

Zeit des Feierns, Zeit des übermäßigen Genusses - was tun?

Feste gibt es immer wieder, und keiner von uns kann das zu viele Essen und den erhöhten Alkoholkonsum ganz vermeiden. Hier nun einige Tips, damit Sie am Tag „danach" wieder recht fit und konzentriert sind. Schuld am „Kater", an Kopfdruck und Unkonzentriertheit, ist der Mineralsalzmangel.

Mineralsalze wurden dem Körper durch zuviel Alkohol und eine überhöhte Nahrungsaufnahme entzogen. Früher griff man nach einer „durchzechten" Nacht zu salzreichen Heringen oder auch zu sauren Gurken.

Jedoch weitaus schmackhafter - besonders in der Früh - sind Magnesiumpräparate (Magnesiumbrausetabletten in der Apotheke erhältlich), die man im Wasser auflösen kann. Nehmen Sie vor und nach einem großen Fest Magnesium zu sich!

Weiters empfehle ich gegen die Nachwirkungen von üppigen Feiern Vollkornbrot, Weizenkeime, Kartoffeln, Gemüse und Bananen.

Gut bewährt hat sich auch Chinaöl (Apotheke). Nehmen Sie einen Tropfen auf die Zunge, und dann atmen Sie tief durch den Mund ein und durch die Nase aus - so werden Sie sehr schnell wieder munter.

Auch Akupressur hilft: Fassen Sie mit beiden Daumen an den Hinterkopf, wo die Nackenmuskulatur ansetzt, an die Außenseite der tastbaren Muskelzüge - ca. 1 Minute fest nach oben drücken.

Beginnen Sie den Tag mit einer warm - kalten Wechseldusche, und lassen Sie dann eine Zeitlang warmes Wasser auf den Nacken prasseln. Ihr Kreislauf wird es Ihnen danken!

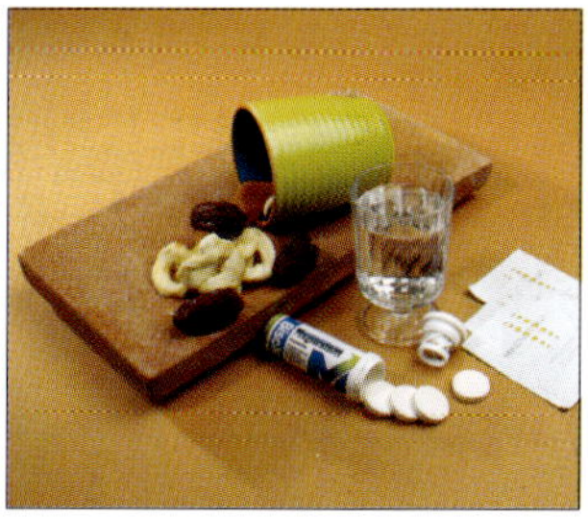

Fitneßimbisse während des Tages sind jetzt als energiespendende Mahlzeiten für Gehirn und Nervensystem besonders wichtig.

Vorschläge für Zwischendurch:
- Frischkäse und Apfel
- Becher rechtsdrehendes Joghurt und Banane
- 2 Vollkornbrote mit Butter und Honig
- 1 Glas Buttermilch und 1 EL Honig
- 1 Glas Milch und 1 Fruchtschnitte
- 2-3 Karotten
- ungeschwefelte Trockenfrüchte

Sollte Ihr Magen durch „zu großes Feiern" verdorben sein, so können Sie ihn nur durch Fasten wieder kurieren. Vergessen Sie nicht, viel Flüssigkeit wie Wasser, aufgespritzte Fruchtsäfte oder Tees zu trinken. Gekochter Haferbrei wirkt jetzt Wunder!
Weiters helfen heiße Bauchwickel direkt am Körper von der Brustgegend bis knapp unter den Nabel, abends eine Stunde einwirken lassen.
Bewegung, besonders in frischer Luft, trägt auch sehr viel zur Entgiftung von angesammelten Schlackstoffen bei!

Tun Sie Ihrem Körper etwas Gutes, indem Sie gerade in der Zeit der Feste und des überaus hohen Konsums an Essen und Alkohol einen Fasttag pro Woche einlegen, in dem Sie z.B. pro Tag 3-5 Scheiben Vollkornzwieback oder Knäckebrot essen und nur Molke oder frische Frucht- und Gemüsesäfte trinken.
Gegen zu großes Hungergefühl hilft Akupressur: Ein Punkt liegt auf der halben Strecke zwischen Nabel und dem unteren Ende des Brustbeines. Einen anderen findet man, wenn man Daumen und Zeigefinger zusammenpreßt. Dadurch entsteht ein Muskelwulst, auf dessen höchsten Punkt man auch eine Minute ohne Pause drücken sollte.

Gesund essen im Restaurant

Sie müssen nicht auf gesunde Ernährung verzichten, wenn Sie außer Haus essen. Häufig bieten Restaurants eine phantasievolle Auswahl. So können Sie z.B. anstelle einer Hauptmahlzeit eine Mischung aus Vorspeisen und Beilagen bestellen, wie etwa gedämpftes Gemüse, Reis oder Salat und eine kleine Portion Fleisch.

Selbstbedienungsrestaurants stellen jemanden, der sich gesund ernähren will, oft vor größere Probleme. In vielen Selbstbedienungsrestaurants findet man die Süßspeisen vorn und die gesünderen Nahrungsmittel erst weiter hinten. Nach Möglichkeit sollten Sie daher zuerst die gesamte Auswahl in Augenschein nehmen oder in umgekehrter Richtung an den Auslagen entlanggehen. Viele Restaurats bieten Salatbuffetts an. Aber Vorsicht: Croutons, Mayonnaise, Sauerrahm, mit Öl zubereitete Salatsaucen und andere Dinge machen aus gesunder Kost eine kalorien- und fettreiche Mahlzeit. Sie sollten daher nur frische Gemüse wählen und auf Kartoffelsalat und fettreiche, salzige Garnierungen verzichten.

Für Ihr Menü:

Empfehlenswert = 👍
Nicht empfehlenswert = 👎

◆ ***Frühstück***

👍 Müsli ohne Zucker, mit frischem Obst und Joghurt; Tee ohne Zucker (eventuell mit Süßstoff und fettarmer Milch); Vollkornbrot; Joghurt ohne Zucker (mit frischem Obst), Magertopfen, Magerkäse und -wurst

👎 fetter Käse, gezuckerte Fertigprodukte wie Früchtejoghurt oder Topfenspeisen; fette Wurst, gezuckerte Getränke, gezuckertes Müsli; Kuchen, Gebäck oder Brote aus Auszugsmehlen (weißes Mehl und Salz), Eierspeise mit Speck, Croissants, Kekse

◆ ***Salate***

👍 proteinreiche Hülsenfrüchte als Hauptgericht; Dressings aus Zitronensaft oder Essig und Öl; Dressing extra bestellen und mit Essig strecken, alle Arten von frischem Gemüse oder Obstsalat

👎 Wurstwaren; fette Salatdressings mit Mayonnaise oder Sauerrahm, Kartoffel, Nudel- oder Thunfischsalate mit Mayonnaise, marinierte Gemüse, Speckwürfel, in Butter geröstete Croutons

- ***Suppen***

👍 Suppen auf Tomaten- oder Gemüsebasis wie z.B. Ministrone oder entfettete Hühnerbrühe mit Nudel-Gemüse-Einlage; Erbsen- und Linsensuppen mit Brot sind fettarm und kohlenhydratreich.

👎 fette Fleischbrühen, Rahmsuppen; wer sich salzarm ernähren muß, sollte auf Suppen verzichten, da sie meist große Mengen Natrium enthalten.

- ***Vorspeisen***

👍 Salate, Rohkost, gedämpfte Meeresfrüchte, Melone

👎 in viel Öl marinierte Gemüse, Pasteten, salzreiches Gebäck

- ***Hauptspeisen***

👍 weißes Geflügelfleisch ohne Haut oder mageres rotes Fleisch; gegrillter Fisch oder Schalentiere, fleischlose Gerichte wie Teigwaren oder Reis mit Gemüse oder Hülsenfrüchten in Zitronensaft oder Wein; im Backofen gegarte, gedämpfte oder gegrillte Speisen; darum bitten, daß Fett und Haut vor dem Garen von Fleisch oder Geflügel entfernt werden; mageres kaltes Fleisch, etwa Puten- oder Hühnerbrust

👎 Gans, Ente, Geflügel mit Haut, Innereien; Speisen, die mit Obers zubereitet, fritiert, geschmort, paniert, in Butter geschwenkt, gebraten, in Öl mariniert, mit Fett begossen oder sautiert sind; Gerichte mit Butter, fettem Käse, Bratensauce, Mayonnaise oder Rahmsauce; Schüsselpasteten und Quiches

- ***Beilagen***

👍 Vollgetreidenudeln, Naturreis, Gemüse, roh oder gedämpft, gekocht; im Backofen gegarte Folienkartoffeln mit Joghurt, Salzkartoffeln, Kartoffelbrei mit fettarmer Milch

👎 Salate mit Mayonnaise, Bratkartoffeln, Pommes frites, mit Fett (Öl, Butter, Mayonnaise, Obers oder Sauerrahm) oder mit fettem Käse überbackenes Gemüse

- ***Desserts***

👍 frisches Obst, Fruchteis (ohne Schlagobers), Sorbet, Kaffee mit Milch ohne Zucker

👎 Torten, Kuchen, Eis, Pudding, sehr fetter Käse, salzreiches Gebäck

Nationalküchen:

- ***Chinesisch***

👍 Gemüse, Fisch, Huhn, klare Suppen mit Tofu, Gemüse oder Tofu, gedämpft oder kurz gebraten im Wok; Nudeln und gedämpfter Naturreis

👎 fritierte Gerichte wie Frühlingsrollen oder gebratene Nudeln; alle Gerichte mit süß-saurer Sauce; Saucen oder Suppen mit Ei; fettreiche Speisen wie Spareribs, Krabbentoast und Peking-Ente; Gerichte, die oft fritiert und fettreich sind; Natriumglutamat meiden!

- ***Fast-food***

👍 Salatbüfett; einfache Hamburger mit nur einer Hälfte des Brötchens und Tomate, Kopfsalat und Zwiebeln ohne Dressing, ein Stück Pizza mit Gemüsebelag

👎 Hot Dogs, gebratene und fritierte Speisen, einschließlich Pommes frites und Kartoffelchips, Doppelburger, Cheeseburger, Milchshakes, Pizza mit Salami

- ***Italienisch***

👍 gegrillte Schalentiere und Kalbfleisch oder Huhn in Sauce auf Wein- oder Bouillonbasis, Teigwaren oder Reis mit Gemüse, gemischter Salat mit getrennt gereichtem Dressing; Fruchteis

👎 Ossobuco; Cannelloni; Teigwaren mit Butter oder Oberssauce; Wustwaren oder Faschiertes; fritiertes Gemüse; mit Mozzarella überbackene oder fritierte Speisen; Knoblauchbrot mit Butter; Zuppa inglese, Tiramisu

- ***Japanisch***

👍 Sushi (roher Fisch mit Reis) ohne Sojasauce; Tofugerichte, Sashimi (roher Fisch), Yakimono (gegrillte Speisen)

👎 fritierte Speisen wie Tempura, salzhaltige Saucen inklusive Sojasauce

- ***Französisch***

👍 Rinderfilet ohne Kräuterbutter, gedämpftes Gemüse, Meeresfrüchte oder Fisch in Weinsauce gegart, Bouillonsuppen, Sorbets

👎 Innereien, Speisen in Saucen aus Butter, Eiern oder Obers wie Sauce Bernandaise oder Bechamel; Quiches und Backwerk

- ***Mexikanisch***

👍 Seviche (in Limettensaft und Gewürzen marinierter Fisch), gebackene Maistortillas, Gazpacho und Salsa

👎 fritierte Tacos oder Tostadas, gebratene Bohnen und Weizentortillas mit Schmalz zubereitet

- ***Amerikanisch***

👍 gegrilltes mageres Filet oder Hüftsteak ohne Butter; Folienkartoffeln mit Joghurt

👎 Lammkoteletts, fette Bratensauce, Sauerrahm und Pommes frites, mit Fett gegrilltes oder gebratenes Fleisch, Hochrippe

Alles zum Thema Fett:

- Grundsätzlich kaltgepreßte Pflanzenöle verwenden.
- Fisch ist besser als Fleisch dank verwertbarer Fettsäuren.
- Auch in Getreide, Samen, Nüssen, Keimen und Kernen sind „gute“ Fettsäuren enthalten.
- Übertreiben Sie nicht mit Zucker, Süßem, poliertem Reis und süßen Getränken. Aus den darin enthaltenen Kohlehydraten macht die Leber Fett und Cholesterin. Verzichten Sie auf Cremespeisen, Speiseeis, Torten, ...
- Die B-Vitamine Cholin und Inositol (in Vollkorn, Bierhefe, Lecitin) unterstützen die Leber bei der Fettverwertung.
- Absolutes Muß: Ballaststoffreich essen (Obst, Salat, Rohkost, Gemüse, Kartoffeln, Vollkornprodukte). Auf diese Weise scheiden Sie die schädlichen Fettsäuren aus.

Die besten Fettsäurelieferanten

Unsere Nahrung sollte unbedingt auch aus jenen essentiellen Fettsäuren bestehen, die unser Stoffwechsel nicht selbst herstellen kann. Dies sind ungesättigte Fettsäuren, wie sie in Linol- oder Linolensäure (z.B. in Leinöl oder Olivenöl) vorhanden sind. Sie werden auch Omega-3-Fettsäuren genannt.

Nahrungsauswahl bei Fettstoffwechselstörungen

	Geeignete Nahrungsmittel	Wenig oder nicht geeignet
Fisch und Fleischwaren	mageres Fleisch aller Art ohne sichtbares Fett, Schinken, magerer kalter Braten, Fleischsülze, magere Wurstsorten	Innereien (hoher Cholesteringehalt), fettes Fleisch, Speck, fettreiche Wurstsorten
Wild	alle Arten	
Geflügel	ohne Haut	Mastgans, Mastente
Fisch und Fischwaren	magere Sorten Frischfisch, fettreiche Arten nur mäßig, Fischwaren geräuchert, gesäuert oder in Gelee, Konserven ohne Öl oder Sauce	Schalen- und Krustentiere: Austern, Garnelen, Muscheln, Hummer (hoher Cholesteringehalt). Konserven ohne genaue Angabe des Nährwertes und der Fettsäuren
Eier	Eiweiß	Eigelb (enthält viel Fett und Cholesterin)
Milch und Milchprodukte	Buttermilch, Magermilch und -pulver, Magermilchjoghurt, Magertopfen, fettarme Käsesorten bis zu 30% Fett i. Tr.	Vollmilch, Kaffeeobers, Kondensmilch, Schlagobers, Trinkmilchjoghurt, fettreiche Käsesorten
Fette und Öle (bei Übergewicht einschränken!)	linolsäurereiche Öle, z.B. Sonnenblumen-, Sojaöl, ungehärtete Pflanzenmargarine mit vielen ungesättigten Fettsäuren, ein wenig Butter	Butterschmalz, Schmalz, Talg und Speck, Kokosfett (weißes Speisefett), einfache Margarinesorten
Gemüse	alle Arten	
Obst	alle Arten	Weintrauben, Trockenobst, Fruchtsäfte oder Süßmost in großen Mengen (»Traubenkur«)
Kartoffeln	gekochte Kartoffeln, Kartoffelpüree	Pommes frites, Chips
Brot und Nährmittel	alle Arten (außer Eierteigwaren), dunkle Brotsorten bevorzugen	
Kuchen und Torten (bei Übergewicht einschränken!)	trockene, fettarme Arten, z.B. Hefeteig oder Quark-Ölteig mit linolsäurereichem Öl und ohne Eigelb zubereitet	fettreiche Arten, z.B. Sahnetorte, Blätterteig, Fettgebackenes
Süßwaren (bei Übergewicht ungeeignet!)	Konfitüren ohne Zucker	Zucker, Honig, gewöhnliche Konfitüren, Speiseeis, Schokolade, Bonbons
Nüsse (bei Übergewicht ungeeignet!)	alle Arten, bevorzugt Walnüsse	Kokosnüsse
Getränke	alle zuckerfreien Getränke, Kaffee, Tee, Mineralwasser. Alkoholische Getränke nur nach Rücksprache mit dem Arzt.	Obstsäfte, Limonaden und Cola-Getränke, Alkohol

Getränke und ihre Kalorien

Getränk	Menge	Kalorien	Joule
Apfelsaft	1/4 l	118	494
Bier	1/2 l	250	1047
Branntwein	2 cl	50	209
Buttermilch	1/4 l	90	377
Coca-Cola	0,33 ml	149	622
Cola-Light	0,33 ml	17	71
Gemüsesaft	1/4 l	60-70	252-293
Grapefruitsaft	1/4 l	100	419
Johannisbeersaft	1/4 l	144	603
Kakao	1/4 l	145	609
stark gesüßte Limonaden	1/4 l	120	502
Vollmilch	1/4 l	150	628
Magermilch	1/4 l	90	377
Sauermilch	1/4 l	160	670
Rum	2 cl	62	261
Wein	1/4 l	133	555
Whisky	2 cl	60	252

Rezepte für Ihre ganz persönliche gesunde Küche

Dem Vorurteil, vollwertige Kost sei langweilig, soll hier begegnet werden. Im Gegenteil: Mit frischem Obst und Gemüse, magerem Fleisch und Kräutern aus eigenem Anbau lassen sich Köstlichkeiten zubereiten, derer sich auch ein Haubenlokal nicht schämen muß. Ich habe mich für Sie umgesehen, vieles ausprobiert und die besten Rezepte ausgesucht.

Als Konzession an all jene, die zwar gerne gut und gesund essen, aber nicht die Zeit für die manchmal etwas aufwendigere Zubereitung haben: Für die schnelle Küche sind das eine oder andere Mal auch Zutaten aus der Dose zugelassen. Aber Sie wissen: Frisch zubereitet wär's dreimal so gut!

Probieren Sie's ganz einfach aus, und verwöhnen Sie sich mit einem der folgenden Rezepte. Ich wünsche Ihnen gutes Gelingen und guten Appetit!

Alle Rezepte sind in der Regel für vier Portionen berechnet, der Kaloriengehalt steht für jeweils eine Portion.

◆ *Salate und Rohkost*

Salate und Rohkost sind die idealen Gerichte für eine vitalstoffreiche und gesunde Ernährung. Mit kalorienarmen Dressings, z.B. mageres Joghurtdressing anstelle von Öl, sind sie für jede Diät bestens geeignet.

Griechischer Salat:

1 große Salatgurke
125 g fettarmes Joghurt
4 Eßlöffel frische Minze, gehackt
3 Eßlöffel frischen Zitronensaft
4 Fleischtomaten
125 g Römischer Salat, mundgerecht zerpflückt
325 g gekochte Augenbohnen (=150 g Trockengewicht)
30 g Frühlingszwiebeln, gehackt
30 g Feta-Käse, zerbröckelt

Ergibt vier Portionen, kcal pro Portion: 170

So wird's gemacht:

Für das Dressing die gewaschene Gurke der Länge nach halbieren. Eine Hälfte entkernen, in große Stücke schneiden und dann mit dem

Mixer/der Küchenmaschine pürieren. Joghurt, Minze, Zitronensaft zum Gurkenbrei fügen und nochmals kurz mixen.
Die andere Gurkenhälfte in Scheiben, die Tomaten in große Würfel schneiden. Den Römischen Salat, die Gurkenscheiben, die Bohnen, die Tomaten und die Frühlingszwiebel in eine große Schüssel geben und vermischen. Den Feta-Käse darüberstreuen. Das Dressing erst kurz vor dem Servieren hinzufügen, gut durchmischen.
Ein schmackhaftes Gericht, vor allem an heißen Sommertagen!

Bunter Nudelsalat:
200 g Vollkornnudeln (aus Hartweizengrieß, ohne Ei!)
1 Zwiebel
1 Dose Gemüsemais
1 Dose Kidneybohnen
2 Tomaten
je 1 roter und 1 grüner Paprika
150 g Emmentaler (45%)

Dressing:
70 g Sauerrahm (10%)
150 g Magerjoghurt
4 Eßlöffel Tomatenketchup
4 Eßlöfel Obstessig
Paprikapulver, Curry, Salz, Pfeffer (frisch gemahlen)
je 1 Bund Petersilie und Schnittlauch für die Garnitur

Ergibt vier Portionen, kcal pro Portion: 566

So wird's gemacht:
Die Vollkornnudeln, am schönsten sehen Farfalle aus, in Salzwasser bißfest kochen, abseihen, abkühlen lassen.
Zwiebel fein hacken. Mais und Bohnen gut abttropfen lassen. Die Tomaten würfeln, die Paprika nudelig schneiden, ebenso den Käse. Das Gemüse vorsichtig unter die Nudeln mischen.
Für das Dressing Sauerrahm, Joghurt und Ketchup glattrühren und dann die Gewürze darunterziehen.
Den Salat mit dem Dressing durchmischen und 1/2 Stunde im Kühlschrank ziehen lassen.
Vor dem Servieren noch einmal kurz durchmischen und mit den kleingehackten Kräutern bestreuen.

Radieschenrohkost:
1 Bund Radieschen
1 Karotte
1 Apfel
2 Eßlöffel Olivenöl
Zitronensaft, Zitronenmelisse, Petersilie, Sonnenblumenkerne

Ergibt vier Portionen, kcal pro Portion: 72

So wird's gemacht:
Radieschen halbieren und in Scheiben schneiden, Karotte und Apfel reiben und sofort mit Zitronensaft beträufeln.
Für das Dressing die Kräuter hacken. Kräuter und Olivenöl gut unter die Rohkost rühren, und die fertige Rohkost mit den Sonnenblumenkernen garnieren.

Karottenrohkost:
400 g Karotten
4 Eßlöffel Weizenkeimöl
Saft von 2 Zitronen

Ergibt vier Portionen, kcal pro Portion: 103

So wird's gemacht:
Karotten grob reiben und mit Zitronensaft und Öl marinieren. Vor dem Servieren am besten noch eine Stunde ziehenlassen.

Sauerkrautrohkost:
300 g Sauerkraut
1/2 Apfel
40 g Essiggurkerl
1 Eßlöffel Zitronensaft
1 Teelöffel Honig
1 kleine Zwiebel
1 Eßlöffel Olivenöl

Ergibt vier Portionen, kcal pro Portion: 63

So wird's gemacht:
Apfel, Gurkerl und Zwiebel würfelig schneiden, Sauerkraut beimengen. Zitronensaft und Honig verrühren, darübergeben und ziehen lassen. Erst kurz vor dem Servieren das Öl über den Salat geben. Eventuell mit Kürbiskernen dekorieren.

◆ ***Suppen***

Gerade für alle, die gerne zu schnell und dadurch manchmal zuviel essen, sind Suppen ideale Mahlzeiten: Eine Untersuchung hat ergeben, daß Suppen langsamer gegessen werden als andere Speisen. Darum gerade bei Diäten kein Suppenkaspar sein. Es müssen ja nicht immer mit viel Obers verfeinerte Suppen sein. Durch das Pürieren mit dem Mixstab werden Gemüsesuppen zumeist ohnehin sehr cremig. Wem das noch zuwenig ist, dem ist ein zerdrückter, gekochter Erdapfel empfohlen. Er verleiht all Ihren Suppen eine cremige und kalorienarme Konsistenz. Gleich zu Beginn zwei Grundrezepte als Basis für Ihre ganz speziellen Kreationen.

Gemüsesuppe:

500 g Weißkohl
250 g Porree
125 g Pastinaken
1 große Karotte
1 Stange Sellerie
1 Knoblauchzehe (mit Haut verwenden!)
6 Stengel Persilie
1/2 Teelöffel Salz
1/2 Teelöffel ganze Pfefferkörner

Ergibt 1 3/4 Liter, kcal je 1/4 l: 25

So wird's gemacht:

Den Kohl vom Strunk befreien, die Kohlblätter grob hacken. Den geputzten Porree ebenfalls grob hacken. Pastinaken, Karotte und Bleichsellerie waschen und ebenfalls in große Stücke schneiden.
Das Gemüse gemeinsam mit Knoblauch, Petersilie, Salz, Pfefferkörnern und 2 Litern Wasser in einen großen Topf geben und bei mittelstarker Hitze zum Kochen bringen. Temperatur reduzieren und die Suppe zuerst zugedeckt eine Stunde, dann im offenen Topf weitere 45 Minuten köcheln lassen.
Die Suppe abseihen, in geeignete Vorrats- und Gefrierbehälter - am besten in 1/4 Liter Gefäße - füllen. Im Kühlschrank hält sie ca. eine Woche, tiefgekühlt ca. einen Monat.

Salzarme Hühnersuppe:
500 g Hühnerklein und -knochen
2 große Karotten
1 Zwiebel (mit Haut verwenden!)
1 Stange Sellerie
1 Knoblauchzehe (mit Haut verwenden!)
1 Lorbeerblatt
4 ganze Pfefferkörner

Ergibt ca. 1 1/2 Liter, kcal je 1/4 l: 40

So wird's gemacht:
Hühnerklein und -knochen mit 1 1/2 Liter Wasser in einem schweren Suppentopf zum Kochen bringen. Um eine klare Suppe zu bekommen, den Schaum abschöpfen, weiterkochen lassen und noch 5 Minuten lang immer wieder abschöpfen.
Dann das geputzte und grob geschnittene Gemüse (Zwiebel und Knoblauch im Ganzen!), Lorbeer und Pfefferkörner zufügen. Bei mittelstarker Hitze zugedeckt 2 Stunden köcheln lassen. Vom Herd nehmen und im offenen Topf etwa 30 Minuten abkühlen lassen.
Die Suppe abseihen (Rückstände wegwerfen) und im Kühlschrank solange überkühlen, bis sich das Fett an der Oberfläche abgesetzt hat. Die Fettschicht entfernen. Die Suppe in Vorrats- bzw. Gefrierbehälter abfüllen. Die Suppe hält im Kühlschrank eine Woche, tiefgekühlt einen Monat.

Diese selbstgemachte Hühnersuppe ist im Gegensatz zu jener aus Suppenwürfeln äußerst salzarm. Ein Suppenwürfel kann pro 1/4 Liter bis zu 850 mg Natrium enthalten!

Gurkencremesuppe:
1000 g Gurken
2 Zwiebeln
4 Scheiben frische Ingwerwurzel
1/4 l Gemüsesuppe
1/2 l Buttermilch
4 Eßlöffel frisch gehackter Dill
1/2 Teelöffel schwarzer Pfeffer (frisch gemahlen)
1 Prise Salz

Ergibt vier Portionen, kcal pro Portion: 100

So wird's gemacht:
Die Gurken schälen, der Länge nach halbieren und die Kerne mit einem Teelöffel entfernen. Die Gurkenhälften quer in 3 mm dicke Scheiben schneiden. Zwiebel abziehen und in schmale Spalten schneiden. Gurken, Zwiebel, Ingwer, Hühnersuppe und 1/8 l Wasser bei mittlerer Hitze zum Kochen bringen. Dann auf schwacher Hitze zugedeckt ca. 30 Minuten köcheln lassen. Buttermilch, Dill, Pfeffer und Salz unterrühren. Die Mischung pürieren und die Suppe heiß servieren. Sie können sie aber abkühlen lassen, für etwa vier Stunden in den Kühlschrank stellen und als „Gazpacho" servieren.

Da diese Suppe sehr fettarm ist und daher schnell verdaut wird, kann man schon bald nach dem Essen Sport betreiben!

Paprika-Pastinaken-Suppe:
2 gelbe Paprika, entkernt und grob geschnitten
2 mittelgroße Pastinaken, in Stücke geschnitten
1 Zwiebel, in Scheiben geschnitten
2 Knoblauchzehen, zerdrückt
1/2 l Hühnersuppe
1/4 Teelöffel schwarzer Pfeffer, frisch gemahlen
1 Eßlöffel Schnittlauch, gehackt (zum Garnieren)

Ergibt vier Portionen, kcal pro Portion: 75

So wird's gemacht:
Alle Zutaten (außer dem Schnittlauch) mit 1/4 l Wasser bei mittelstarker Hitze zum Kochen bringen. Auf schwacher Hitze 25 bis 30 Minuten köcheln lassen. Vom Herd nehmen und 30 Minuten im offenen Topf abkühlen lassen. Pürieren. Falls die Suppe heiß serviert werden soll, nochmals bei mittlerer Temperatur erhitzen. Sonst nach dem Abkühlen zugedeckt 3 bis 4 Stunden in den Kühlschrank stellen und gut gekühlt servieren. Mit Schnittlauch bestreut als Kaltschale servieren.

Pastinaken beinhalten viel Kalium, das für das einwandfreie Funktionieren der Muskulatur notwendig ist.

Schnelle Hühnersuppe mit Nudeln:
1 l Hühnersuppe
125 g Karotten, in feine Streifen geschniten
125 g feine Suppennudeln
125 g frische oder tiefgekülte Erbsen
2 Eßlöffel frische Petersilie, gehackt
1/2 Teelöffel schwarzer Pfeffer, frisch gemachlen

Ergibt vier Portionen, kcal je Portion: 195

So wird's gemacht:
Die Hühnersuppe bei mittelstarker Hitze zum Kochen bringen, Karotten dazugeben, 2 bis 3 Minuten garen. Dann die Nudeln beifügen. 3 Minuten köcheln lassen. Erbsen, Petersilie und Pfeffer einrühren, zum Kochen bringen, 1 Minute kochen lassen und sofort servieren.

Dampfend heiße Hühnersuppe ist ein altes und bewährtes Hausmittel bei Erkältungen und Grippe.

Süße Erbsensuppe:
2 Teelöffel Butter oder Margarine
125 g Frühlingszwiebel, in dünne Scheiben geschnitten
1 Teelöffel Zucker
300 g frische Erbsen
1/8 l Hühner- oder Gemüsesuppe

Ergibt vier Portionen, kcal je Portion: 110

So wird's gemacht:
Butter zergehen lassen, Zwieberln dazugeben und glasig werden lassen. Den Zucker beifügen und 1 bis 2 Minuten rühren, bis er zu karamelisieren beginnt. Erbsen, Suppe und 1/2 l Wasser dazugeben, alles zugedeckt 25 Minuten köcheln lassen. Vom Herd nehmen, abkühlen lassen und pürieren. Die Suppe nochmals kurz erhitzen und sofort servieren.

Erbsen sind wahre Molybdänbomben und damit wichtig für das Funktionieren des Stoffwechsels.

Grünkohlsuppe mit Champignons:
2 Knoblauchzehen, in dünnen Scheiben geschnitten
2 Teelöffel Butter oder Margarine
350 g frischer Grünkohl, geputzt und in 1/2 cm breite Streifen geschnitten
175 g Champignons, in Scheiben geschnitten
1 l Gemüsesuppe
1/4 Teelöffel schwarzer Pfeffer, frisch gemahlen
1 Prise Salz

Ergibt vier Portionen, kcal je Portion: 95

So wird's gemacht:
Knoblauch bei schwacher Hitze in der Butter glasig werden lassen. Grünkohl, Suppe, Pfeffer und Salz beifügen und zum Kochen bringen. Dann auf schwacher Hitze 10 bis 15 Minuten köcheln lassen, bis das Gemüse weich ist.

Grünkohl liefert viel Kalzium - wichtig fürs Wachstum und für Knochen und Zähne.

Schmackhafte Hauptgerichte mit und ohne Fleisch
Ob zartes Rumpsteak oder Zwiebel-Brokkoli-Gemüse: Alles ist erlaubt, wichtig sind die schonende Zubereitung einerseits und das Beiwerk andererseits. Wer auf Pommes frites verzichtet und zu Salat greift oder eine Sauce Tartar durch ein Kräuterjoghurt ersetzt, darf ruhig mal in Gebackenem oder Gebratenem schwelgen.

Spaghetti mit Krebsfleisch:
250 g Spaghetti (am besten schmecken Capelli D´Angeli, das sind sehr dünne Spaghetti)
250 g Krebsfleisch (aus der Dose)
250 g Zwiebeln, gehackt
2 Knoblauchzehen, gehackt,
850 g Eiertomaten, aus der Dose
125 g Sellerie, gehackt
90 g Karotten, gehackt
1 Eßlöfel Olivenöl, 2 Eßlöfel frisches Basilikum, gehackt
schwarzer Pfeffer, frisch gemahlen, 1 Lorbeerblatt

Ergibt vier Portionen, kcal je Portion: 370

So wird's gemacht:
Das Öl bei mittlerer Temperatur erhitzen. Zwiebeln, Knoblauch beifügen, glasig werden lassen. Tomaten mit Saft, Sellerie, Karotten, 1 Teelöffel Basilikum und das Lorbeerblatt dazugeben und zum Kochen bringen. Auf schwacher Hitze bei zugedecktem Topf einkochen lassen.
In einem großen Topf Wasser zum Kochen bringen, und die Nudeln 5 bis 8 Minuten (beachten Sie die Anweisung auf der Packung!) bißfest kochen. Gut abtropfen und auf Teller verteilen. Auf jeder Portion ein Viertel des Krebsfleisches anrichten und mit dem Gemüsesugo überziehen. Mit Pfeffer und Basilikum nach Geschmack bestreuen.

Nudeln eignen sich besonders gut für Kalorienbewußte, sofern sie auf fette Saucen verzichten.

Gemüsereis mit mariniertem Rumpsteak:
150 g mageres Rumpsteak
250 g Langkornreis
500 g Brokkoliröschen
30 g Frühlingszwiebeln, in Scheiben geschnitten
1/4 l Hühnersuppe
2 Teelöffel Olivenöl
1 Teelöffel Zitronensaft
1 Teelöffel Sojasauce
1 Teelöffel Ingwerwurzel, fein gehackt
1 Teelöfel Knoblauch, zerdrückt
2 Teelöffel Butter
1/4 Teelöffel Salz
schwarzer Pfeffer, frisch gemahlen

Ergibt vier Portionen, kcal je Portion: 365

So wird's gemacht:
Öl, Zitronensaft und Sojasauce mit Ingwer und Knoblauch verrühren. Das Fleisch in diese Marinade zugedeckt zwei Stunden in den Kühlschrank stellen.
Die Suppe mit 40 cl Wasser bei mittelstarker Hitze zum Kochen bringen. Reis einrühren und zugedeckt bei schwacher Hitze 20 Minuten köcheln lassen.
In der Zwischenzeit den Brokkoli dämpfen, bis er weich ist (ca. 5 Mi-

nuten). Brokkoli, Zwiebeln, Margarine, Salz und Pfeffer zum fertigen Reis mischen und zugedeckt warm stellen.
Den Grill vorheizen und das Steak auf jeder Seite vier Minuten grillen, dabei immer wieder mit Marinade betreichen (Rumpsteak nie ganz durchbraten - es wird sonst zäh!). Das Fleisch quer zur Faser in 1/2 cm dicke Scheiben schneiden und auf dem Gemüsereis servieren.

Ergibt vier Portionen, kcal je Portion: 190

Polenta mit Käse:
100 g Maismehl
45 g Cheddar-Käse, gerieben
250 g Zucchini, würfelig geschnitten
150 g roter Paprika, würfelig geschnitten
125 g Zwiebeln, grobgehackt
2 Knoblauchzehen, zerdrückt
15 g Butter
1 Eßlöffel frischer Dill, gehackt
2 Teelöffel Currypulver
1/4 Teelöffel Salz
1/4 Teelöffel schwarzer Pfeffer, frisch gemahlen

So wird's gemacht:
Zwiebeln und Knoblauch bei mittlerer Hitze in der Butter braten, bis der Knoblauch goldgelb ist, Zucchini und Paprika beifügen. Falls notwendig, etwas Wasser - bis zu 2 Eßlöffeln - beigeben. Salz, Pfeffer, Dill und Currypulver unterrühren, und das Gemüse zugedeckt bei schwacher Hitze in 5 bis 7 Minuten weich dünsten.
Rohr vorheizen (Oberhitze oder Grill). Bei mittlerer Hitze 60 cl Wasser zum Kochen bringen. Das Maismehl langsam einrieseln lassen und dabei unentwegt mit dem Schneebesen umrühren, damit sich keine Klümpchen bilden können. Die Polenta unter ständigem Rühren 3 bis 4 Minuten garen, bis sie eingedickt ist. Dann behutsam über das Gemüse leeren und vorsichtig unterheben. Die Polenta mit dem geriebenen Käse bestreuen und überbacken bis der Käse geschmolzen ist.

Kaninchenbraten mit Senfsauce:

1 Kaninchen (ca. 1,25 kg), enthäutet und in 6 Stücke geteilt (Leber aufheben)
je 60 g Karotten und Sellerie
125 g Magerjoghurt
1 große Zwiebel, feingehackt
1 Knoblauchzehe, zerdrückt
1/8 l Hühnersuppe
1/8 l trockener Weißwein
4 Eßlöffel Mehl
2 Eßlöfel Olivenöl
1 Eßlöffel Pfeilwurzmehl
2 Eßlöffel körniger Dijon-Senf
1/4 Teelöffel Salz
1 Messerspitze schwarzer Pfeffer, frisch gemahlen
1 Eßlöffel frischer Thymian, gehackt (oder 1 Teelöffel getrocknet)
1 Eßlöffel frische Petersilie, feingehackt (zum Garnieren)

Ergibt vier Portionen, kcal pro Portion: 335

So wird's gemacht:

Rohr auf 180 Grad (Gasherd Stufe 2-3) vorheizen. Leber feinhacken und beiseite stellen. Kaninchenteile abtrocknen und in Mehl wenden. Öl in einem großen, ofenfesten Bräter erhitzen, Kaninchenstücke einlegen und bei hoher Temperatur rundherum etwa fünf Minuten braten (die Fleischstücke sollen gut gebräunt sein). Mit Salz, Pfeffer, Thymian bestreuen und weitere 2 Minuten braten. Kaninchenteile herausnehmen. Das Fett bis auf eine geringen Menge aus dem Bräter gießen und die gehackte Leber, Karotten und Sellerie, Zwiebeln und Knoblauch im verbliebenen Öl braten. Dabei die Leber mit einem Löffel zerdrücken. Sobald das Gemüse weich und die Leber nicht mehr rot ist, mit Wein löschen. Durch das Rühren den Bratenfonds lösen. Weiterkochen, bis der Wein auf die Hälfte reduziert ist. Hühnersuppe beigeben und zum Köcheln bringen. Das Kaninchen wieder in den Bräter dazugeben, Deckel drauf und 20 bis 25 Minuten im Rohr schmoren, bis das Fleisch weich ist.
Joghurt, Pfeilwurzelmehl und Senf gut vermischen. Wenn das Fleisch gar ist, die Stücke auf einer Servierplatte anrichten und warm stellen. Den Bratenrückstand durch ein Sieb streichen und in der Pfanne noch einmal erhitzen, mit dem Schneebesen die Joghurt-

mischung einrühren. Die Sauce bei mittlerer Temperatur erhitzen (nicht kochen lassen!). Dann über das Fleisch ziehen und mit gehackter Petersilie bestreuen.

Ergibt vier Portionen, kcal pro Portion: 95

Spinatcreme mit Zwiebeln:
500 g Spinat, geputzt, entstielt
15 g Butter
350 g Zwiebeln, feingehackt
2 Eßlöffel Weizenmehl
1/8 Magermilch
1/2 Teelöffel geriebene Muskatnuß
1/4 Teelöffel schwarzer Pfeffer, frisch gemahlen

So wird's gemacht:
1/4 l Wasser zum Kochen bringen, Spinat beigeben und unter ständigem Rühren 1 bis 2 Minuten dünsten, bis er zusammengefallen ist. Abseihen, gut abtropfen lassen, ausdrücken und feinhacken. Butter zerlassen, Zwiebeln beifügen, 1 Minute glasig werden lassen. Mehl einrieseln lassen, die Mischung 2 Minuten glattrühren. Milch dazugießen, die Mischung noch weitere 2 bis 3 Minuten garen (ständig rühren!), bis eine glatte Einbrenn entstanden ist. Spinat mit Muskat und Pfeffer würzen, zur Milch-Mehlmischung geben und noch einmal unter ständigem Rühren 2 bis 3 Minuten erhitzen.

Ergibt vier Portionen, kcal pro Portion: 285

Minestrone mit Linsen:
60 g getrocknete Linsen
60 g mageres Faschiertes vom Rind
4 kleine Tomaten, in kleine Würfel geschnitten
60 g Hörnchennudeln
250 g Paprikaschoten, in große Würfel geschnitten
125 g Sellerie, in Würfel geschnitten
45 g Langkornreis
250 g Zwiebeln, grobgehackt
2 Knoblauchzehen, zerdrückt
4 Eßlöffel geriebenen Parmesan
1 Eßlöffel Limettensaft (es geht auch Zitrone)
1/2 Teelöffel getrockneter Oregano
1 Lorbeerblatt, Salz, schwarzer Pfeffer, frisch gemahlen

So wird's gemacht:
Öl erhitzen, Faschiertes, Zwiebeln, Paprika, Sellerie und Knoblauch dazugeben; dünsten, bis das Gemüse gar ist. Das dauert etwa fünf Minuten. Umrühren nicht vergessen. Dann Linsen, Reis, Tomaten, Nudeln und das Lorbeerblatt sowie 2 l Wasser dazugeben. Deckel drauf, die Suppe zum Kochen bringen und bei schwacher Hitze ca. 45 Minuten köcheln lassen.
Mit Limettensaft, Salz, Oregano und Pfeffer abschmecken. Das Lorbeerblatt entfernen, und die Suppe vor dem Servieren mit Parmesan bestreuen.

Sie könnten das Faschierte ruhig weglassen, denn Nudeln und Linsen liefern sehr viel Proteine und ergeben daher eine vollwertige Hauptmahlzeit.

Gefülltes Putenschnitzel:
600 g Putenbrustfleisch, vier ca. 2 cm dicke Schnitzel vorbereiten
200 g Champignons, feinblättrig geschnitten
80 g Zwiebeln, gehackt
2 Eßlöffel Petersilie, feingehackt
ca. 1/8 l Gemüsesuppe
Butter

Ergibt vier Portionen, kcal pro Portion (ohne Beilagen): 226

So wird's gemacht:
Champignons und Zwiebeln in der Butter anrösten und mit der Petersilie würzen.
In die Putenschnitzel Taschen schneiden, mit den Champignons füllen, mit einem Zahnstocher schließen und in der Gemüsesuppe dünsten.

Als Beilage schmecken besonders gedünstete Fisolen, Kohlrabi, Erbsen und in der Schale gebackene Erdäpfel.

Putengeschnetzeltes mit Ananas:
600 g Putenfleisch
6 Scheiben Ananas (möglichst frisch)
150 g frische Bohnenkeime (Sojasprossen)
1 Teelöffel Ingwerpulver
4 Eßlöffel Sojasauce
1 Knoblauchzehe, zerdrückt
1 Bund Schnittlauch
2 Eßlöffel Olivenöl
Salz, etwas Chilipulver, schwarzer Pfeffer, frisch gemahlen

Ergibt vier Portionen, kcal pro Portion (ohne Reis): 290

So wird's gemacht:
Das Putenfleisch in Streifen schneiden. Aus 2 Eßlöffeln der Sojasauce, dem Ingwer, dem Chilipulver, Salz, Pfeffer und dem Knoblauch eine Marinade bereiten, und das Fleisch ca. 1 Stunde im Kühlschrank darin ziehen lassen.
Ananasscheiben schälen, harten Mittelstrunk entfernen, Fruchtfleisch fein würfeln. Das Öl in einer Pfanne erhitzen, das Putenfleisch kurz anbraten, Ananasstücke untermischen. Die Bohnenkeime unter fließendem Wasser abspülen, abtropfen lassen und ebenfalls in die Pfanne geben. Alles unter ständigem Umrühren fertig braten.
Mit der verbliebenen Sojasauce und Salz abschmecken. Den in Röllchen geschnittenen Schnittlauch darüberstreuen. Mit Reis als Beilage servieren.

Hühnerschnitzel mit Paprika:
4 Hühnerbrusthälften (ohne Haut und Knochen ca. 500 g)
je 1 roter und 1 gelber Paprika, in Streifen geschnitten
1 Knoblauchzehe, zerdrückt
1 ungespritzte Zitrone
6 Eßlöffel trockener Weißwein
6 Eßlöffel Hühnersuppe
4 Teelöffel Olivenöl
1 Eßlöffel Petersilie, feingehackt
1/4 Teelöffel Salz
Mehl
schwarzer Pfeffer, frisch gemahlen

Ergibt vier Portionen, kcal pro Portion: 210

So wird's gemacht:
Rohr auf 100° C vorheizen (Gasherd Stufe 1). Hühnerbrusthälften zu Schnitzeln zurechtschneiden, flachklopfen. Das Fleisch gut trocknen, dann salzen, pfeffern und in Mehl wenden. Öl und Knoblauch erhitzen; sobald das Öl heiß ist, den Knoblauch entfernen. Hühnerschnitzel auf jeder Seite gut anbraten und im Rohr warmstellen. Die Paprikastreifen mit dem Wein und dem Saft 1/2 Zitrone im Bratenfonds ca. 5 Minuten in der geschlossenen Pfanne dünsten. Dann Deckel abnehmen und Flüssigkeit in der Pfanne bei starker Hitze auf ca. 2 Eßlöffel einkochen lassen. Die Hühnersuppe dazugeben und noch einmal kurz aufkochen. Die Hühnerschnitzel mit dieser Sauce und den Paprikastreifen garnieren. Mit Zitronenscheiben und Petersilie anrichten.

Bei Geflügel immer die Haut entfernen - das spart Fett und damit Kalorien.

Getreidelaibchen:
160 g Dinkel oder Grünkern, geschrotet (Reformhaus)
2 Eier
4 Knoblauchzehen, zerdrückt
Kräutersalz, Petersilie, Butter

Ergibt vier Portionen, kcal pro Portion: 260 (mit Käse: ca. 350)

So wird's gemacht:
Das geschrotete Getreide mit Wasser (doppelte bis dreifache Menge) aufkochen und quellen lassen. Eier, Kräutersalz, Petersilie, Knoblauch zum Getreidebrei mengen, gut durchmischen und Laibchen formen. In wenig Butter herausbacken. Wer es etwas reichhaltiger mag, kann die fertigen Laibchen im Rohr mit Käse überbacken.

Als Beilage eignen sich Salate und Rohkost.

Krautfleckerln:
160 g Weizenvollkornfleckerln
600 g Weißkraut
Kümmel, Salz, Olivenöl,
ev. etwas flüssigen Süßstoff

Ergibt vier Portionen, kcal pro Portion: 260

So wird's gemacht:
Die Vollkornfleckerln kochen. Das Kraut feinwürfelig schneiden, in Öl kurz dünsten. Mit Kümmel und Salz würzen, eventuell etwas Süßstoff beimengen und mit den Fleckerln vermischen.

Ergibt vier Portionen, kcal pro Portion (ohne Fleisch): 240

Gemüselaibchen:
600 g Mischgemüse (auch tiefgekühlt)
120 g Weizenvollkornbrot (Vollkorntoastbrot, altbackene Grahamweckerln), würfelig geschnitten
80 g Vollkornbrösel
2 Eier
1 kleine Zwiebel
Salz, Petersilie, Butter

So wird's gemacht:
Mischgemüse in wenig Wasser kochen, mit dem Wasser die Brotwürferl übergießen, anziehen lassen. Die Brotwürferl gut durchdrücken. Eier, Zwiebel, Gewürze, Gemüse und Brösel beimengen. Gut durchmischen und Laibchen formen. In wenig Butter herausbraten.

Dazu paßt besonders gut ein Roter-Rüben-Salat.

Ergibt vier Portionen, kcal pro Portion: 240

Zwiebel-Brokkoli-Gemüse:
4 mittelgroße Zwiebeln
600 g Brokkoli
4 Eßlöffel Pinienkerne
2 Knoblauchzehen, zerdrückt
120 ml trockener Weißwein oder Hühnersuppe
4 Eßlöffel Olivenöl
Salz; schwarzer Pfeffer, frisch gemahlen; Muskatnuß, frisch gerieben

So wird´s gemacht:
Zwiebeln schälen und in Spalten schneiden (achteln). Brokkoli waschen, putzen. Stiele und Röschen trennen. Stiele schälen und klein schneiden. Röschen mundgerecht zerteilen. Pinienkerne ohne Fett in einer Pfanne goldbraun rösten. Pinienkerne rausnehmen. Öl in der Pfanne erhitzen, Zwiebeln darin leicht anbraten. Knoblauch da-

zudrücken. Die Brokkolistiele einrühren und mitdünsten. Mit Wein bzw. Hühnersuppe löschen und mit Salz, Pfeffer und Muskat würzen. Zugedeckt noch ca. 5 Minuten dünsten. Die Brokkoliröschen dazugeben und noch einmal 4 bis 6 Minuten dünsten. Abschmecken und mit den Pinienkernen bestreut servieren.

Wer möchte, kann das Gericht mit Putenfleisch gehaltvoller gestalten. Dazu pro Person ca. 150 g Putenbrustfleisch anbraten, würzen und warmstellen. Zum Schluß mit dem Gemüse vermengen.

Tomaten-Mozzarella-Omelett:
6 kleine, feste Tomaten
250 g Mozzarella
8 Eier
1 Becher Creme fraiche (oder Magermilch)
1 Sträußchen frisches Basilikum (1 Eßlöffel getrocknet)
1 Eßlöffel Olivenöl
Zitronenpfeffer; Salz; schwarzer Pfeffer, frisch gemahlen

Ergibt vier Portionen, kcal pro Portion: 450

So wird's gemacht:
Tomaten waschen, halbieren, Stengelansatz entfernen, in Spalten schneiden. Mozzarella gut abtropfen und in 1 cm dicke Scheiben, dann die Scheiben in Stifte schneiden. Einige Basilikumblättchen abzupfen, Rest fein hacken. Eier mit Creme fraiche/Magermilch verquirlen. Gehacktes Basilikum, Salz und Pfeffer dazu. Öl in der Pfanne erhitzen, Eiermasse eingießen und kurz stocken lassen. Pfanne rütteln, Mozzarella, Tomaten und Basilikumblättchen auf das Omelett geben. Zitronenpfeffer darüberstreuen, bei kleiner Hitze zugedeckt noch 3 Minuten garen.

Anstelle von Mozzarella können Sie Butterkäse oder jungen Gouda verwenden, dann ersetzen Sie das Basilikum durch Petersilie.

Fenchelgratin mit Kräuterkruste:
4 Fenchelknollen (je ca. 150 g)
1/4 l trockener Weißwein oder Hühnersuppe
2 Knoblauchzehen, fein gehackt
1 kleine Zwiebel, fein gehackt

2 Eßlöffel Olivenöl
6 gehäutete Tomaten (ev. aus der Dose)
50 g geriebener Parmesan
2 Eßlöffel Weizenvollkornschrot (ev. auch Vollkornbrösel)
abgeriebene Schale von 1/2 Zitrone
1 Bund frische Kräuter, fein gehackt
Salz; schwarzer Pfeffer, frisch gemahlen
Butter

Ergibt vier Portionen, kcal pro Portion: 245

So wird's gemacht:
Rohr auf ca. 225° C vorheizen (Gasherd Stufe 3). Fenchelknollen putzen, waschen, halbieren und in Weißwein bzw. Hühnersuppe bißfest dünsten.
Knoblauch und Zwiebel im Öl glasig werden lassen. Die Tomaten würfeln und dazugeben. Diese Sauce salzen, pfeffern und mit einem Teil der gehackten Kräuter würzen. Sauce auf ca. die Hälfte einkochen lassen.
Eine feuerfeste Form mit Butter ausfetten, Fenchelknollen hineinlegen und mit der Tomatensauce überziehen.
Weizenvollkornschrot/Brösel mit den restlichen Kräutern, dem Parmesan und der Zitronenschale mischen und über dem Fenchel verteilen. Mit Butterflocken belegen. Im vorgeheizten Rohr ca. 15 Minuten gratinieren.

Gemüse-Reis-Pfanne:
250 g Vollkornreis
600 ml Gemüsesuppe
2 Karotten, in Würfel geschnitten
1 roter Paprika, in Würfel geschnitten
250 g Brokkoli
1 Knoblauchzehe, fein gehackt
1 Zwiebel, fein gehackt
50 g Parmesan, gerieben
50 g Sauerrahm
1 Bund Schnittlauch
Olivenöl; Salz; schwarzer Pfeffer, frisch gemahlen; Paprikapulver; Curry

Ergibt vier Portionen, kcal pro Portion: 370

So wird's gemacht:

Knoblauch und Zwiebel in 1 Eßlöffel Öl glasig dünsten.

Gewaschenen und abgetropften Reis dazugeben und so lange rühren, bis auch die Körner glasig sind. Gemüsesuppe dazugießen, aufkochen lassen und den Reis bei geringer Hitze in ca. 30 bis 40 Minuten aufquellen lassen.

Karotten, Paprika und den in Röschen zerteilten Brokkoli in etwas Öl kurz dünsten. Ca. 15 Minuten vor Ende der Garzeit zum Reis mischen.

Sobald Reis und Gemüse gar sind, mit Salz, Pfeffer, Curry und Paprikapulver würzen. Parmesan unterheben, Sauerrahm zugießen. Den Reis nochmals kurz nachquellen lassen. Mit Schnittlauch bestreut servieren.

Erdäpfel-Mangold-Auflauf:

800 g Erdäpfel
600 g Mangold
100 ml Magermilch
100 ml Sauerrahm
4 Tomaten
70 g Parmesan, gerieben
1 Zwiebel, fein gehackt
1 Knoblauchzehe, fein gehackt
Salz; schwarzer Pfeffer, frisch gerieben; Muskatnuß, frisch gerieben; Olivenöl; Butter

Ergibt vier Portionen, kcal pro Portion: 380

So wird's gemacht:

Rohr auf ca. 180° C (Gasherd Stufe 2-3) vorheizen.

Erdäpfeln ungeschält im Dampfdruckkochtopf garen.

Zwiebel und Knoblauch in etwas Öl anschwitzen. Den gewaschenen, grob gehackten Mangold dazugeben, kurz andünsten und mit Salz, Pfeffer und Muskat würzen.

Die Erdäpfel schälen, durch die Handpresse drücken oder mit dem Mixer pürieren. Mit Milch und Sauerrahm schaumig schlagen; mit Salz und Pfeffer würzen.

Eine ofenfeste Form einfetten. Das Erdäpfelpüree, den Mangold und die in Scheiben geschnittenen Tomaten schichtweise einfüllen.

Im vorgeheizten Rohr ca. 30 Minuten backen. In den letzten zehn Minuten geriebenen Käse darüberstreuen.

Fischeintopf:
500 g Heilbutt, enthäutet, grätenfrei, in Würfel geschnitten
400 g geschälte Tomaten (Dose)
250 g Erdäpfel, geschält, in Würfel geschnitten
1 1/2 Tassen Fischsuppe
1 1/2 Tassen Hühnersuppe
2 mittelgroße Zwiebeln, fein gehackt
1 Knoblauchzehe, zerdrückt
1/2 Teelöffel Salz
1 kleines Lorbeerblatt
1/4 Teelöffel getrockneter Thymian
1/4 Teelöffel zerstoßener Fenchelsamen
1/4 Teelöffel zerstoßene Chilis
4 Eßlöffel Petersilie, fein gehackt
2 Eßlöffel Olivenöl

Ergibt vier Portionen, kcal pro Portion: 245

So wird's gemacht:
Öl erhitzen, Zwiebeln und Knoblauch beifügen und weichdünsten. Erdäpfelwürfel, Suppe, Lorbeerblatt und Salz dazugeben. Deckel drauf und 15 Minuten garen. Sobald die Erdäpfel weich sind, die restlichen Zutaten mit Ausnahme der Petersilie beifügen und unter Rühren kurz zum Kochen bringen. Vor dem Servieren die Petersilie über den Fischeintopf streuen.

Gefüllte Forelle:
1 Forelle (ca. 750 g)
300 g roter Paprika, in Würfel geschnitten
150 g Champignons, in Scheiben geschnitten
175 g Maiskörner
125 g Zucchini, in dünne Scheiben geschnitten
1/8 l Hühnersuppe
100 g Frühlingszwiebeln, gehackt
150 g Weizenvollkornbrot, in Würfel geschnitten
2 Knoblauchzehen, gehackt
1 ungespritzte Zitrone
30 g Butter

Ergibt vier Portionen, kcal pro Portion: 315

So wird's gemacht:
Rohr auf 200° C (Gasherd Stufe 3-4) vorheizen.
Für die Fülle die Suppe in einer Pfanne zum Kochen bringen. Butter, Paprikawürfel, Champignons, Zucchini, Frühlingszwiebel und Knoblauch dazugeben, und die Mischung unter ständigem Rühren zum Kochen bringen. Die Pfanne vom Herd nehmen und die Brotwürfel unterrühren. Drei Viertel der Fülle gleichmäßig auf dem Boden einer flachen Auflaufform streichen. Den Fisch darauflegen und mit der restlichen Masse füllen. Die Auflaufform mit Alufolie abdecken. Ca. 20 bis 25 Minuten im Rohr garen, bis das Fischfleich blättrig zerfällt. Saft 1/2 Zitrone auf dem Fisch verteilen. Mit in Scheiben geschnittener Zitrone dekoriert servieren.

Gebratene Brasse mit Petersiliensauce:
1 Brasse (ca. 1 kg), gesäubert, Kopf und Schwanz entfernen
2 Eßlöffel Zitronensaft
2 Teelöffel Olivenöl
Petersilie zum Garnieren

Für die Sauce:
3 Eßlöffel Petersilie feingehackt
6 Eßlöffel trockener Weißwein
1/8 l Fisch- oder Hühnersuppe
4 Eßlöffel Magerjoghurt, verrührt mit 1 1/2 Teelöffel Pfeilwurzelmehl
1/2 Teelöffel zerdrückter Knoblauch
1 Messerspitze schwarzer Pfeffer, frisch gemahlen
1 1/2 Teelöffel Olivenöl

Ergibt vier Portionen, kcal pro Portion: 185

So wird's gemacht:
Das Rohr auf 200° C (Gasherd Stufe 3-4) vorheizen. Den Fisch waschen und gut abtrocknen. Innen und außen mit Zitrone einreiben, außen zusätzlich mit Öl einreiben. In einer ofenfesten Form auf ein Stück Alufolie legen. 20 bis 25 Minuten im Rohr braten, bis Saft austritt und der Fisch innen rosa ist.
In der Zwischenzeit für die Sauce Öl in einem kleinen Topf erhitzen. Knoblauch goldbraun braten. Mit Wein löschen und ca. 10 Minuten einkochen, bis der Wein auf die Hälfte reduziert ist. Die Suppe dazugeben und zum Kochen bringen. Joghurt und Pfeffer mit dem

Schneebesen unterschlagen und rühren, bis die Sauce zu kochen beginnt. Den Topf vom Herd nehmen und die Petersilie einrühren. Den Fisch auf einer Servierplatte anrichten und mit der Sauce überziehen, mit Petersilie garnieren.

Marinierte Jakobsmuschelspieße:
250 g Jakobsmuscheln
125 g Cocktailtomaten
1/8 l frischer Orangensaft
250 g Brokkoliröschen, blanchiert
1 roter oder gelber Paprika, in Würfel geschnitten
4 Scheiben Roggenbrot
3 Eßlöffel Zitronensaft
2 Eßlöffel frischer Koriander, gehackt
1 Eßlöffel Orangenschale, ungespritzt, gerieben
1 Eßlöffel Olivenöl

Ergibt vier Portionen, kcal pro Portion: 195

So wird's gemacht:
In einem Topf 1/2 l Wasser zum Kochen bringen. Die Muscheln hineingeben und bei schwacher Hitze 1 bis 2 Minuten köcheln lassen, bis sie fest sind.
Abtropfen und in eine säurebeständige Schüssel geben. Tomaten, Orangen- und Zitronensaft, Öl, Koriander und die abgeriebene Orangenschale beigeben, alles vermischen. Paprikawürfel und Brokkoliröschen zur Marinade geben. Die Schüssel zudecken und für 2 Stunden in den Kühlschrank stellen.
Muscheln, Tomaten, Brokkoliröschen und Paprikawürfel abwechselnd auf 8 lange Spieße stecken und mit dem Roggenbrot servieren.

Die kalorienarmen Muschelspießchen decken den Tagesbedarf an Vitamin A und C und liefern etwa ein Viertel des täglich benötigten Proteins.

Schellfisch mit Paprika:
600 g Schellfischfilet
1 roter Paprika, in Streifen geschnitten
2 grüne Paprika, in Streifen geschnitten
2 Tomaten, gehäutet

1/4 l Gemüsesuppe
70 g Magerjoghurt
1 Bund Dill
1 Zwiebel, gehackt
1 Eßlöffel Mehl
Butter, Zitronensaft,
Salz, Paprikapulver, schwarzer Pfeffer, frisch gemahlen

Ergibt vier Portionen, kcal pro Portion: 350

So wird's gemacht:
Fischfilets waschen und trockentupfen, mit Zitronensaft beträufeln und salzen.
Zwiebel in Butter anschwitzen. Paprika und die geviertelten Tomaten dazugeben. Ebenfalls anschwitzen und mit Gemüsesuppe löschen.
Fischfilets auf das Gemüse legen, zugedeckt ca. 15 Minuten garen lassen, dann den Fisch herausnehmen.
Das Gemüse mit Mehl binden. Mit Salz, Paprikapulver und Pfeffer würzen, Joghurt unterrühren.
Gemüse mit dem Fisch anrichten und mit Dill bestreut servieren.

◆ ***Desserts***

Selbst auf wohlschmeckende Desserts müssen Verfechter der gesunden Ernährung nicht verzichten: Obst, magere Milchprodukte und Vollwertgetreide sind dabei die vitaminreichen Zutaten.

Pflaumen-Melonen-Salat:
1 Kantaloup-Melone, ca. 1 kg
250 g Pflaumen
1/2 ungespritzte Limette
1 Teelöffel Ahornsirup

Ergibt vier Portionen, kcal pro Portion: 75

So wird's gemacht:
Die Melone halbieren und mit Hilfe eines Löffels entkernen. Jede Hälfte in drei Spalten schneiden, die Schale entfernen, und das Fruchtfleisch in ca. 2-3 cm große Stückchen schneiden.
Die Pflaumen halbieren und entsteinen. Die Hälften in 1/2 cm dicke Spalten schneiden.
Die halbe Limette ebenfalls in 1/2 cm dicke Spalten schneiden (wem

die Limettenschale zu sauer ist, schält die Frucht).
Früchte und Ahornsirup in einer Schüssel gut vermischen, abdecken und über Nacht im Kühlschrank ziehen lassen.

Mit Fruchtsalat können Sie ganz einfach die Flüssigkeitszufuhr erhöhen und nehmen gleichzeitig Ballaststoffe zu sich.

Ergibt sechs Portionen, kcal pro Portion: 90

Erdbeeren-Buttermilch-Mousse:
300 g Erdbeeren
2 Bananen
3 Eßlöffel Zitronensaft
1 Eßlöffel Honig
7 g Gelatine, geschmacksneutral

So wird's gemacht:
Zitronensaft in einem säurebeständigen Topf ca. 2 Minuten erhitzen. Gelatine beimengen und unter Rühren auflösen. Vom Herd nehmen. Erdbeeren waschen und dann entstielen (so verhindern Sie, daß sich die Früchte mit Wasser vollsaugen). Bananen und die Hälfte der Erdbeeren pürieren. Gelatinemischung, Buttermilch und Honig dazugeben und noch einmal gut mixen. Die übrigen Erdbeeren in kleine Stückchen schneiden und unter die Mischung heben. Mousse in einer 1 Liter fassenden Form oder in Dessertschälchen füllen, abdecken und über Nacht im Kühlschrank fest werden lassen.

Ergibt fünf Portionen, kcal pro Portion: 50

Ananas-Orangen-Eislutscher:
1 Dose (300 g) Ananasstücke, ohne Zuckerzusatz, in eigenem Saft
Saft von 2 Orangen (ca. 15 cl)

So wird's gemacht:
Ananas inklusive Saft mit dem Orangensaft verrühren. Auf fünf kleine Eisformen oder kleine Joghurtbecher verteilen. Für ca. 1 Stunde ins Gefrierfach stellen, bis sie teilweise gefroren sind. In die Mitte jeder Portion einen Eisstiel stecken; das Eis über Nacht gefrieren lassen. Um die Eislutscher aus der Form zu lösen, tauchen Sie die Förmchen ganz kurz in heißes Wasser.

Heidelbeer-Buttermilcheis:
150 g frische oder tiefgekühlte Heidelbeeren
4 Eßlöffel Joghurt (3,6% Fett)
40 cl Buttermilch
4 Eßlöffel Staubzucker
1 Teelöffel Vanilleextrakt
2 Eßlöffel frische Minze, fein gehackt

Ergibt vier Portionen, kcal pro Portion: 135

So wird's gemacht:
Heidelbeere pürieren. Zucker, Minze und Vanille beimengen. Dann Buttermilch und Joghurt dazumixen. Die Masse in eine Eisschale füllen und für ca. 2 Stunden ins Gefrierfach stellen. Dann noch einmal in den Mixer geben, damit die Eiskristalle zerkleinert werden. Wieder in die Eisschale füllen und in ca. 4 Stunden zu festem Eis gefrieren lassen.
Vor dem Servieren kurz antauen lassen.

Topfen-Mousse mit Ananaskompott:
250 g Magertopfen
350 g Ananasstücke, ohne Zuckerzusatz, in eigenem Saft
1 Kantaloup-Melone, geschält, entkernt, in kleine Stückchen geschnitten (ca. 600 g)
30 g getrocknete Marillen, klein geschnitten
1 Eigelb
1/8 l Magermilch
4 Eßlöffel Zucker
7 g gemahlene Gelatine, geschmacksneutral
1 Teelöffel abgeriebene Orangenschale (ungespritzt!)
1/8 l Orangesaft, frisch gepreßt
1/4 Teelöffel Vanilleextrakt
30 g frische Minzeblättchen, gehackt (inkl. 4 ganze Stengel mit Blättchen zur Dekoration)
1 Teelöffel abgeriebene Zitronenschale (ungespritzt)
6 Eßlöffel Zitronensaft

Ergibt vier Portionen, kcal pro Portion: 325

So wird's gemacht:
Eigelb und Milch über heißem Wasser im Wasserbad 10 Minuten schaumig mixen.

Zucker, Gelatine und Orangenschale beifügen und weitermixen (ca. 8 Minuten), bis die Mischung sehr dickflüssig wird. 15 Minuten abkühlen lassen.
In der Zwischenzeit Topfen, Orangensaft und Vanilleextrakt mixen. Gehackte Minze beifügen und nochmals mixen. Die Topfen-Mischung vorsichtig unter die erkaltete Gelatine-Mischung ziehen, dann die Marillestückchen darunterheben.
Mousse aus vier 1/8 l fassende Förmchen verteilen und über Nacht in den Kühlschrank stellen.
Für das Kompott die Ananasstücke mit Zitronenschale und -saft bei mittlerer Hitze 5 Minuten garen. Dann die Mischung pürieren - die Ananas sollen grob zerkleinert sein.
Das Kompott zugedeckt in den Kühlschrank stellen.
Förmchen vor dem Servieren kurz in heißes Wasser tauchen, dann die Mousse auf einen Teller stürzen. Um die Mousse Melonenstückchen verteilen und darauf das Ananaskompott anrichten. Mit den Minzestengeln dekorieren.

Schokoladenmousse mit Pistazienkernen:
100 g Zartbitterkuvertüre
30 g weiße Schokolade
1/2 Becher Schlagobers (ca. 100 g)
50 g Pistazienkerne
2 Eiweiß
2 Eßlöffel Zucker
1 Prise Salz

Ergibt vier Portionen, kcal pro Portion: 370

So wird's gemacht:
Eiweiß mit dem Salz dickschaumig schlagen, 1 Eßlöffel Zucker beimengen und steif schlagen. Kühl stellen.
Obers mit dem restlichen Zucker steif schlagen. Ebenfalls kühl stellen.
Pistazienkerne fein hacken.
Die Kuvertüre zerbröseln und im warmen Wasserbad schmelzen. Im kalten Wasserbad unter ständigem Rühren abkühlen lassen (Kuvertüre muß noch flüssig, darf aber nicht mehr heiß sein).
Die lauwarme Kuvertüre vorsichtig unter den Schnee heben. Obers und die Pistazienkerne (1 Eßlöffel für die Dekoration aufheben) ebenfalls unterheben. Mousse in eine Schüssel füllen und mindestens 3 Stunden, besser über Nacht, in den Kühlschrank stellen.

Zum Servieren mit einem nassen Eßlöffel Nockerln aus der Masse stechen und auf vier Tellern anrichten. Weiße Schokolade darüberreiben und mit Pistazienkernen bestreuen.

Äpfel mit Buttermilch:
je 2 Äpfel Golden Delicious und Granny Smith (ges. ca. 850 g)
125 g Rosinen
1/4 l Buttermilch
2 Eßlöffel Rohrzucker
1 Eßlöffel Zitronensaft
1/2 Teelöffel abgeriebene Zitronenschale (ungespritzt!)
1 Messerspitze gemahlener Zimt

Ergibt sechs Portionen, kcal pro Portion: 155

So wird's gemacht:
Äpfel entkernen, aber nicht schälen, und in große Stücke schneiden. Zitronensaft über die Apfelstücke gießen und gut vermischen. Buttermilch, Rosinen, Zucker und Zitronenschale verrühren, bis sich der Zucker aufgelöst hat.
Die Äpfel auf 6 Teller verteilen. Mit der Buttermilch übergießen und mit Zimt bestreuen.

Äpfel senken durch ihren hohen Pektinanteil den Cholesterinspiegel.

Reistaler mit Trockenfrüchten:
225 g gekochter Vollkornreis (ca. 30 g Trockengewicht)
5 getrocknete Birnenhälften (Kletzen)
5 getrocknete Marillen
5 getrocknete Pfirsichhälften
4 Eßlöffel Weizenvollkornmehl
1 Eigelb
3 Eiweiß
1 Eßlöffel geröstete Sesamsamen
1/4 Teelöffel Lebkuchengewürz
1/4 Teelöffel Salz
2 Eßlöffel Pflanzenöl

Ergibt sechs Portionen, kcal pro Portion: 220

So wird's gemacht:
Das Trockenobst fein hacken und so im Mehl wenden, daß es gleichmäßig mit Mehl überzogen ist.

Reis, Eigelb, Sesam, Lebkuchengewürz und Salz dazugeben und alles gut verrühren.
Das Eiweiß steif schlagen und dann vorsichtig unter die Reis-Früchte-Mischung heben.
Das Öl in einer Pfanne erhitzen. Pro Taler (die Masse ergibt 6 Stück) ca. 1/8 l Teig in die Pfanne geben, flachdrücken (ca. 1 cm hoch). Auf jeder Seite 2-3 Minuten goldbraun braten. Noch heiß servieren.

Kürbisbusserl:
350 g Gartenkürbis
150 g Weizenvollkornmehl
90 g Haferflocken
45 g Rohrzucker
60 g getrocknete Marillen
60 g getrocknete Plaumen
75 g Rosinen
60 g weiche Butter
1 Ei
1 Teelöffel Natron
3/4 Teelöffel gemahlener Ingwer
1/4 Teelöffel gemahlener Piment
1/2 Teelöffel Vanilleextrakt
1 Prise Salz

Ergibt ca. 96 Busserln, kcal pro Busserl: 25

So wird's gemacht:
Backrohr auf 190° C vorheizen (Gasherd Stufe 3). Das Kürbisstück mit der Schnittfläche nach unten auf ein mit Alufolie ausgelegtes Blech legen und ca. 25 Minuten garen. Nach dem Abkühlen die Kerne und zähen Fasern entfernen. 250 g Fruchtfleisch mit einem Löffel herausschälen. Das Rohr weiter eingeschaltet lassen!
2 Backbleche mit Backtrennpapier auslegen.
Mehl und Haferflocken mit Natron, Piment, Ingwer und Salz vermischen.
In einer großen Schüssel Butter und Zucker verrühren, das Ei dazuschlagen. Dann nach und nach Kürbisfleisch und Vanilleextrakt dazumischen. Die Mehlmischung hinzufügen und alles gut verrühren.
Zerkleinerte Marillen, Pflaumen und Rosinen unterziehen.
Mit einem Teelöffel kleine Teighäufchen auf die Bleche setzen. Etwa 12 Minuten backen, bis sie an den Rändern goldbraun sind.

◆ ***Frühstück - der gute Start in den Tag***

Vollwertiges Getreide und magere Milchprodukte liefern positive Energien für einen erfolgreichen Tag. Sie versorgen Hirn und Nerven mit Vitaminen und Mineralstoffen, machen Sie daher fit für alle Aufgaben. Müslis sättigen darüber hinaus ausreichend - mit etwas Obst zwischendurch halten Sie es daher ohne knurrenden Magen und Leistungsabfall bis zur nächsten Mahlzeit aus.

Haferflockenmüsli:

160 g Haferflocken
1/2 l Magermilch oder Magerjoghurt
2 Äpfel, gerieben
1 Banane, blättrig geschnitten

Ergibt vier Portionen, kcal pro Portion: 314

So wird's gemacht:

Haferflocken mit Milch oder Joghurt mischen, Apfel und Banane dazurühren. Ein paar Minuten quellen lassen.

Getreidemüsli:

160 g Sechskorn, geschrotet
4 Eßlöffel Rosinen
2 Äpfel
1 Becher Magerjoghurt
200 g Beerenobst der Saison
1 Banane
2 Eßlöffel geriebene Haselnüsse

Ergibt vier Portionen, kcal pro Portion: 326

So wird's gemacht:

Am Vorabend das Korn schroten (bzw. im Reformhaus schroten lassen) und sofort in Wasser einweichen (Wasser soll das Getreide gerade bedecken), die Rosinen hacken und dazugeben. In der Früh das Obst und die Nüsse dazugeben, dann mit dem Joghurt verrühren.

Dinkelmüsli:

160 g Dinkelkorn, geschrotet
1/2 l Magermilch, 1/4 l Wasser
200 ml Orangensaft, frisch gepreßt
2 Eßlöffel Honig, 1 Prise Salz

Ergibt vier Portionen, kcal pro Portion: 262

So wird's gemacht:
Am Vorabend das Dinkelkorn zum Quellen in Milch und Wasser geben, zugedeckt in den Kühlschrank stellen. In der Früh mit den anderen Zutaten kurz aufkochen und warm essen.

Knusperfrühstück:
7 Eßlöffel Haferflocken
6 Eßlöffel ganze Mandeln, geschält
3 Eßlöffel Sonnenblumenkerne
3 Eßlöffel Sesam
150 g Rosinen
10 Datteln
1 Becher Magerjoghurt
2 Teelöffel Honig
2 Teelöffel Öl
Jodsalz
abgeriebene Schale einer Orange, ungespritzt

Ergibt vier Portionen, kcal pro Portion: 505

So wird's gemacht:
Haferflocken, Mandel-, Sonnenblumenkerne und Sesam mit einer Prise Jodsalz und Öl vermischen und auf einem Backblech im vorgeheizten Rohr ca. 15 Minuten rösten. Dann abkühlen lassen.
Rosinen, gehackte Datteln, Honig und Orangenschale in einer Schüssel mischen, die geröstete Haferflockenmischung dazugeben. In Müslischüsserl füllen, Joghurt darüber verteilen.

◆ *Gesundes für zwischendurch*
Manchesmal braucht man ihn: Den Kick zwischendurch. Damit der Hunger nicht zu groß wird und die Leistung nicht absinkt. Außerdem sind - wie wir wissen - mehrere Mahlzeiten über den Tag verteilt gesünder als drei Hauptmahlzeiten. Hier finden Sie Rezepte für Müsliriegel zum Selbermachen und für vitaminreiche Snacks, die Sie ohne schlechtes Gewissen zwischendurch naschen dürfen.
Mit Obst, rohem Gemüse und mageren Milchprodukten besiegen Sie den kleinen Vormittags- oder Nachmittagshunger am besten. Nach den Rezepten finden Sie eine Kalorientabelle der gängigsten Hungerstiller.

Englisches Teegebäck:

200 g Weizenvollkornmehl
90 g Haferflocken
60 g Butter, sehr kalt
15 cl Buttermilch
45 g Rosinen
1 Eßlöffel Zucker
1 Teelöffel Natron
1 Prise Salz

Ergibt acht Stücke, kcal pro Stück: 200

So wird's gemacht:

Backrohr auf 200° C (Gasherd Stufe 3-4) vorheizen. Mehl, Haferflocken, Zucker, Natron und Salz auf einem Nudelbrett gut vermischen. Butter in kleinen Stückchen zur Mehlmischung geben und mit dem Mehl verkrümeln. Mit der Buttermilch kneten, bis der Teig eine Kugel bildet. Dann die Rosinen behutsam einarbeiten.
Den Teig zu einer 20 cm Scheibe auswalken (1 cm dick). Mit einem Messer 8 Stücke markieren. Auf ein mit Backtrennpapier ausgelegtes Blech legen und 15 Minuten im Rohr goldbraun backen. Noch warm entlang der markierten Linien in Stücke schneiden.

Müsliriegel mit Datteln und Feigen:

100 g getrocknete Feigen, fein geschnitten
100 g Datteln, fein geschnitten
2 Äpfel
50 g Haselnüsse, gehackt
100 g Rosinen
50 g Sonnenblumenkerne
150 g Haferflocken
150 g Weizenvollkornmehl
250 ml Wasser
5 Eßlöffel Pflanzenöl
1 Eßlöffel Honig
1 Prise Vanilleextrakt
1 Teelöffel Zimt
1 Eßlöffel Sesamsalz
1 Eßlöffel Zitronensaft

Ergibt ca. 15 Riegel, kcal pro Riegel: 164

So wird's gemacht:
Backrohr auf 180° C (Gasherd Stufe 2-3) vorheizen.
Äpfel raspeln und mit dem Zitronensaft vermischen. Haferflocken und Mehl in eine Schüssel geben, Wasser und Öl unterrühren. Nüsse, Äpfel und Trockenfrüchte dazumengen. Mit Honig, Vanille, Zimt abschmecken. Mit den übrigen Zutaten zu einem Teig verkneten.
Ein Backblech mit Backtrennpapier auslegen, Teig auf dem Blech gleichmäßig verteilen und glattstreichen. Ca. 30 bis 40 Minuten backen. Noch warm in Riegel schneiden.

Frühstückskalorientabelle

Kaffee, Tee jeder Art	0 kcal.
mit 1/10 l Magermilch	48 kcal.
mit 1 Teelöffel Kondensmilch	9 kcal.
mit 1 Teelöffel Schlagobers	15 kcal.
Vollmilch, 1/4 l	157 kcal.
Magermilch, 1/4 l	88 kcal.
Joghurt, Vollmilch, 1 Becher	170 kcal.
Joghurt, Magermilch, 1 Becher	115 kcal.
1 Scheibe, 40 g, Vollkornbrot, Weizen und Roggen gemischt	98 kcal.
1 Scheibe Mischbrot, 40 g	101 kcal.
1 Scheibe Weißbrot, 40 g	104 kcal.
1 Semmel	111 kcal.
1 Scheibe Knäckebrot	38 kcal.
1 Scheibe Toastbrot	71 kcal.
Schinken, 30 g	85 kcal.
Leberstreichwurst, 20 g	90 kcal.
1 Dreieck-Käse, 15% Fett, 45 g	75 kcal.
Honig, 1 Teelöffel	30 kcal.
Marmelade, 1 Teelöffel	48 kcal.
Butter, 1 Eßlöffel	116 kcal.
Cornflakes, 3 Eßlöffel	35 kcal.
Fertigmüsli, gesüßt, 100 g	400 kcal.

Apfel, Karotte, Joghurt & Co. Die Kalorien unserer Lieblingssnacks

Apfel	60 kcal.
Banane	96 kcal.
Birne	60 kcal.
Brombeeren	49 kcal.
Erdbeeren	37 kcal.
Kiwi	41 kcal.
Marillen	54 kcal.
Orange	53 kcal.
Pfirsich	43 kcal.
Ribisel, rot	45 kcal.
Stachelbeeren	38 kcal.
Zwetschken	67 kcal.
Wassermelone	27 kcal.
Zuckermelone	27 kcal.
Karotte, roh	40 kcal.
Radieschen	20 kcal.
Sauerkraut, roh	25 kcal.
100 g Gurke mit 50 g Magertopfen	57 kcal.
10 g - 1 kleiner Dreieck-Käse	50 kcal.
1 Scheibe Knäckebrot	38 kcal.
1 Becher Joghurt (Magermilch)	115 kcal.
1 Becher Früchtejoghurt (Magermilch)	120 kcal.
1/8 l Buttermilch (1% Fett)	49 kcal.
100 ml Apfelsaft	47 kcal.

Kalorienberechnung auf 100 g Basis

◆ *Drinks, die munter machen*

Für alle Hobbymixer, die Flüssiges den „trockenen" Snacks als Frischmacher für Zwischendurch vorziehen, habe ich Rezepte für Erfrischungsgetränke vor allem auf der Basis von Milchprodukten und Obst gesammelt. Aber Achtung, nicht immer sind diese Vitaminbomben auch kalorienarm. Kalkulieren Sie das bei eventuellen Diäten mit ein.

Eisgekühlter Vitamindrink:
45 g kernlose Weintrauben
1/8 l Tomatensaft, salzarm
4 Eßlöffel frischer Orangensaft
1 Eßlöffel Sauerrahm

Ergibt eine Portion, kcal: 110

So wird's gemacht:
Gewaschene und entstielte Weintrauben im Gefrierfach hartfrieren lassen (ca. 2 Stunden). Tomaten- und Orangensaft vermixen. Eisgekühlte Weintrauben dazugeben und die Mischung pürieren, bis die Weintrauben grob zerkleinert sind.
Den Drink in ein Glas gießen, und mit einem Sauerrahmhäubchen servieren.

Buttermilchmix:
1/4 l Buttermilch
250 g frische Erdbeeren
1 Ei
1 Eßlöffel Honig
Mineralwasser nach Belieben

Ergibt eine große Portion, kcal: 270

So wird's gemacht:
Buttermilch, Ei, Honig und Erdbeeren im Mixer cremig pürieren. Wenn gewünscht mit Mineralwasser verdünnen (kann so auf zwei Portionen gestreckt werden).

Pikanter Tomatendrink:
1/4 l Tomatensaft
1/8 l Rindsuppe
1 kleine Tomate, gehäutet und grob gehackt
2 Eßlöffel Magerjoghurt
1 Zitronenspalte zum Garnieren

Ergibt eine Portion, kcal: 60

So wird's gemacht:
Tomatensaft, Rindsuppe, Tomate und Joghurt im Mixer pürieren. Auf Eis servieren und mit der Zitrone dekorieren.

Kiwi-Limetten-Shake:
2 Kiwis
1 Banane
1/4 l Magermilch
60 g Magertopfen
1 Teelöffel Limettensaft
1/2 Teelöffel abgeriebene Limettenschale (ungespritzt)
2 Eiswürfel

Ergibt zwei Portionen, kcal pro Portion: 185

So wird's gemacht:
Kiwis und Banane schälen, in große Stücke schneiden. Mit Limettensaft und -schale sowie den Eiswürfeln im Mixer pürieren. Milch und Topfen dazugeben und nochmals pürieren.
Den Shake in zwei hohe Milchgläser füllen und sofort servieren.

Rosinen-Bananen-Shake:
250 g Magerjoghurt
1 Banane, geschält, gefroren, in große Stücke geschnitten
45 g Rosinen
30 g grobgeschnittener Apfel (Golden Delicious, ungeschält)
1 Eßlöffel Weizenkleie

Ergibt eine Portion, kcal: 380

So wird's gemacht:
Alle Zutaten im Mixer gut mischen. In ein hohes Milchglas füllen und servieren.

Limonade:
2 rosa Grapefruits (ca. 1,5 kg)
4 Saftorangen (ca. 1 kg)
1 Zitrone
1 Limette
1 Eßlöffel frisches Basilikum, fein gehackt

Ergibt zwei Portionen, kcal pro Portion: 185

So wird's gemacht:
Alle Zitrusfrüchte halbieren und auspressen. Den Saft durch ein Sieb in eine Schüssel gießen (Rückstände wegwerfen). Gehacktes Basilikum einrühren.
Die Limonade auf Eis in hohen Gläsern servieren.

Das Immunsystem

Hier sprechen wir von der Gesamtheit der körpereigenen Abwehrkräfte, die Gefahren aus der Umwelt (Erreger, Schadstoffe) erkennen und ausschalten sowie vor Entartungen im Inneren (Krebszellen) schützen.
Um diese Funktionen bestmöglich erfüllen zu können, müssen stets genügend Vitamine, Mineralstoffe und Aminosäuren zur Verfügung stehen.
Es gibt eine „unspezifische Immunantwort“ von sogenannten Freßzellen, die alles vernichten, was sie als fremd und gefährlich erkennen sowie eine „spezifische Immunreaktion“, die gezielt gegen Erreger gerichtet ist. Deren wichtigste Bestandteile sind die B-Zellen, die Antikörper produzieren, und T-Lymphozyten, die andere Abwehrzellen sowohl aktivieren als auch unterdrücken. Das „T“ bedeutet, daß diese weißen Blutkörperchen von der Thymusdrüse zu einsatzbereiten Immunzellen ausgebildet worden sind.

Aus einem schwachen Immunsystem wieder ein gut funktionsfähiges zu machen, ist in den meisten Fällen gar nicht schwer. Wichtig ist, daß die Ursachen der Schwächung behoben werden, nämlich:

- falsche Ernährung
- Gewebsverschlackung durch Bewegungsarmut, Sauerstoffmangel und Übergewicht
- Umweltbelastung
- Impfschäden
- pharmakotoxische Belastungen (Antibiotika, Schmerzmittel, cortisonhaltige Medikamente, ...)
- Streß
- schlechte Wohnqualität

Manchmal genügt es, Mangelerscheinungen auszugleichen. Oft reicht es, eine ordentliche Entgiftungskur zu machen. In den allermeisten Fällen ist eine gründliche Darmsanierung hilfreich, denn der größte Entzündungsherd liegt im Darm.

Versteckten Krankheitsherden, die im Röntgen nicht sichtbar sind, kann man mittels verschiedener Methoden auf die Spur kommen. Zum Beispiel gibt es die Elektroakupunktur, manuelle Diagnosen über Fußreflexzonen oder auch die Methode der Bioresonanz (erkundigen Sie sich bei Ihrem Arzt oder im Gesundheitszentrum).
Um diese Belastungen und damit vielleicht eine Überforderung des Immunsystems aus der Welt zu schaffen, kann es notwendig sein, unter Umständen einen kranken Zahn zu entfernen, oder aber eine Viren-Belastung mit Herpes-Viren homöopathisch auszuleiten.
Vor allem müssen die Schleimhäute saniert werden. Diese sind mit einem Bakterienrasen überzogen. Diese Bakterien stellen die erste Front unseres Abwehrsystems dar. Sie haben also die Aufgabe, uns vor krankmachenden Eindringlingen von außen zu schützen. Diese Bakterienflora kann durch diverse Einflüsse geschädigt werden.
Zur Antibiotikatherapie werden zumeist Breitbandantibiotika herangezogen. Diese unterscheiden aber nicht zwischen den Keimen, die für unser Abwehrsystem wichtig sind und jenen, die krank machen - und schädigen somit unser Abwehrsystem.
Aber auch Konservierungsstoffe in Lebensmitteln oder stark chloriertes Leitungswasser können einen negativen Einfluß haben.

Trainieren Sie Ihre Abwehrkräfte:

- Noch immer ist nicht hinlänglich bekannt, daß wir durch Streß und Umweltbelastung einen erhöhten Bedarf an Vitaminen und Mineralstoffen haben. Diese sind aber oft in unserer Nahrung nicht mehr im ausreichenden Maße enthalten. Es fehlt nicht nur an Vitamin C, das bereits nach einer 14-tägigen Lagerung zu 90% aus Obst und Gemüse verschwunden ist, sondern auch an anderen Vitalstoffen. Große Bedeutung hat für die natürliche Stärkung der Immunkraft Vitamin A (Karotten, Brokkoli, Kopfsalat, Milchprodukte).
- Eine allgemeine Abwehrsteigerung ist mit verschiedenen pflanzentherapeutischen und homöopathischen Mitteln möglich. Eberraute-Tee beispielsweise - einmal täglich eine Tasse - hat eine gute abwehrsteigernde Wirkung. Ebenso der homöopathisch aufbereitete Sonnenhut - Echinacea D 2 - , dreimal täglich davon 10 Tropfen wirken Wunder. Die Verwendung dieser Pflanze als Heilmittel wurde von den Indianern übernommen.
- Sport, Sauna und Kneippen sind ebenfalls ein gutes Training für das Immunsystem.

- Bei der Ozontherapie in Gesundheitszentren und -hotels wird die bakterien-, pilz- und virenabtötende Eigenschaft des Ozons genutzt. Zum einen kann durch eine Ozon-Eigenblut-Behandlung mit einem medizinischen Ozon-Sauerstoff-Gemisch der Organismus von belastenden Keimen befreit werden, zum anderen hat diese Behandlung auch eine starke immun-stimulierende Wirkung.
- Gute entgiftende Wirkung hat auch die Colon-Hydro-Therapie. Der Darm ist unser größtes Immunsystem. Ist sein Stoffwechsel gestört, wirkt sich das nicht nur auf unsere Haut sondern auch auf unsere Abwehrkräfte aus. Durch eine Darmreinigung wird die Darmschleimhaut positiv beeinflußt, das Immunsystem kann wieder voll arbeiten (befragen Sie Ihren Arzt zu dieser Therapieform).
- Mit der Fußreflexzonenmassage kann durch die Aktivierung der entgiftenden Organe - Niere, Lymphe, Milz, Leber - die Abwehrkraft gesteigert werden. Bei Belastungen der Nebenhöhlen kann eine gute Ausleitung erzielt werden, wenn man zusätzlich homöopathische Ausleitungsmittel einsetzt. Rechtzeitig begonnen, erspart man sich dann eine Kieferhöhlenpunktion.
- Mit einer sehr alten Methode, dem Schröpfen, werden über bestimmte Reflexzonen auf dem Rücken innere Organen aktiviert und wird deren Entgiftung angeregt. Man kann beispielsweise damit sogar die Lunge stärken.
- Akupunktur

Drinks, die den Körper stärken und Abwehrkräfte mobilisieren:

- Apfel-Trauben-Drink:
  1/2 Becher Buttermilch, 1 Apfel, 100 ml Traubensaft, 1 TL Weizenkleie zerkleinern und gut durchmixen.
- Rote-Rüben-Cocktail:
  125 g Rote Rüben, 1 Zwiebel, 1/2 Becher Kefir, 1 TL Honig, 1 TL Kleie, Salz, Pfeffer und Kümmel. Alles kräftig durchmixen und pikant abschmecken.
- Buttermilch-Gurken-Drink: 1/2 Salatgurke, 1/2 Becher Buttermilch, 1 Bund Dill, Zitronensaft, Pfeffer. Alles ordentlich durchmixen, mit Pfeffer abschmecken.
- Gemüse-Kefir-Drink:
  500 g gemischtes Gemüse (Karotten, Sellerie, Radieschen, Kohlrabi, Tomaten, Sauerkraut) entsaften, 1/2 Becher Kefir zum Saft geben und mixen, würzig abschmecken.

Die richtige Ernährung für unseren Abwehrmechanismus:

- Karotten sind die Hauptquelle von Beta-Carotin, zu finden in roten, gelben und dunkelgrünen Früchten und Gemüsesorten. Beta-Carotin hilft Immunbarrieren, wie Haut und Schleimhaut zu stärken und vergrößert die Aktivität der Immunabwehr und die Anti-körperreaktion.

- Orangen gehören zu den größten konzentrierten Quellen von Vitamin C, das in den meisten Früchten und Gemüsen zu finden ist. Vitamin C beinhaltet jene Anzahl chemischer Informationen - speziell Interferon -, welche im Kampf gegen Infektionen lebenswichtig sind.

- Nüsse und Kerne beinhalten Vitamin E. Es hilft, das Abwehrsystem und die Funktion der weißen Blutkörperchen zu verbessern.

- Vollkornbrot ist eine gute Quelle von Vitamin B6. B6 hilft, die Aktivität von Milz und Thymusdrüse anzukurbeln. Beide sind wesentlich für ein gutes Immunsystem notwendig.

- Auch die Folsäure, enthalten in grünblättrigem Gemüse, und Vitamin B12 in Leber, Fisch, Eier und Bierhefe sind für die Abwehrkraft von großer Bedeutung.

- Heringe und andere ölige Fische sind reich an Selen, welches die Zahl der weißen Blutkörperchen steigert und auch das Immunsystem stärkt. Öliger Fisch beinhaltet auch Omega 3 - Fettsäuren, die die Bildung der weißen Blutzellen positiv beeinflussen und somit Infektionen bekämpfen.

- Garnelen und Meerestiere enthalten Zink, welches negative freie radikale Zellen vernichtet.

- Grüner Tee enthält sogenannte Polyphenole, welche Radikalfänger sind. Das bedeutet, sie stärken unsere Körperzellen gegen hoch aggressive Umwelt- und Stoffwechselgifte, die uns früher altern lassen und unsere Immunkraft schwächen. Er beinhaltet auch Zink.

- Käse und andere Milchprodukte beinhalten Kalzium (genauso wie Dosenfisch, Vollkornbrot, Nüsse und Hülsenfrüchte), welches in Kombination mit Magnesium die Immunfunktion steigert.

- Grünblättriges Gemüse beinhaltet Magnesium, welches die Immunaktivitäten verstärkt.

- Eisen, zu finden in Fleisch, Eidotter, Scholle und Petersilie, ist wichtig für die Balance der weißen Blutkörperchen, welche ausschlaggebend für die Abwehrkraft sind.

Kneipp'sches Immuntraining

Mit Hilfe der Anwendungen nach Pfarrer Kneip kann man Erkältungen vorbeugen, Halsschmerzen beheben, verlorene Energie wiedergewinnen, Schmerzen lindern, Nervosität bekämpfen, ein benebeltes Gehirn klären und sogar die Lust an der Liebe steigern.

Wer sein Immunsystem präventiv stärken will, sollte sich an die Ratschläge von Pfarrer Kneipp halten. Das einfachste System zur Abhärtung besteht aus Kaltwasseranwendungen, die regelmäßig und abwechselnd durchgeführt werden sollten. Einzige Voraussetzung: Der Körper muß vor den Übungen warm sein.

- Wechselduschen kalt-warm, mit kalt aufhören
- Barfußgehen: Nutzen Sie jede Möglichkeit, mit nackten Füßen über möglichst unterschiedliche Böden zu gehen.
- Gehen im nassen Gras: Laufen Sie 5 bis 15 Minuten relativ rasch durchs nasse Gras (Tau, Regen, Gießkanne). Wischen Sie dann Gras und Erde mit der Hand weg, und steigen Sie, ohne sich abzutrocknen (wichtig!) sofort in trockene Socken und Schuhe.
- Schneelaufen: Laufen Sie bis zu vier Minuten barfuß im frischgefallenen Schnee. Ohne abzutrocknen sofort in trockene Socken und Schuhe.
- Wassertreten: Treten Sie in der mit kaltem Wasser gefüllten Badewanne (kniehohes Wasser) oder noch besser in einem Bach zwei bis zehn Minuten.
- Wasserbäder: Stellen Sie sich eine Minute bis zum Knie in eiskaltes Wasser bzw. tauchen Sie Ihre Arme bis zu den Achseln ein. Hände bis zum Handgelenk bzw. Beine bis zu den Knöcheln abtrocknen und warmbewegen.

Wichtige Spurenelemente für Ihre Immunkraft und Ihren Stoffwechsel

◆ ***Molybdän***

1991 erkannte man erstmals, daß Molybdän im Organismus lebenswichtige Aufgaben erfüllt, daß es vor allem ein Zündfunke für die Arbeit wichtiger Enzyme ist.
In der Natur ist Molybdän in interessanten Mengen in Sojaprodukten, in Buchweizen, in Weizenkeimen, in Grüngemüse, in Vollkornprodukten, im Knoblauch und in Bohnen vorhanden. Es gelangt bei der Aufnahme dieser Nahrungsmittel in den Magen- und Darmtrakt und wird mit Hilfe der roten Blutkörperchen zu den Leberzellen transportiert, wo schon viele Enzyme auf das Spurenelement warten.

Was bewirkt nun Molybdän in unserem Körper?

- Die allgemeine Abwehrkraft gegen Infekte wird gestärkt.
- Der natürliche Abbau der Übersäuerung wird gefördert, insbesondere der Abbau zu hoher Harnsäuremengen.
- Der natürliche Fluorideinbau in den Zähnen wird gefördert und damit Karies bekämpft.
- Potenzstörungen beim Mann, mangelnde Liebeslust bei der Frau können behoben werden.
- Molybdän fördert die Neubildung von Hautzellen und die Hautdurchblutung.
- Konzentrationsstörungen werden abgebaut, Rheuma und Gicht gebessert.
- Der Verdauungstrakt wird gestärkt.
- Molybdän hat positiven Einfluß auf den Knochenbau und die Arbeit der Leber.
- Es hilft bei Allergieanfälligkeit.

Bei einer fleischreichen, süßen Kost, bei einer deutlichen Übersäuerung des Körpers und einer Immunschwäche des Körpers wäre folgende Entgiftungskur mit Molybdän sinnvoll:
Man trinkt über einen längeren Zeitraum jeden Abend vor dem Zubettgehen als Basenträger 1/4 Liter Selleriesaft oder Rote-Rüben-Saft (Reformhaus) dazu zwei Molybdänkapseln (Apotheke).

◆ ***Selen***

- Nicht nur Allergien kann mit Selen vorgebeugt werden.
- Es neutralisiert Schwermetalle wie Cadmium und Quecksilber.
- Es schützt die Zellmembranen.
- Es stärkt das Immunsystem.
- Es hilft Krebs vorzubeugen.
- Selen ist in Weizenkeimen, Meeresfrüchten, Thunfisch, Zwiebeln und Tomaten enthalten.
- In Kapselform ist es in der Apotheke erhältlich.

◆ ***Zink***

Unser Körper braucht dieses Spurenelement, um Gifte wie Schwermetalle, die unser Immunsystem schwächen, auszuschwemmen. Es schützt damit vor allem die Leber.
Neueste Untersuchungen belegen zudem, daß bei Infektionen nicht nur Vitamin C eingenommen werden sollte sondern auch Zink. Enthalten ist Zink in Rindfleisch, Weizenkeimen, Bierhefe, Kürbissamen, Eiern etc. Zinkpräperate sind im Reformhaus oder in der Apotheke erhältlich.

Enzyme - die besten Waffen des Körpers

Enzyme sind Biokatalysatoren, die alle chemischen Prozesse im Organismus regeln bzw. beschleunigen. Sie sind maßgeblich an der Verdauung beteiligt und spielen eine entscheidende Rolle für das Immunsystem. Sie lösen Viren auf, solange sich diese nicht an Zellen festgesetzt haben, und verhindern, daß sich Krankheitserreger hinter Fibrinnetzen verbergen können. Enzyme setzen sich aus einem Eiweißstoff und einem Vitamin oder Spurenelement zusammen, daher ist die Versorgung des Körpers mit Vitalstoffen so wichtig!

Wenn der Organismus nicht mehr in der Lage ist, sich ausreichend mit Enzymen zu versorgen, fehlen sie ganz offensichtlich als krebshemmende Substanzen. Denn Enzyme sind - neben anderen Faktoren - eine ganz wichtige Voraussetzung für eine wirksame Krebsvorbeugung!
Krebs ist eine Zellenentartung. Jeder Körper hat naturbedingt pausenlos damit zu tun. Möglicherweise entsteht täglich in unserem Körper nicht nur die eine oder andere Krebszelle, sondern sogar hundert bis tausend!

Das gesunde Immunsystem erkennt jedoch entartete Zellen und vernichtet sie, sodaß es erst gar nicht zum Heranwachsen eines Tumors kommen kann.
Sollte eine Krebszelle doch übersehen werden, dann kann der heranwachsende Tumor von Abwehrzellen angegriffen und vernichtet werden. Bei Krebsentstehung kommt es also zu einem doppelten Versagen des Immunsystemes. Zunächst werden Krebszellen nicht mehr als entartet erkannt, und danach greifen die Abwehrzellen auch den bösartigen Tumor nicht mehr an! Solange unser Immunsystem voll intakt ist, hat Krebs wenig Chancen.
Die Freßzellen unseres Immunsystemes vernichten die Krebszellen im Blut unterstützt von eiweißspaltenden Enzymen. Ein sehr guter Schutz gegen Freie Radikale ist Vitamin E, es schützt auch vor übermäßiger Blutgerinnung.

- Enzyme verhindern Lymphödeme, besonders nach Brustoperationen und Bestrahlungen, wo feine Lymphgefäße „verschmort" werden und ein „Staubecken" entsteht. Durch Enzyme werden zerstörte Lymphgefäße wieder funktionsfähig und Flüssigkeitsansammlungen im Gewebe abgebaut.
- Enzyme verstärken die Wirkung anderer Therapien. Sie dämpfen Entzündungen und lindern Schmerzen. Sie helfen bei der Krebsprophylaxe für Krebs und auch nach Chemotherapie oder Bestrahlung.

Wichtige Tips:
- Enzyme müssen durch ausgewogene Ernährung (Vitamine, Spurenelemente) aufgenommen werden (für die zusätzliche Aufnahme von Enzymen in Pillenform, fragen Sie Ihren Arzt).
- Vermeiden Sie: Semmeln, Toast, gebratenen Speck, gepökeltes Fleisch, Rührei, ...
- Essen Sie vermehrt: Obst, Vollkorn, kräftiges Müsli (muß nicht an jedem Morgen sein, jedoch 2x die Woche!), Haferflocken, frisch gemahlene Haselnüsse oder Mandeln in Milch einrühren und frisches Obst - besonders Äpfel - hineingeben.
- Müsli ganz langsam essen, gut kauen, damit es mit den körpereigenen Speichelenzymen versehen wird, ansonsten liegt es schwer im Magen und macht müde.

- Kaffee und Tee nicht zu heiß trinken, da die Hitze die Enzyme im Speichel und auch noch im Magen zerstört!
- Essen Sie manchmal zum Frühstück nur einen Apfel und nach zwei Stunden einen zweiten! Zweites Frühstück ca. um 10 Uhr (Obst oder Gemüse). Gut sind: Gurke, Karotten, Kraut, Fenchel, Radieschen, Tomaten, ... 1 Glas Gemüsesaft pro Tag reicht für eine gute Enzymzufuhr.
- Frischer Salat vor der Suppe gegessen, rüstet den Organismus mit Enzymen. Körpereigene Enzymquellen werden entlastet und die nachfolgende Mahlzeit weit zügiger und besser verdaut.
- Vor dem Essen auch Obst oder ein paar Gabeln rohes Sauerkraut essen. Sie bilden eine wertvolle Verdauungseinheit.
- Vermeiden Sie Zucker und weißes Mehl, denn sie sind Vitaminräuber, und so wird es für den Organismus immer schwieriger, Enzyme jeglicher Art überhaupt noch im ausreichenden Maß zur Verfügung zu stellen. Es kommt zu Blähungen, Verdauungsstörungen, und es schleichen sich andere Enzymstörungen bei der Entgiftung, Blutgerinnung, Wundheilung und Abwehrkraft des Immunsystems ein.
- Abends: Kleinigkeit essen, keine Mahlzeiten mehr nach 21 Uhr. Wer seinem Körper zumutet, sich in der Nacht während des Schlafes mit der Verdauung abzuplagen, der behindert ganz massiv die Arbeit des Immunsystems, die hauptsächlich während des Schlafes geleistet wird. Die Enzyme, die zur Verdauung benötigt werden, fehlen bei der Vernichtung von Viren und Krebszellen, bei den Blutsäuberungsarbeiten, die ohne ausreichende Enzyme nicht geleistet werden können.

Enzymtraining beginnt bei gesunder Ernährung!

- Petersilie, Schnittlauch, Rosmarin, Majoran, Bärlauch, Paprika, Gemüsesalate, Kartoffeln
- Wertvolle Enzymquelle: frische, unbehandelte Milch vom Bauern (Vorsicht bei Allergieanfälligkeit!)
- Erdbeeren, Himbeeren, Heidelbeeren an Ort und Stelle essen
- Äpfel, Trauben dienen der Enzymauffrischung (Äpfel- und Mineralwassertag!)

„Enzymhaltige“ Nahrung:
Ananas, frisches, rohes Gemüse und Obst, Tatarbeef, kurz angebratenes Fleisch, wenig gekochte Speisen.

Enzymschonende Lebensweise:
- Verminderung und Bewältigung von Streßsituationen, Angst, unnötige Sorgen
- innere Unruhe, böse Vorahnungen vermeiden
- Freude und Ausgeglichenheit kultivieren
- Keine Vernachlässigung der Gesundheit
- Konsequentes Auskurieren und Vorbeugen chronischer Leiden!

Seele und Immunsystem

Seele und Immunsystem sind auf vielfältige Weise miteinander vernetzt. So hat man entdeckt, daß man ohne Frust, Streß und Angst auch Krankheiten, vielleicht sogar Unfälle in Schach halten kann. Jedenfalls reagiert der Körper bei psychischer Ausgewogenheit zielorientierter mit seinen Abwehrkräften.

Ein Beispiel: In optimistischen Lebensphasen kann einen der Nachbar in der Straßenbahn noch so direkt anhusten, man steckt sich nicht an. Dominieren negative seelische Einflüsse, genügt der geringste Windhauch, und man liegt krank im Bett.

Das amerikanische Forscherteam Ader/Frederickson will jetzt herausgefunden haben, daß sich auch die Psyche an einem intakten Immunsystem aufrichten kann, daß also zwischen Abwehrkraft und Seele eine sensibel funktionierende Kommunikation stattfindet. Das würde nichts anderes bedeuten, als daß man sich bei intaktem Immunsystem gleich auch psychisch um vieles besser fühlt!
Wenn diese jüngsten Erkenntnisse über das Zusammenspiel im Körper stimmen, dann kommt der „optimalen Erhaltung des Gleichgewichts" der Kräfte eine neue Bedeutung zu. Es würde z.B. erklären, daß Menschen, die sich einem gezielten Fitneßtraining verschreiben, nicht nur ihre Abwehrkräfte stärken, sondern auch gleichzeitig ihre psychische Stabilität festigen. Es würden aber auch neue Interpretationen für das Phänomen der Sucht möglich: Wer Spannungsgefühle des Körpers nicht auf natürlichem Weg über die soziale Kommunikation abzubauen vermag, der entwickelt eine Art

Ersatztrieb in Richtung Alkohol oder Droge und schädigt damit sein Immunsystem erst recht.

Vergessen Sie nicht:
Gefühle wirken sich bis in jede Körperzelle aus und beeinflussen das Immunsystem. Positive Stimmungen stärken die Abwehrkräfte und schützen vor Krankheiten - vom banalen Schnupfen über Rheuma bis hin zu Krebs. Negative bewirken das Gegenteil.

Zytokine, Botenstoffe des Immunsystems

Durch die Forschungen internationaler Immunexperten hat man die wichtigen Eiweißsubstanzen mit dem Namen Zytokine entdeckt. Sie sind Botenstoffe des Immunsystems. Ohne Zytokine kann unser gesamtes Abwehrsystem nicht funktionieren.
Sie geben den Abwehrzellen und ihren Helfern die aktuellen Nachrichten über den Stand des Immunsystems weiter. Auf das, was die Zytokine melden, wird reagiert, und die Abwehrzellen werden angeregt. Durch eine gesunde, ausgewogene Ernährung unterstützen Sie die Reaktionsfähigkeit der Zytokine und erreichen somit eine bessere Abwehrkraft.

Empfehlung:
Um die Zytokine zu stärken, sollten Sie pflanzliches Eiweiß, wie z.B. Erbsen, Bohnen und Sojaprodukte zu sich nehmen.

Was Sie über Allergien wissen sollten

Als Allergie bezeichnet man eine Überempfindlichkeit des Körpers auf körperfremde Reize. Bei über 20.000 Stoffen konnte man bisher eine allergieauslösende Wirkung nachweisen. Man nennt solche Substanzen „Allergene".
Von ihnen werden ca. 400 für die häufigsten allergischen Reaktionen verantwortlich gemacht. Dies sind in erster Linie bestimmte Eiweißstoffe. Sie werden entweder durch die Atemluft aufgenommen - Blütenpollen, Hausstaub, Tierhaare - oder gelangen in Form von Nahrungsmitteln in den Körper. Andere Substanzen wie verschiedene Metalle, Chemikalien oder Kunststoffe können durch die Berührung der Haut zu sogenannten Kontaktallergien führen.

Rund 15% der Gesamtbevölkerung in den Industriestaaten leiden unter einer sogenannten Inhalationsallergie.

Der „Wonnemonat" Mai ist alljährlich der Auftakt für die saisonalen Beschwerden. Oft entsteht eine Überempfindlichkeit auf Gräserpollen. Parallel zur Blütezeit der Gräser, etwa ab Mitte Mai bis August, leiden Allergiker bei Aufenthalten in belasteten Regionen unter rinnender Nase, Niesen, allenfalls Husten und brennenden, verquollenen Augen.
Und ausgerechnet zum Höhepunkt der Gräserblüte, ungefähr Anfang Juni, kommt auch noch die Roggenblüte mit der Freisetzung der im Vergleich mit den Gräsern noch viermal so aggressiven Pollen dazu.
Leider ist auch mit Ende August die Heuschnupfensaison für Pollenallergiker noch immer nicht überstanden. Ihren Abschluß bilden erst die bis in den September hineinreichende Blüte des Traubenkrauts (Ragweed-Pollen).
Das Traubenkraut hat den Nordwesten Österreichs besonders den burgenländischen Seewinkel erobert. Durch Südostwind werden die Ragweed-Pollen binnen weniger Stunden auch nach Wien getragen, wo ihre Konzentration in der Atemluft in den frühen Abendstunden das Maximum erreicht.

Allergien müssen behandelt werden. Unbehandelt führt eine Allergie zu einem weiteren Zunehmen der Beschwerden. Aus einem gewöhnlichen Heuschnupfen kann so unter Umständen eine schwerwiegende Atemwegserkrankung entstehen. Sie selbst können dafür sorgen, daß es gar nicht erst so weit kommt. Der wichtigste Schritt ist zweifellos eine möglichst umfassende Aufklärung rund um das Thema Allergie. Denn, wer weiß, womit er es zu tun hat, kann sich umso besser schützen.

Die Allergie kommt nicht plötzlich. Meist wird sie langsam erworben, manchmal bereits in der Kindheit. Seelische Einflüsse, wie z.B. zuviel Streß aber auch Vererbung können bei ihrer Entstehung eine wichtige Rolle spielen.

So entstehen Allergien

Allergien können sich sehr unterschiedlich äußern - durch Schnupfen, Niesen, gerötete Augen, Migräne, aber auch durch Hautausschläge oder Nesselfieber, ja sogar durch Magen-Darm-Beschwerden.

Der allergieauslösende Stoff gelangt durch die Atemluft auf die inneren Schleimhäute der Atemwege. Dort wird das Allergen von den Körperzellen als Fremdkörper erkannt.

Sofort beginnen diese Körperzellen mit der Produktion von speziellen Abwehrstoffen, den Antikörpern. Die Antikörper heften sich bevorzugt an andere körpereigene Zellen, die Mastzellen.

Dort lauern sie auf ein erneutes Eindringen von Allergenen. Den Ablauf bis zu diesem Punkt nennt man Sensibilisierungsphase. Erst nach einem solchen Erstkontakt können sich bei einer erneuten Begegnung mit den Gräserpollen (Allergene) allergische Symptome ausbilden. Bei dieser Reaktionsphase treffen die Allergene auf die an die Mastzellen gehefteten Antikörper.

Eine heftige Reaktion setzt ein, die dazu führt, daß von den Mastzellen gespeicherte Überträgerstoffe, vor allem Histamin, freigesetzt werden. Und genau wie ein Schlüssel passend zum richtigen Schloß, setzt sich nun das Histamin an empfangsbereite Stellen im Körpergewebe fest: An den Rezeptoren.

Die Folge ist eine allergische Reaktion. Es kommt z.B. zu einer Rötung und Schwellung der Schleimhäute, zu tränenden Augen, oder die Atmung wird erschwert.

Die häufigsten Allergien:

- ***Die „falschen" Allergien***

Hierbei handelt es sich um Unverträglichkeitsreaktionen des Körpers, bei denen aber im Gegensatz zur Allergie eine vorherige Sensibilisierungsphase nicht notwendig ist. Ausgelöst werden sie häufig durch bestimmte Nahrungsmittelzusätze wie Farbstoffe oder Konservierungsmittel oder durch bestimmte Medikamente.
Wichtig ist bei derartigen Reaktionen, daß besonders sorgfältig nach der auslösenden Substanz gesucht werden muß, um ein erneutes Auftreten zu vermeiden.

- ***Tierhaar-Allergie***

Eigentlich sind es nicht die Haare, gegen die der Betroffene allergisch ist, sondern Hautschuppen und Körpersekrete, die an den Haaren haften. Verhältnismäßig selten kommt es zu allergischen Reaktionen bei Hundehaaren. Dagegen treten sie häufig bei Kontakten mit Katzen, Kaninchen, Hamstern und Meerschweinchen auf. Auch Felle oder Produkte aus Tierhaaren (Matratzen, Pölster) können Krankheitszeichen verursachen.

- ***Hausstaub-Allergie***

Eine der verbreitetsten Allergien. Vor allem Kinder sind davon betroffen. Hausstaub ist in erster Linie eine Mischung aus Haaren, Hautschuppen von Mensch und Tier, Textilfasern und Federteilchen. Hauptauslöser der Hausstauballergie sind allerdings die im Hausstaub lebenden Milben bzw. deren Ausscheidungen. Milben sind mikroskopisch klein. Sie sind natürliche Mitbewohner unserer häuslichen Umgebung und halten sich gern in Federbetten, Pölstern, Matratzen und Teppichböden auf. Ihr Vorkommen hat nichts mit Unsauberkeit zu tun.
Milben fühlen sich besonders bei Temperaturen von 20-30° C und einer relativen Luftfeuchtigkeit von 65-80% wohl. Sehr tiefe und sehr hohe Temperaturen wie auch geringe Luftfeuchtigkeit schaden ihnen dagegen und hemmen ihre Ausbreitung.
Daher sollte man Zimmer und Betten vor allem im Winter oft und gründlich lüften.

◆ ***Schimmelpilz-Allergie:***
Ähnlich wie Pflanzen „blühen“ auch die Schimmelpilze, mit dem Unterschied, daß sie nicht Pollen, sondern Sporen absondern. Die allergieverursachende Wirkung ist dieselbe. Man findet Schimmelpilze in der Wohnung, vor allem wenn Lufttemperatur und -feuchtigkeit hoch sind. Sie verstecken sich oft an feuchten Mauern, hinter Schränken, Kacheln und Holzverkleidungen, aber auch dort, wo man sie nicht so leicht vermutet, wie in Klimaanlagen, Ausgüssen und Matratzen. Sogar in Plüschtieren sind manchmal Schimmelpilze zu finden.
Wie auch bei der Hausstaub-Allergie gilt als wichtige Vorbeugemaßnahme gründliches Lüften. Und natürlich: Entfernung aller Schimmelherde sowie jener Dinge, die übermäßige Feuchtigkeit produzieren. Dazu gehören auch Zimmerpflanzen, besonders Hydrokulturen, da sie Nahrung und Feuchtigkeit für Schimmelpilze liefern.

◆ ***Nahrungsmittel-Allergie:***
Sie kann sich unter anderem in Form von Migräne, Fließschnupfen, Asthma oder Gelenksschmerzen äußern.
Als allergene Nahrungsmittel kommen beispielsweise Milchprodukte, Hühnereiweiß, Fische, Krusten- und Schalentiere, Gemüse wie Erbsen, Bohnen, Kohl und Sellerie, Obst wie Erdbeeren und Südfrüchte sowie Schokolade, Hefe und Bier in Betracht.
Auch Konservierungsstoffe, die in Lebensmitteln enthalten sind, kommen häufig als Auslöser in Frage.
Um herauszufinden, auf welches Nahrungsmittel man allergisch reagiert, hat sich die Auslaßmethode bewährt: Über einen bestimmten Zeitraum wird auf das verdächtige Lebensmittel verzichtet. Hat man dadurch das Allergen festgestellt, hilft nur die konsequente Meidung dieses Nahrungsmittels.
Übrigens: So manche Lebensmittel-Allergie entpuppt sich als Schimmelpilz-Allergie! Klar, niemand ißt ein schimmeliges Brot. Aber hätten Sie gedacht, daß auch in Wein und Obstsäften Schimmelpilze versteckt sein können?

◆ ***Die Kontakt-Allergie***
Bei Kontakt-Allergien wird die Haut, die mit dem Allergen in Berührung kommt, in Mitleidenschaft gezogen; es kommt zu juckenden Hautausschlägen.

Typisch ist etwa das Auftreten von Kontaktekzemen bei Menschen, die Modeschmuck tragen. Aber auch Jeansknöpfe können zu allergischen Reaktionen führen. Außer Metallen, vor allem Nickel, sind Kosmetika, Putz- und Waschmittel sowie Textilien als Allergie-Auslöser bekannt. Hier hilft nur die strikteste Meidung der Allergene. Der Arzt kann Ihnen juckreizstillende Medikamente geben, falls es Sie doch einmal „erwischt" haben sollte.
Auch manche Berufsgruppen klagen vermehrt über Kontakt-Allergien wie zum Beispiel Bäcker, die besonders anfällig für Mehlstauballergien sind, Friseure, deren Haut durch Haarfärbemittel oder Dauerwellflüssigkeiten beansprucht wird oder Metallarbeiter, die Kontakt mit allergieverursachenden Flüssigkeiten haben. Medikamente bieten hier kurzfristig Linderung. Auf längere Sicht hin jedoch sollten Betroffene einen Berufswechsel in Erwägung ziehen.

◆ ***Die Sonnen-Allergie***
Vor allem Hellhäutige können nach einem zu intensiven Sonnenbad von allergischen Reaktionen wie Rötungen, Schwellungen, Pickel-, Bläschen- oder Quaddelbildung betroffen werden. Hinzu kommt meist ein quälender Juckreiz.
Bestimmte Stoffe in Kosmetika, Deos und Sonnenschutzmitteln, aber auch körpereigene Bestandteile der Haut können die Lichtempfindlichkeit sogar noch verstärken.
In solchen Fällen kann die Symptomatik durch Antihistaminika gebessert oder sogar verhindert werden.
Spezielle Sonnenschutz-Präparate für Allergiker und Menschen mit empfindlicher Haut sind im Handel erhältlich. Oft hilft auch die Einnahme von Kalziumtabletten.

Heuschnupfen: Die häufigste Allergie

Sehr viele Menschen leiden unter Heuschnupfen: Sie sind überempfindlich gegen Blütenstaub. Von rund 4000 verschiedenen Blütenpollenarten, die von Frühjahrsbeginn bis zum Herbst durch die Luft gaukeln, sind zum Glück nur 200 aggressiv. Zwanzig der nur wenige hundertstel Millimeter großen Blütenstäubchen reichen schon, um einen „Heuschnüpfler" für Tage matt zu setzen.
Typische Symptome des Heuschnupfens sind Augentränen und -jucken, Niesreiz, Anschwellen der Nasenschleimhäute und übermäßige Schleimabsonderung. Eventuell kommen Kopfschmerzen,

allgemeine Mattigkeit und Schlafstörungen dazu.
Wenn die lästigen Krankheitszeichen des Heuschnupfens auch außerhalb der Pollenflugzeit auftauchen, kann man eine Tierhaar-Allergie, eine Hausstaub-Allergie oder eine Schimmelpilz-Allergie vermuten.

So wirken Sie der Allergieanfälligkeit entgegen:

- Schließen Sie morgens gegen 5 Uhr die Schlafzimmerfenster - um diese Uhrzeit setzt der Pollenflug ein.
- Fahren Sie mit geschlossenem Autofenster.
- Vermeiden Sie Ausflüge aufs Land (blühende Wiesen und Getreide!).
- Ein kalter Gesichtsguß nach Kneipp lindert die Beschwerden: Duschkopf auf die Nase richten und 10 Sekunden lang Wasser laufen lassen.
- Auch Nasenspülungen mit Kochsalzlösung (1 TL auf 1/2 l) sind sehr hilfreich.
- Koffein kann die Überreaktion der Schleimhäute auf Pollen abmildern: Trinken Sie morgens und mittags einen starken Mocca.
- In hochaktuellen Forschungsarbeiten, die auch international Aufsehen erregten, wurde nachgewiesen, daß durch den natürlichen Wirkstoff Soledum Cineol - der in hochreiner Form ohne belastende Begleitsubstanzen aus Eukalyptusöl gewonnen wird - die entzündungsauslösenden Stoffe im erkrankten Gewebe der Atemwege gehemmt werden. Soledum Cineol gibt es rezeptfrei als Kapsel oder zur Inhalation in Apotheken.
- Oft hilft gegen Allergien eine Entgiftungskur z.B. nach F. X. Mayr, da die allergischen Reaktionen auf einer Störung der normalen Bakterienbesiedlung im Darm beruhen können. Wenn es durch die Entgiftungskur (mindestens zwei Wochen) gelingt, die sogenannte Darmflora wieder aufzubauen, wird die Situation meist verbessert.

Pollenflug von Februar bis Oktober

Pflanzenart	Feb	März	Apr	Mai	Juni	Juli	Aug	Sep	Okt
Haselnuß	•	•	•						
Pappel		•	•	•					
Ulme		•	•						
Birke			•	•					
Rotbuche			•	•					
Eiche			•	•					
Esche			•	•					
Flieder			•	•					
Löwenzahn			•	•	•	•			
Raps			•	•	•	•	•		
Ruchgras			•	•	•	•	•		
Weide			•	•					
Holunder				•	•				
Hopfen				•					
Jasmin				•	•				
Knäuelgras				•	•	•	•		
Robinie				•	•				
Roggen				•	•	•	•		
Brennessel				•	•	•	•	•	•
Liguster				•	•	•			
Lieschgras				•	•	•	•	•	
Gänsefuß					•	•	•	•	•
Gerste					•	•			
Hafer					•	•			
Weizen					•				
Linde					•	•			
Beifuß						•	•	•	
Mais						•	•	•	
Ragweed							•	•	•

Asthma

Bronchialasthma ist eine Störung der Ausatmung. Sie beruht auf krampfartiger Verengung der Luftwege (Bronchien). Allergien zählen zu den häufigsten Auslösern von Asthmaanfällen. Wenn die geschwollene Schleimhaut dem Abtransport von Fremdkörpern und

Schleim nicht mehr nachkommt und sich die Bronchien krampfartig zusammenziehen, staut sich die Atemluft in der Lunge. Der Asthmatiker glaubt, mehr Luft einatmen zu müssen. Tatsächlich liegt das Problem eher bei der Ausatmung, die ohne Muskelkraft vor sich geht. Der Asthmaanfall kann beeinflußt werden, wenn ruhig und sanft ausgeatmet wird. Die Zwerchfellatmung - den langen Atem - zu trainieren, ist für den Asthmatiker Pflicht.

Tips für Asthmatiker:
- Sofort das Rauchen aufgeben!
- Schleimlösende Tees wie z.B. Spitzwegerich, Thymian oder Eibisch trinken.
- Inhalationen mit Salzwasser lösen das Abhusten über eine Verflüssigung des Schleims aus.
- Langsamer Dauerlauf mit rhythmischer Atmung ist das beste sportliche Training.
- Atemübungen in frischer Luft - durch ein gründliches Ausatmen werden Krankheitserreger und Schmutz aus den Bronchien entfernt.
- Entspannungsübungen, z.B. auf das Bett legen und einen Sandsack oder ein Telefonbuch auf den Bauch geben. Danach ruhig ausatmen, dann bewußt immer längere Pausen machen, Pausen auch wieder verkürzen - immer mitteltief einatmen.
- Gebirgs- und Seeklima sind Balsam für den Asthmatiker.
- Lassen Sie einen Allergietest durchführen.

Damit Sie gut über den Winter kommen -
Vorsorge für Asthma- und Bronchialpatienten:
- Kalte Luft - besonders im Herbst - kann bei Tätigkeiten im Freien (z.B. Gartenarbeiten) momentane Bronchienreizungen auslösen. Vergessen Sie deshalb nicht, Ihr bronchienerweiterndes Medikament stets griffbereit bei sich zu haben.

- Sorgen Sie auch in der Heizperiode für ausreichende Frischluftzufuhr in geschlossenen Räumen. Hausstaub und Schimmelpilzsporen können zu allergischen Asthmaanfällen führen.

- Messen Sie mit Ihrem Peak-Flow-Meter (in der Apotheke erhältlich) besonders während der Herbst- und Wintermonate sorgfältig Ihre Atemkapazität. Zu empfehlen sind drei Messungen hintereinander, wobei der höchste der drei Werte in das Protokoll eingetragen werden soll. Die Messungen - morgens und abends - sind für den Arzt eine wichtige Therapie-Information.

- Klären Sie frühzeitig mit Ihrem Arzt ab, ob eine Grippeimpfung für Sie in Frage kommt.

- Wenn Sie eine Grippe oder Erkältung haben, machen Sie keine Experimente mit rezeptfreien Medikamenten, die Ihnen unbekannt sind und die Ihnen Ihr Arzt nicht verordnet hat, weil auch Medikamente einen allergischen Asthmaanfall auslösen können. Beipackzettel beachten!

- Bei Husten mit Schleimbildung beobachten Sie, ob Ihr ausgehusteter Schleim eine Verfärbung zeigt. Eine grünliche oder gelbliche Verfärbung deutet auf eine bakterielle Infektion hin und muß besonders bei Patienten mit Asthma oder Bronchitis rechtzeitig mit einem Antibiotikum behandelt werden.

- Die richtige Einnahme und Handhabung Ihrer vom Arzt verordneten Medikamente - besonders in Zeiten erhöhter Infektionsgefahr - ist entscheidend für Ihre Gesundheit und Lebensqualität, gerade in der für Asthma- und Bronchitis-Betroffene „schlechten“ Jahreszeit. Hilfestellung dafür gibt die ATEMSCHULE, die in ganz Österreich an 40 Standorten kostenlos zur Verfügung steht. Auskunft und Terminübersicht erhalten Sie unter der Service-Nummer 979 85 65.

Schlafstörungen und Nervosität durch Stress

Mehr als ein Drittel der Menschen in Industrieländern klagt über Schlafstörungen. Die Nacht kann auf verschiedene Arten zur Qual werden: Da gibt es Probleme beim Einschlafen oder beim Durchschlafen, der Schlaf kann in viele unbefriedigende Teilchen zerhackt sein oder überhaupt ausbleiben. Wieviel Schlaf man benötigt, scheint genetisch festgelegt zu sein. Langschläfer, die mehr als neun Stunden „an der Matratze horchen" müssen, können sich nicht auf Dauer zu Kurzschläfern umprogrammieren, die bereits nach weniger als sechs Stunden wieder voll fit sind; echte Kurzschläfer hingegen können noch so lange liegen bleiben, zum Langschläfer mutieren sie damit nicht. Die Faustregel besagt, daß Säuglinge 18 Stunden, Kinder acht bis neun Stunden, Erwachsene sieben bis acht Stunden und Senioren fünf bis sieben Stunden Schlaf benötigen.
Durch schlechten Schlaf blockieren wir unsere Schaffenskraft, werden müde und gereizt. Geistige Trägheit, verminderte Kreativität und Mangel an Elan und Kraft sind zusätzliche Folgen.
Im Schlaf lockern sich die Muskeln, der Stoffwechsel wird verlangsamt, der Sauerstoffverbrauch nimmt ab, und der Körper kann sich wirklich entspannen.
Je aufreibender unser Leben ist und je öfter wir emotionalem Druck standhalten müssen, umso dringender brauchen wir einen gesunden Schlaf und eine entspannende Nachtruhe.

So wirken Sie nervösen Schlafstörungen entgegen:

- Abendlicher Kerzenschimmer hilft dem Menschen, sich vollständig zu entspannen, und fördert einen ruhigen Schlaf. Je heller die Beleuchtung, desto kürzer die Schlafdauer.
- Verzichten Sie vor dem Schlafengehen auf koffeinhältige Getränke wie Kaffee, schwarzen Tee oder Coca Cola.
  Auch Nikotin erhöht die Pulsfrequenz und steigert den Erregungszustand des Gehirns.
- Bewegen Sie sich so oft wie möglich an der frischen Luft. Ein flotter Spaziergang vor dem Schlafengehen fördert Ihren gesunden Nachtschlaf. Anstrengende Sportarten wie z.B. Squash könn-

ten das Einschlafen eher erschweren.

- Verzichten Sie auf Schlafmittel. Gefahr von Abhängigkeit.
- Nehmen Sie vor dem Zubettgehen ein Glas warme Milch mit einem Eßlöffel Honig zu sich. Psychologen meinen, die Milch sei deshalb ein Schlaftrunk, weil sie uns an die Behaglichkeit und Wärme der Mutterbrust erinnert.
- Essen Sie am Abend nicht zuviel, denn mit vollem Magen schlafen Sie unruhig, und es kommt zu unangenehmen Schweißausbrüchen. Auch großer Hunger kann den Schlaf stören, wenn der Blutzuckerspiegel absinkt. Der goldene Mittelweg wäre ein kleiner Imbiß am Abend.
- Befolgen Sie ein bestimmtes Einschlafritual. Trinken Sie eine halbe Stunde vor dem Schlafengehen einen Becher Milch.
- Ertränken Sie Spannungen, die sich im Laufe des Tages angesammelt haben, in einem warmen Entspannungsbad (Melisse, Lavendel). Rubbeln Sie sich nach dem Bad rasch trocken, und danach strecken Sie sich wie eine Katze.
- Sorgen Sie für angenehme Raumtemperatur, lockere Bekleidung und Dunkelheit im Schlafzimmer.
- Lüften Sie Ihr Schlafzimmer vor dem Zubettgehen .
- Leise, angenehme Musik wiegt Sie in den Schlaf.
- Fassen Sie Ihre Ohrläppchen zwischen Daumen und Zeigefinger, und rollen Sie die Hautfläche langsam gegeneinander. Tun Sie dies zwei bis drei Minuten. Sie aktivieren so einen wichtigen Nerv des vegetativen Nervensystems.

◆ ***Autosuggestion***

Wiederholen Sie im Geist unter langsamem, rhythmischem Atmen Formeln dieser Art:

- Meine Augenlider sind schwer wie Blei.
- Ich bin im Einklang mit der Welt.
- Arme und Beine sind schwer und entspannt.
- Ich bin völlig ruhig und entspannt.
- Wohltuende Wärme durchflutet mich.
- Ich sinke in tiefen, entspannenden und erfrischenden Schlaf.

Sollte diese Methode Sie nicht ansprechen, so versuchen Sie es mit einer Reise in der Phantasie.

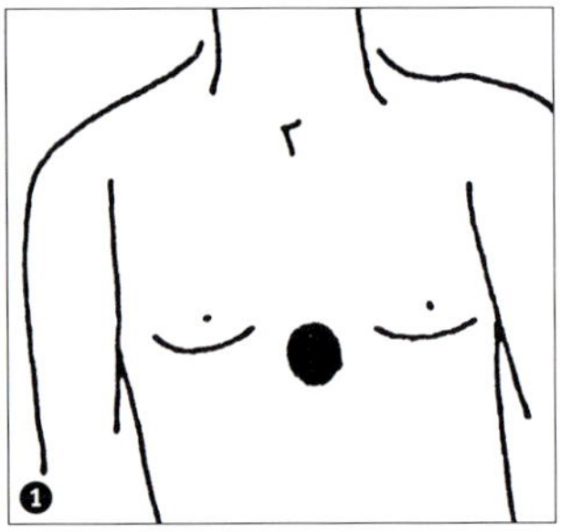

❶

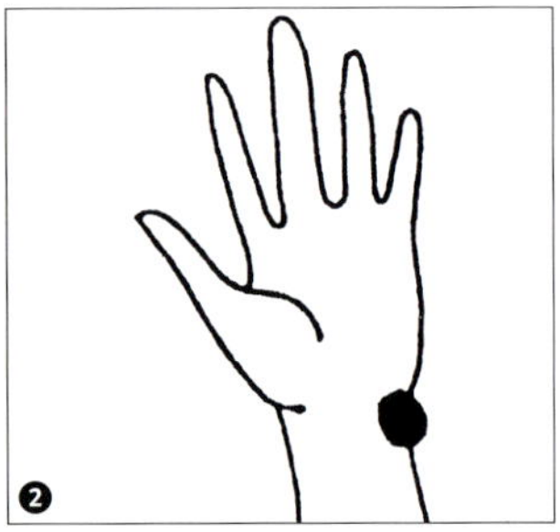

❷

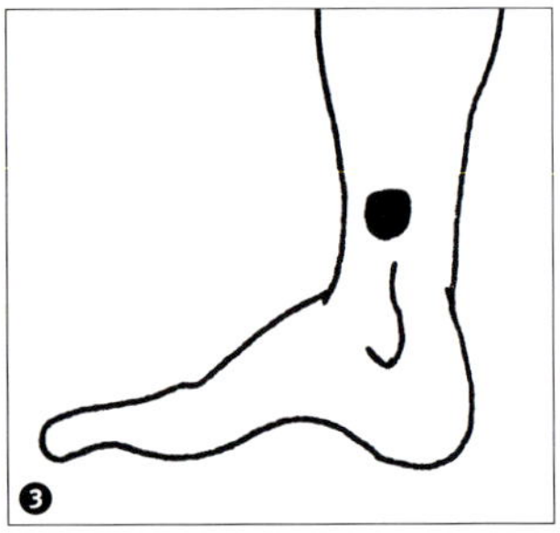

❸

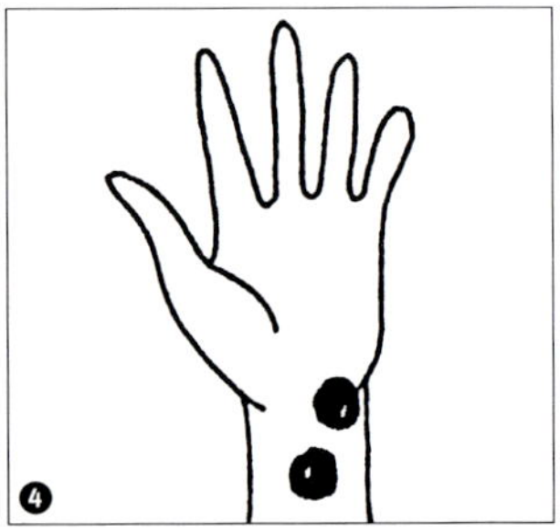

❹

◆ ***Akupressur***

Sie hilft bei nervösen Störungen und inneren Verspannungen
Die Druckmassage ist bei allen in der Folge angegebenen Akupressurpunkten folgendermaßen auszuführen:

- Die Punkte werden mit der Fingerkuppe mit zunächst nur leichtem Druck massiert. Empfohlen wird eine vibrierende Bewegung, die nach ca. 30 Sekunden kräftiger werden soll.
- Fast alle Akupressurpunkte liegen über einem Knochen, einer Knochenkante oder einem Sehnenrand. Vergessen Sie nicht, daß diese Stellen druckempfindlich sind. Massieren Sie an diesen Schmerzstellen gerade so fest, daß der Schmerz nicht als unangenehm empfunden wird.
- Wiederholen Sie die Massage im Laufe eines Tages des öfteren, jedoch nie länger als drei Minuten.
- Die Punkte sollen stets auf beiden Körperseiten massiert werden, entweder gleichzeitig oder hintereinander.

Übungsanleitungen:

- Die Kombination nach Abb. ❶-❷ wirkt bei nervösen Störungen, inneren Verspannungen, Streßüberempfindlichkeit und Schlaflosigkeit. Dies hilft ebenso bei Beschwerden im Brustraum, bei lästigem Aufstoßen und Problemen der Leber und Galle.
- Bei Schlaflosigkeit, Tagesmüdigkeit und Nervenschwäche massieren Sie die Punkte nach Abb. ❸-❺.
- Bei Unausgeglichenheit, Freudlosigkeit und Mangel an Lebensfreude massieren Sie den Akupressurpunkt nach Abb. ❻.
- Akupressurpunkte bei Erwartungsangst, Beklemmungen und Schwermut sind nach Abb. ❼ und ❽ zu massieren.

Schlafmittel aus der Natur

Der Vorteil von Heilpflanzen wie Hafer, Baldrian, Melisse, Hopfen, Passionsblume und Lavendel ist, daß diese Pflanzen bei richtiger Anwendung praktisch frei von Nebenwirkungen sind.
Sie alle wirken sowohl beruhigend als auch stimmungsaufhellend. Sie fördern den Schlaf und stärken das vegetatives Nervensystem.

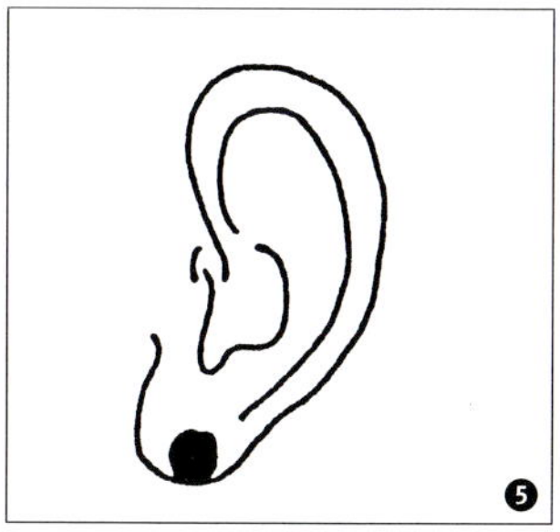

5

◆ ***Hafer:***

Der Inhaltsstoff Avenin wirkt beruhigend. Der ausgeprägte Mineralstoffreichtum und der hohe Gehalt an Kieselsäure wie auch die Vitamine A und E verleihen dem Hafer eine kräftigende Wirkung.

Verwenden Sie den Hafer bei:

- Schlaflosigkeit und unergiebigem Grübeln
- seelischer Erschöpfung
- Existenz- und Erwartungsängsten
- erhöhter Neigung zu Kaffee und Zigaretten
- Eßunlust

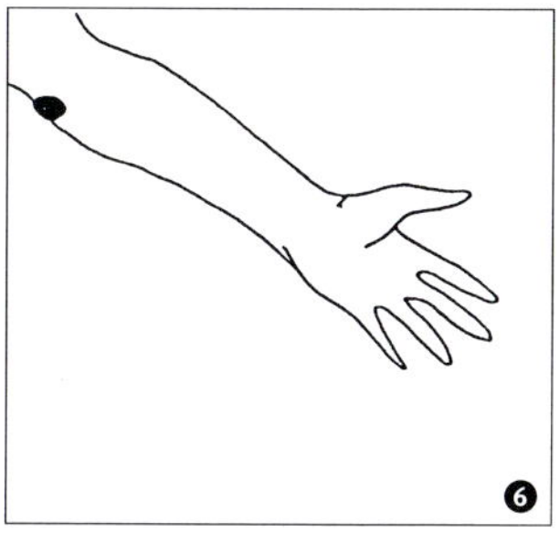

6

- Hafertinktur: Für einen ruhigen, entspannenden Schlaf erhalten Sie diese in Apotheken, welche homöopathische Spezialitäten führen. Nehmen Sie Stunden vor dem Schlafengehen 10 bis 20 Tropfen in einem Glas heißem Wasser.
- Haferabsud: Nehmen Sie 500 g Haferkörner (erhältlich im Reformhaus), waschen Sie die Körner. Danach werden sie in einem Liter Wasser solange abgekocht, bis sie zur Hälfte eingesotten sind. Der flüssige Teil wird abgegossen, und der feste Teil kann als Brei verwendet werden.Trinken Sie von dem Absud täglich zwei Tassen mit einem Eßlöffel Honig vor dem Schlafengehen.

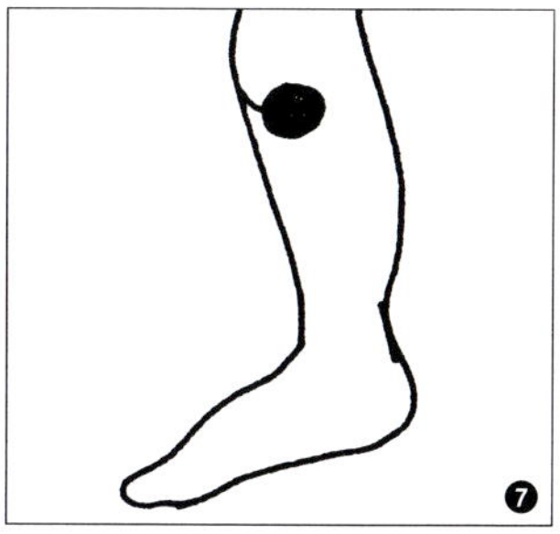

7

◆ ***Baldrian***

Er wird durch seinen unangenehmen Geruch auch Stinkwurz genannt. Jedoch ist er das ideale Mittel, um permanente Hetze und unruhige Zeiten besser zu überstehen.

Verwenden Sie Baldrian bei:

- Reizüberflutung
- allgemeinen Reizzuständen nervöser Art
- körperlichem Mißbehagen wie z.B. bei dem Gefühl einer zuge-

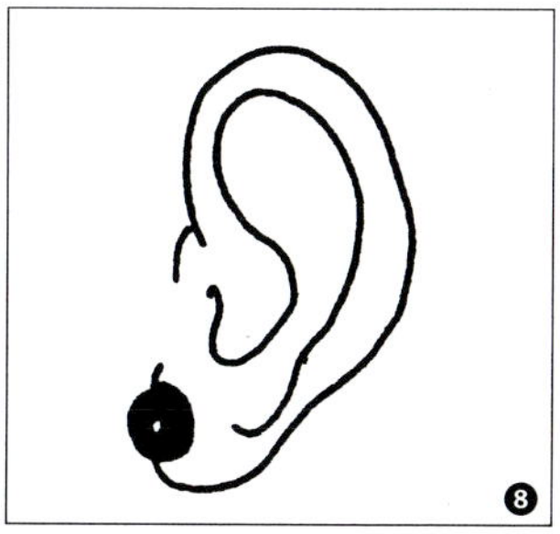

8

schnürten Kehle, zu schnellem Herzklopfen, ect.
- nervösem Bewegungsdrang
- Unruhe und Gedankenflucht
- Schlaflosigkeit infolge innerer Unruhe
- Baldrianbad: Es fördert die Entspannung und Einschlafbereitschaft. Fertige Baldrian-Badeextrakte erhalten Sie in Reformhäusern oder Apotheken.
- Baldrianperlen (Apotheke)
- Baldrian-Frischpflanzensaft (Reformhaus)

◆ ***Melisse***

Die ätherischen Öle, welche in ihr enthalten sind, wirken beruhigend und schlaffördernd.

Verwenden Sie Melisse bei:
- nervösen Herzschmerzen
- Ängstlichkeit
- Einschlafstörungen durch Unruhe und Angst
- Neigung zu Magen- und Darmbeschwerden aufgrund außerordentlicher Belastungen
- nervös ausgelösten, migräneähnlichen Kopfschmerzen
- psychischen Erschöpfungszuständen

- Klosterfrau Melissengeist (Reformhaus) enthält ein Destillat aus der echten Melisse.
- Melissenwein: 30 g getrocknete Melissenblätter in einen Liter Weißwein 24 Stunden lang in Ofennähe (ca. 35° C) geschlossen ziehen lassen. Danach abfiltern und ein paar kleine Schlucke eine halbe Stunde vor dem Schlafengehen trinken.
- Melissenvollbad (Apotheke,Reformhaus)
- Geben Sie ein 10 bis 20 Tropfen Aromaöl Melisse plus Rosenholz (Reformhaus) in eine mit Wasser gefüllte Duftlampe.

◆ ***Hopfen***

Er ist ein mildes Beruhigungsmittel, wobei die schlaffördernde Wirkung besonders ausgeprägt ist.

Verwenden Sie Hopfen bei:
- nervösen Störungen, besonders im höheren Alter

- nervösen Magenleiden
- Druck im Oberbauch und Verstopfung
- Schlaflosigkeit im Zusammenhang mit Verdauungsbeschwerden
- nervösem Reizmagen
- Gegen ein bis zwei Gläser Bier als Hopfenlieferant ist meist nichts einzuwenden.
- Nehmen Sie zwei Teelöffel Hopfenblüten (Kottas Kräuterhaus) und übergießen Sie diese mit 1/4 l siedendem Wasser. 10 Minuten ziehen lassen und zwei Tassen täglich eine halbe Stunde vor dem Schlafengehen trinken. Machen Sie diese Hopfenblütenkur drei Wochen lang.

◆ *Passionsblume*

In welcher Dosis die Passionsblume eingesetzt wird, richtet sich nach der Intensität der nervösen Beschwerden. Es wird jedoch fast ausschließlich die Tinktur verwendet. Manchmal können bereits fünf Tropfen ausreichend sein, ein anderes Mal werden Sie bis zu 60 Tropfen einnehmen müssen.

Verwenden Sie die Passionsblume bei:

- Erregungszuständen und Hektik
- zu hohem Zigartettenkonsum
- Ruhelosigkeit, z.B. auch bei stetem Auf- und Abmarschieren
- Schlaflosigkeit infolge von Verspannung
- Beklemmungsgefühlen
- Muskelkrämpfen aus verschiedenen Ursachen
- leichten bis mittelstarken Schmerzzuständen aller Art
- Die Passionsblumentinktur (Apotheke): 5 bis 60 Tropfen je nach Intensität der nervösen Beschwerden

◆ *Lavendel*

Er wirkt besonderes entspannend auf die Muskulatur von Zunge, Rachen und Luftröhre. Obwohl überaus beruhigend, ist er zugleich aber auch stimmungsaufhellend.

Verwenden Sie Lavendel bei:

- Nervenschwäche, besonders bei niederem Blutdruck und Tagesmüdigkeit
- nervösem Husten

- nervös ausgelösten Atembeschwerden
- nervösen Sprachstörungen
- Verstimmungszuständen bei Blähungen
- Leistungsabfall nach dem Essen

- Lavendelblütenbad (Reformhaus, Drogerien). Sie können auch einen größeren Lavendelstrauß in Ihr Badewasser legen.
- Geben Sie 5 bis 10 Tropfen Aromaöl Lavendel in eine mit Wasser gefüllte Duftlampe.
- Biologische Hautcremen mit Lavendelzusatz (Reformhaus).
- Geben Sie sich kleine Lavendelsäckchen unter Ihren Kopfpolster.

Bitte beachten Sie:
Wer unter chronischer Schlaflosigkeit leidet, muß sich unbedingt vom Arzt untersuchen lassen. Mitunter liegen gröbere organische Störungen vor, die ursächlich behandelt werden müssen.

Steigerung der eigenen Energie und geistigen Leistungsfähigkeit

Nur wenn wir gesundheitsbewußt leben und uns korrekt verhalten, läßt sich unser Gesundheitszustand ständig verbessern. Die fortlaufende Entfaltung der Persönlichkeit dient dem wesentlichen Ziel, als „Seele“ immer wertvoller zu werden und sich für nahestehende Menschen zu einem „Freund, Liebenden und Mitarbeiter“ zu entwickeln. Dieser Entwicklung stehen viele Hindernisse entgegen.

Sich von unnützen Belastungen befreien

Wer häufig mit Sorgen und Kummer beladen, deprimiert und pessimistisch ist, wird nicht nur für sich selbst, sondern auch für andere Menschen zur Last. Es ist schwer, in seiner Nähe unbeschwert und produktiv zu sein, da seine negative Sicht leicht einen Schatten auf alles Schöne und Gute wirft, das ihn umgibt.
Je mehr Freude jemand dagegen erlebt und ausstrahlt, desto mehr positive Gefühle, Ansporn und Hilfe vermag er auch anderen Menschen zu vermitteln. Belastungen in Form bedrückender Gedanken und Gefühle haben vor allem auf den Gesundheitszustand ungünstigen Einfluß. Sie vergiften den Körper mit negativ wirkender Elektrizität. Insbesondere für Gehirn und Nervensystem bedeuten sie eine große Störung, was sich stets auch in vielerlei Weise nachteilig auf die Regeneration auswirkt.
Oft werden belastende Gedanken und Gefühle zu einer Vorstufe von Erkrankungen.

Die Erkenntnis, daß eine Wende zum Positiven stets am ehesten durch eine Verbesserung des eigenen Verhaltens möglich ist, spielt eine ausschlaggebende Rolle.

Was einen auch bedrücken mag, ob Schwierigkeiten am Arbeitsplatz, die schlechten Schulnoten des Kindes, besondere Schicksalsschläge, soziale Mißstände oder politische Ereignisse, der wirkliche Ausweg beginnt mit dem Wunsch: „Ich möchte mich nicht belasten, sondern das Richtige tun.“ Es hat wenig Sinn, mit den Gedanken um schwierige Situationen zu kreisen. Im Gegenteil: Sie verschlimmern

sich dadurch nur, denn so verstrickt man sich immer mehr in Tagträumerei und Sorgen, die leicht zum Ausgangspunkt noch größerer Probleme werden. Außerdem leidet das Nervensystem, und es wird zunehmend schwieriger, den nötigen Abstand gegenüber dem Schauspiel des Lebensablaufes zu gewinnen und dadurch neutral seine eigentliche Bedeutung, den hilfreichen „Fingerzeig", zu erkennen und zu berücksichtigen. Gelingt einem dies, so endet damit auch die Ursache des Problems, und es löst sich in der Folge meist wie von selbst.
Die meisten Schwierigkeiten im Leben - gesundheitlicher wie auch anderer Art - entstehen, weil man in einem wichtigen Bereich der Persönlichkeitsentfaltung keine ausreichenden Fortschritte erzielt.

Der beste Schutz gegen Belastungen durch scheinbar „Negatives" besteht daher darin, ständig ehrlicher zu werden.

Dies erreicht man durch das Bestehen bestimmter, täglich gestellter „Prüfungen" in 15 bestimmten Gebieten des Verhaltens, die für die seelische Entwicklung die größte Bedeutung haben.
Je mehr dieser Prüfungen man besteht, desto besser wird der Körper regeneriert und desto weniger Schwierigkeiten und Hindernisse erlebt man am darauffolgenden Tag: Er verläuft ungestörter, man hat größeren Erfolg und verspürt mehr Lebensfreude.
Daher hat man es täglich neu in der Hand, den Tagesablauf und letztlich das ganze Leben schwierig oder erfreulich zu gestalten.

Die 15 wichtigsten Punkte für die seelische und persönliche Entwicklung

- ***Konzentration***
  - Sich bewußt darum bemühen, weniger oft im Tagtraum zu sein.
  - Sich keine unnützen Sorgen machen.
  - Während der ersten Stunde nach dem Erwachen mindestens eine, im Laufe der Zeit mehrere Tätigkeiten bewußt durchführen.

- ***Gesundheit***
  - Sich um Selbstdisziplin bemühen.
  - Eine vielseitige, gesundheitsfördernde Kost bevorzugen.
  - Sich um tiefen, ruhigen Schlaf bemühen (unter anderem des

öfteren rechtzeitig zu Bett gehen).
• Bestrebt sein, diejenigen Nahrungsmittel zu sich zu nehmen, die der Körper wirklich braucht, und nicht jene, die einem jeweils am angenehmsten erscheinen.

◆ ***Freundschaft***

• Sich als Freund um mehr eigene Stärken bemühen; vor allem lebhaft, anregend und gesellig sein und nicht ausdruckslos und langweilig.
• Höflich sein.
• Treu sein; nicht ungeduldig nach „grünerem Gras" suchen; die Ursachen für Schwierigkeiten im eigenen Verhalten suchen, dessen Korrektur als besten Weg zu ihrer Überwindung betrachten.

◆ ***Fleiß***
• Morgens nicht zu lange im Bett bleiben.
• Ungeeignete Radio- oder Fernsehprogramme ausschalten.
• Die vorgenommenen Aufgaben und Erledigungen erfüllen.

◆ ***Nicht stur sein***
• Sich darum bemühen, Eigensinn laufend zu verringern sowie die anderen fünf, mit Sturheit verbundenen Schwächen zu vermindern: Eifersucht, Intoleranz, Kritiklust, Rechthaberei und Geltungssucht.
• Aufgeschlossen und kooperativ gegenüber sinnvollen Vorschlägen eines anderen Menschen sein, selbst wenn man ihn als unsympathisch empfindet.

◆ ***Ehrlichkeit***
• Den eigenen Gefühlen gegenüber ehrlich sein.
• Ehrlich mit materiellen Werten umgehen.
• Unehrliche Aussagen (etwa Über- und Untertreibungen) vermeiden oder gegebenenfalls so bald wie möglich korrigieren.

◆ ***Mut***
• „Nein" sagen können: Vorschläge oder Erwartungen anderer Menschen höflich ablehnen, wenn sie der eigenen Intuition widersprechen.
• Etwas Größeres und dabei Sinnvolles im Leben wagen.

- Selbstdisziplin beweisen, auch in Bezug auf die Ernährung.

◆ ***Ein „Liebender" sein***
- Sich ständig um die Verminderung der persönlichen Schwächen bemühen.
- Sich selber gerne haben und positive Schwingungen an andere weitergeben.

◆ ***Geduld***
- Nicht kritisierend oder verletzend reagieren, wenn man bei einer Tätigkeit unterbrochen wird.
- Geduld mit sich selbst haben.
- Geduld mit denjenigen haben, die Erklärungen benötigen.

◆ ***Verbesserung der Sprache***
- Eine korrekte Wortwahl und klare Formulierungen anstreben.
- Sich um deutliche Aussprache und um eine klangvolle Stimme bemühen.

◆ ***Die „Tagesschule" erkennen***
- „Positiv neugierig" sein; zu erkennen suchen, welche Bedeutung die Ereignisse des persönlichen Tagesablaufes sowie die eigenen Gefühle jeweils haben.
- Die wirkliche Ursache der Geschehnisse im persönlichen Leben (einschließlich der Vorfälle und Situationen, die einen stören oder ärgern) auch im eigenen Verhalten suchen.

◆ ***Bei sich beginnen***
- Bedenken, daß eine Verbesserung der Lebensbedingungen sowie die Überwindung von Schwierigkeiten nur durch eigenes korrektes Verhalten möglich sind.
- Nicht erwarten, daß sich andere zuerst bessern.
- Auf die innere Stimme hören und intuitiv handeln.

◆ ***Weiterbildung auf wesentlichen Gebieten***
- Das Talent fördern, Schönheit zu erkennen, zu schätzen und bewußt zu erleben.
- Auch kulturellen Bereichen genügend Aufmerksamkeit und Zeit widmen.

- Sinnvolle Weiterbildung auch auf anderen lehrreichen Wissensgebieten anstreben.

- ***Tapferkeit***
  - Sich beim Bemühen um sinnvolle Ziele nicht durch Schwierigkeiten verleiten lassen, aufzugeben.
  - Selbst wenn das Leben schwierig ist, versuchen Sie klaglos, das Beste aus allem zu machen.
  - Sich ständig weitere, wesentliche Ziele setzen.

- ***Aussehen***
  - Auf körperliche Sauberkeit und gepflegtes Aussehen achten.
  - Harmonische Farbkombination der Kleidung anstreben.

Konsequentes Bemühen, in diesen 15 Bereichen des Verhaltens täglich mehr richtige Entscheidungen zu treffen, bereitet den Weg zu unaufhaltsamer und ständig schnellerer Entwicklung zum Positiven. Übrigens: Das gilt für jedes Alter.
Es ist besser, mit kleinen Schritten zu beginnen, die man konsequent zu vollbringen vermag, und dieses Bemühen allmählich zu erweitern, als sich zuviel auf einmal vorzunehmen und dann bald wieder aufzugeben.
Im allgemeinen ist es zur intensiveren „Bearbeitung“ der einzelnen Gebiete am günstigsten, sich täglich auf eines davon zu konzentrieren.

Es ist bereits ein Erfolg, Erlebnisse oder Entscheidungen, die mit den eigenen Vorsätzen in Verbindung stehen, zu erkennen. Das gilt selbst dann, wenn man das Gefühl hat, Prüfungen nicht bestanden zu haben; denn auch in diesem Fall besteht eine wertvolle Möglichkeit, daraus zu lernen.
Bei der Entscheidung, welches Gebiet man sich als Tagesziel am besten vornimmt, sollte man sich von der Intuition leiten lassen.
Die langfristig zur Intensivierung der Regeneration wichtigsten Gebiete sind Konzentration, Gesundheit und Freundschaft, da sie die seelische Entwicklung am nachhaltigsten unterstützen.
Konzentration ist die Voraussetzung, um die „Tagesschule” überhaupt erkennen und aus ihr lernen zu können. Nur wer sich auf den Augenblick zu konzentrieren vermag, kann auch die Intuition be-

wußt wahrnehmen. Das Bemühen um Gesundheit schafft die Grundlage zur laufenden Verbesserung der „Verstärkung" der Seele, woraus sich zunehmend günstigere Entwicklungsbedingungen für diese selbst ergeben.

Freundschaft, die die seelische Entwicklung und die gesundheitliche Verbesserung zu unterstützen vermag, macht es weitaus leichter, Stärken zu vermehren und zu fördern, Schwächen dagegen zu überwinden.

Jedes Bemühen auf dem Weg der Persönlichkeitsentfaltung wird zur Freude, wenn es gemeinsam getragen wird. Enge, würdevolle Freundschaft mit Menschen, denen man sich wirklich verbunden fühlt, sind der schnellste Weg zu Geborgenheit, Sicherheit und Liebe.

Beschleunigung der seelischen und persönlichen Entwicklung:

Hierzu gibt es sieben Zielsetzungen und die damit verbundenen Prüfungen, um die seelische Entwicklung zu beschleunigen.

- ***Kapital bilden***
  - Sich um ausgewogene Persönlichkeitsentfaltung bemühen, keine vorhandenen Talente brach liegen lassen, sich zu ständig neuen Fähigkeiten hinarbeiten.
  - Darauf achten, keinerlei Energie zu verschwenden.
  - Mit Geld richtig umgehen; die finanziellen Reserven ständig zu erhöhen suchen.

- ***Die „Körperschablonen" verbessern*** (Gesten, Gang und Stimme)
  - Harmonische Körperbewegungen und angemessen ausdrucksvolle Gesten anstreben.
  - Auf eine gepflegte Sprache achten.

- ***Den Körper bewußt verschönern***
  - Verschönern Sie den Körper durch sinnvolle Gesundheitsmaßnahmen, um sich und anderen mehr Freude zu geben.
  - Einen Plan zur Verschönerung des Körpers erstellen und diesen konsequent, der Intuition folgend berücksichtigen, dabei vor allem so weit wie möglich gesundheitsschädigende Einflüsse vermeiden.

- ***Idealen Schlaf anstreben***
  - Für genügend Bewegung in frischer Luft sorgen; oft nachmittags Kamillentee mit Baldriansaft trinken; auf ein rechtzeitiges, die Regeneration förderndes Abendessen achten.
  - Den Abend entspannt ausklingen lassen und nicht zu spät zu Bett gehen; versuchen, sofort einzuschlafen, ebenfalls bei eventuellem Aufwachen während der Nacht.
  - Tagsüber möglichst bewußt sein; denn wer die „Tagesschule verschläft“, schläft oft nachts schlechter und erhält weniger Regeneration.

- ***Objektiv sein***
  - Sich täglich eine objektive Einstellung wünschen.
  - Entscheidungen sorgfältig abwägen; sich bemühen, Ereignisse und Gefühlsregungen neutral zu betrachten mit dem Ziel, deren eigentliche Bedeutung zu erkennen.
  - Emotionen, die das Nervensystem belasten, zu vermeiden suchen; ruhige Gefühle der Freude, Sicherheit und Geborgenheit anstreben.

- ***Würde haben***
  - In Gedanken, Sprachen und Verhaltensweisen nach Würde streben.
  - In allen Bereichen des Lebens, darunter auch im Tagesablauf versuchen, Ordnung zu halten.

- ***Sturheit ablegen***
  - Sich immer wieder wünschen, nicht stur zu sein und sich dem „Richtigen” zu beugen.
  - Sich intensiv darum zu bemühen, nicht stur zu sein, sowie sich und anderen unverzüglich zu vergeben.
  - Dankbar für die „Tagesschule“ sein.

Je ehrlicher man zu sich selbst ist, desto genauer vermag man dieses Maß zu erfüllen und umso glücklicher und erfolgreicher wird man langfristig sein.

Die Weichen für den Tag richtig stellen

Die physischen wie auch die seelischen Voraussetzungen zu intensiver Körperregeneration lassen sich leichter erfüllen, wenn man es versteht, morgens in der ersten Stunde nach dem Erwachen entscheidende Weichen richtig zu stellen. Dieser Stunde kommt im Rahmen der „Tagesschule" besondere Bedeutung zu.

Zu den wichtigsten Prüfungen im Zusammenhang mit dem Verhalten während der ersten Stunde nach dem Erwachen gehören folgende Aufgaben:

- Den vorherigen Tag auf richtige Weise beenden
- Nach dem Erwachen unverzüglich aufstehen
- Für den neuen Tag danken und sinnvolle Wünsche formulieren
- Sorgenvolle Gedanken konsequent abwehren und das Positive erkennen
- Den Tag schriftlich planen, und sich ein Tagesziel für die seelischen Entwicklung setzen

Wenn man das Aufstehen nicht verschiebt, besteht man eine der wichtigsten Fleißprüfungen des Tages. Als Folge hat man es während des ganzen Tages wesentlich leichter, die Erledigung anderer wichtiger Aufgaben nicht aus Bequemlichkeit hinauszuzögern.

Während der ersten Stunde sollte man Tag für Tag intensiv versuchen, mindestens eine der üblichen morgendlichen Tätigkeiten bewußt durchzuführen. Nach einigen Wochen nimmt man eine zweite Tätigkeit, später eine dritte und dann eine vierte hinzu. Wer sich gleich morgens konsequent darum bemüht, sorgenvolle Gedanken als unnütz abzuwehren und das Positive zu erkennen, erspart sich vielerlei Belastungen.

Ein kurzer Tagesplan am Morgen verhilft zu zielstrebigerem Handeln. Wer den Tag dagegen nicht ausreichend oder zum falschen Zeitpunkt plant, neigt dazu, sich zu verzetteln und mit unwesentlichen Zielen Energie und Zeit zu verschwenden.

Der Tagesplan sollte die Maßnahmen zur Förderung der Gesundheit ausreichend berücksichtigen. Darüber hinaus ist es ratsam, sich jeden Tag ein bestimmtes, die Persönlichkeitsentfaltung förderndes Ziel zu setzen, z. B. „Ich möchte mich bemühen, mehr Geduld mit dem Büropersonal zu haben." oder „Ich möchte darauf achten, in welchem Bereich ich stur bin, und mein Verhalten entsprechend korrigieren."

Damit kann man auch jeden Tag als erneutes Geschenk betrachten, das unendliche Gelegenheiten bietet, die seelische Entfaltung sowie die Harmonie und Freude im Zusammenleben mit anderen Menschen ständig zu vermehren.

Negativ wirkende Elektrizität im Körper abbauen, positiv wirkende steigern

Besonders nachteilige Folgen hat negativ wirkende Elektrizität im Gehirn. Ihre Verringerung ist deshalb der erste wichtige Schritt.

Der Abbau der negativ wirkenden Elektrizität und die Vermehrung der positiv wirkenden Elektrizität setzen dreierlei voraus:

- Es muß die Aufnahme von negativ wirkender Elektrizität durch Gifte und Schlacken, gesundheitsschädliche Strahlen (beispielsweise Röntgenstrahlen) und belastende Gefühle infolge falsch getroffener Entscheidungen so gering wie möglich gehalten werden.

- Es muß dem Organismus verstärkt positiv wirkende Elektrizität zugeführt werden, da sie die negativ wirkende Elektrizität zu neutralisieren vermag.

- Es müssen durch gezielte Entgiftungsmaßnahmen sowohl die Ausscheidung der täglichen Stoffwechselschlacken als auch der allmähliche Abbau bereits bestehender Schadstoffablagerungen gefördert werden.

Sobald die negativ wirkende Elektrizität abgebaut ist, kann die Vermehrung der positiv wirkende Elektrizität beginnen. Auch dann bleiben konsequente Entgiftung und Entschlackung wichtig, weil selbst bei bester Gesundheit und optimaler Lebensweise laufend Stoffwechselschlacken entstehen, die jeweils im Laufe von etwa 24 Stunden vollständig ausgeschieden werden sollten.

Zu den wertvollsten Hilfen für die Verminderung der negativ wirkenden und die Steigerung der positiv wirkenden Elektrizität gehören:

- Gezielt entgiftende Getränke besonders nach dem Aufstehen (z.B. 1/4 l Wasser mit einem Eßlöffel Essig) einnehmen
- Ausreichende Zufuhr natürlicher Vitamine, vor allem Vitamin C (insbesondere aus Obst, vor allem aus Zitronen, schwarzen Johannisbeeren und Sanddorn)
- Ausreichende Versorgung mit Fruchtzucker und eventuell aus kleinen Mengen Honig
- Spaziergänge in frischer Luft sowie Entspannungsbäder
- Eine Entgiftungskur für das Gehirn mit Mistelsaft (im Reformhaus erhältlich)
- Ein „Reinigungs-Obsttag“

Psychische Hilfen zur Steigerung der positiv wirkenden Elektrizität

Positiv wirkende Elektrizität kann, außer durch beglückende Gefühle, die man aufgrund richtiger Entscheidungen erhält, mit folgenden Nahrungsmitteln, Bädern und Anwendungen wesentlich gesteigert werden:

- Langkornreis und Mais
- Haselnüssen und Mandeln
- Fisolen, frischen jungen Erbsen, Paprika, Gurken, Karotten, Petersilie, Rettich, Schwarzwurzeln, Süßkartoffeln, Roten Rüben, frischen Gemüsesäften
- Zitronen
- Naturreinen Sauermilchprodukten, die überwiegend rechtsdrehende L(+)Milchsäure bildende Bakterienkulturen enthalten, wie z.B. Biogarde-, Bioghurt- oder Sanoghurt-Kulturen
- Thymian, Rosmarin, Meerrettich, Knoblauch und Meersalz
- Naturreinem Bier und naturreinem Wein
- Bädern mit Moor oder bestimmten Pflanzenextrakten (insbesondere von Rosmarin, Thymian und Heublumen)
- Urlaub

Ausreichende seelische Fortschritte erzielen

Ausschlaggebend für die Intensität der Regeneration sind die seelischen Fortschritte des Menschen, die sich aus der Anzahl der bestandenen Prüfungen während des Tagesablaufes ergeben.
Da sich diese Entscheidungsprüfungen nicht nur auf die Gesunderhaltung sondern auch auf alle anderen Gebiete der Persönlichkeitsentfaltung beziehen, ist die Berücksichtigung der psychischen Gesundheitsgrundlagen dringend erforderlich, aber allein nicht ausreichend, um eine einwandfreie Regeneration zu gewährleisten.

Ziel ist, durch tägliche Schritte eine so ausgewogene und weitgehende Verbesserung der Persönlichkeitswerte zu erreichen, daß außer den physischen auch die seelischen Voraussetzungen zur Intensivierung der Regeneration gegeben sind oder anders ausgedrückt: daß die im Körper wirkenden Energiearten nicht vergeudet, sondern möglichst effektiv eingesetzt und ständig vermehrt werden und immer mehr positiv wirkende Elektrizität infolge „belohnender" Glücksgefühle die Funktionsfähigkeit und Regeneration des Körpers unterstützt.
Am wichtigsten ist dafür die Verringerung der eigenen Faulheit und Sturheit, da sie am nachhaltigsten die Körperregeneration behindert. Damit verbessert sich gleichzeitig die eigene Ehrlichkeit, wodurch es wiederum leichter wird, Prüfungen auch in anderen wesentlichen Bereichen der Persönlichkeitsentfaltung zu erkennen und zu bestehen.

Beachten Sie die am Anfang des Kapitel erwähnten Gebiete des Verhaltens für die seelische und persönliche Entwicklung. Denken Sie positiv.

Mag Ihnen auch das eine oder andere des hier Beschriebenen weit hergeholt oder kurios erscheinen, probieren Sie es trotzdem aus. Ihre eigenen Erfahrungen mit der „Tagesschule" werden Sie deren Wert erkennen lassen.

BESONDERE TEETIPS

Grüner Tee:
Er wurde ursprünglich von buddhistischen Mönchen als Heiltrank und zur geistigen Sammlung getrunken und als Quell der Inspiration, Konzentration und Vitalität angesehen. Tee in seiner reinsten, verträglichsten und wirksamsten Form.
Nur die jungen Knospen und Blätter werden gepflückt.

- Wirkt geistig anregend, steigert Konzentration und Ausdauer.
- Da die frischen Teeblätter nicht fermentiert werden, bleiben Vitalstoffe wie Vitamine in wirksamer Form erhalten.
- Verhilft spürbar zu mehr Energie und Vitalität.

Buchweizentee:
Er wird aus Buchweizenkraut hergestellt, welches den gefäßaktivierenden Wirkstoff Rutin enthält. Das gefäßaktive Rutin wirkt bis in die feinsten Äderchen (Kapillaren). Diese sorgen für den Flüssigkeits- und Stoffaustausch im Körpergewebe.
Falsche Ernährung, Übergewicht, langes Stehen und Sitzen, zunehmendes Alter, Bewegungsmangel, Arteriosklerose sowie erblich bedingte Bindegewebsschwäche sind häufig Ursache für Funktionsstörungen der Kapillare. Buchweizentee hilft bei den damit verbundenen Beschwerden wie Schwellungen an Knöcheln und Beinen oder das Gefühl schwerer, müder Beine. Eine regelmäßige Einnahme über einen längeren Zeitraum ist empfehlenswert.

Folgende Teesorten sind im Reformhaus und in der Apotheke erhältlich. Auch im Kräuterhaus Kottas werden Ihre Teewünsche schnell und verläßlich zusammengestellt.

Empfehlung:
3 Tassen pro Tag, 1 EL pro Tasse, ca. 10 Minuten ziehen lassen.

Teemischungen gegen:

Angstzustände:
30 g Melisse
25 g Lavendelblüten
25 g Weißdornblüten
20 g Veilchen

Arterienverkalkung:
30 g Weißdornblüten
25 g Ackerschachtelhalm
25 g Mistel
20 g Meisterwurz

Arthrosen:
30 g Gänsefingerkraut
30 g Zinnkraut
25 g Arnikablüten
15 g Ackerschachtelhalm

Asthma:
35 g Eibisch
35 g Thymian
20 g Lungenkraut
10 g Isländisch Moos

Blähungen:
30 g Fenchel
25 g Kamille
25 g Kümmel
20 g Pfefferminze

Blutdruck, hoher:
25 g Mistel
25 g Weißdorn
15 g Hagebutten
15 g Rosmarin
10 g Johanniskraut

Blutdruck, niederer:
25 g Eisenkraut
25 g Johanniskraut
20 g Wermut
15 g Tausendguldenkraut
15 g Ginseng

Depressionen:
30 g Melisse
25g Johanniskraut
25 g Hopfen
20 g Ginseng

Durchfall:
30 g Tormentillwurzel
30 g Kamille
20 g Eichenrinde
20 g Schwarztee

Erschöpfung:
35 g Ginseng
25 g Silbermantel
25 g Meisterwurz
15 g Thymian

Fieber:
30 g Lindenblüten
25 g Bibernelle
25 g Kamille
10 g Wermut
10 g Löwenzahn

Frühjahrsmüdigkeit und Mattigkeit:
30 g Eisenkraut
25 g Rosmarin
20 g Wermut
20 g Bockshornklee
5 g Bitterklee

Gicht und Rheuma:
30 g Schachtelhalm
25 g Birke
25 g Schlüsselblume
20 g Weide

Grippe:
35 g Salbei
25 g Lindenblüten
20 g Holunderblüten
20 g Kamille

Halsweh und Heiserkeit:
30 g Thymian
30 g Kamille
30 g Salbei
10 g Holunderblüten

Hämorrhoiden:
25 g Brennesselblätter
25 g Roßkastanien
20 g Hirtentäschelkraut
15 g Blutwurz
15 g Eibischwurzel

Harnsäure, erhöhte:
30 g Bohnenschalen
25 g Petersilie
25 g Löwenzahn
20 g Wacholder

Hexenschuß:
30 g Brennesselkraut
20 g Weidenrinde
20 g Birkenblätter
20 g Tausendguldenkraut
10 g Holunderblüten

Husten und Bronchitis:
30 g Eibisch
30 g Spitzwegerich
20 g Fenchel
20 g Thymian

Hysterie:
30 g Waldmeister
20 g Gamander
20 g Quendel
20 g Baldrian
10 g Pfefferminze

Ischias:
20 g Weidenrinde
20 g Brennessel
20 g Birkenblätter
20 g Frauenmantel
20 g Holunderblüten

Koliken:
30 g Kamille
25 g Fenchel
25 g Anserine
20 g Bibernelle

Kopfweh und Migräne:
25 g Baldrian
25 g Eisenkraut
25 g Frauenmantel
15 g Kümmel
10 g Melisse

Krämpfe jeglicher Art:
30 g Ginster
25 g Heidekraut
20 g Roßkastanie
15 g Tausendguldenkraut
10 g Waldmeister

Krampfadern:
25 g Löwenzahn
20 g Alantwurzel
20 g Schafgarbe
15 g Andorn
10 g Gänseblümchen
10 g Quecke

Magengeschwüre:
25 g Ringelblumen
25 g Brennessel
25 g Eichenrinden
25 g Ehrenpreis

Menstruationsbeschwerden:
30 g Frauenmantel
20 g Baldrian
20 g Zinnkraut
20 g Hirtentäschelkraut
10 g Anserine

Mundgeruch:
30 g Fenchel
25 g Anis
25 g Kümmel
20 g Pfefferminze

Nervosität:
30 g Baldrian
20 g Melisse
20 g Honigklee
15 g Johanniskraut
15 g Hopfen

Potenzstörungen durch Streß:
25 g Blutwurz
25 g Veilchen
25 g Koriander
25 g Knabenkrautwurzel

Prostataleiden:
35 g Weidenrose
25 g Löwenzahn
25 g Birke
15 g Zinnkraut

Schilddrüsenüberfunktion:
25 g Blasentang
15 g Enzian
15 g Klebkraut
15 g Eisenkraut
15 g Baldrian
15 g Melisse

Schlafstörungen:
30 g Schafgarbenkraut
20 g Melisse
20 g Orangenblüten
20 g Schlüsselblumen
10 g Hopfen

Schluckauf:
30 g Baldrian
20 g Anis
20 g Melisse
20 g Pfefferminze
10 g Kamille

Schnupfen:
30 g Schachtelhalm
30 g Zinnkraut
20 g Lungenkraut
20 g Birkenblätter

Übergewicht:
30 g Rosmarin
30 g Faulbaumrinde
20 g Zinnkraut
20 g Anis

Sodbrennen:
20 g Pfefferminze
20 g Lindenblüten
20 g Kamille
20 g Orangenblüten
20 g Johanniskraut

Übelkeit:
30 g Enzianwurzel
20 g Kamille
20 g Melisse
15 g Pfefferminze
15 g Schafgarbe

Venenentzündungen:
30 g Huflattich
25 g Ringelblume
25 g Arnika
10 g Faulbaum
10 g Steinklee

Verstopfung:
30 g Löwenzahnwurzel
30 g Faulbaumrinde
25 g Brennesselblätter
15 g Pfefferminze

Wasserspeicherung im Gewebe:
25 g Petersillie
25 g Wacholder
20 g Birke
20 g Brennessel
10 g Zinnkraut

Wechselbeschwerden:
30 g Johanniskraut
25 g Kamillenblüten
25 g Rautenblätter
10 g Baldrianwurzel
10g Rosmarinblätter

Zuckerkrankheit:
25 g Bohnenschalen
25 g Heidelbeerblätter
20 g Stiefmütterchen
15 g Birkenblätter
15 g Geißrautenblätter

Teemischungen für:

Biologische Hautpflege:
(bei allergischen Hautproblemen, z.B. Akne)
30 g Kamille
20 g Kerbel
20 g Petersilienkraut
20 g Bockshornklee
10 g Ackerschachtelhalm

Blutreinigung:
30 g Faulbaumrinde
25 g Löwenzahn
20 g Pfefferminze
15 g Brennesselkraut
10 g Birkenblätter

Entspannung:
40 g Baldrianwurzeln
20 g Hopfenzapfen
15 g Melissenblätter
15 g Pfefferminzblätter
10 g Pomeranzenschale

Stärkung des Immunsystems:
25 g Heidelbeeren
15 g Melissenblätter
10 g Kamille
15 g Pfefferminzblätter
10 g Lindenblüten
10 g Pomeranzenschale

Gute Laune und Kräftigung:
25 g Birkenblätter
20 g Brennessel
20 g Hagebutten
15 g Sellerie
10 g Johanniskraut
10 g Rosmarin

Schmerzlinderung:
30 g Pfefferminze
25 g Johanniskraut
15 g Löwenzahn
15 g Ringelblume
15 g Sennesblätter

INTERESSANTES UND NEUES AUS DER WISSENSCHAFT

Täglich finden wir die unterschiedlichsten Neuigkeiten aus der Welt der Wissenschaft in den Tageszeitungen, in Magazinen und in Fernsehen und Radio. Ich habe für Sie aus dieser Vielfalt die wichtigsten Erkenntnisse der jüngsten Zeit, aber auch die eine oder andere kuriose Nachricht herausgefiltert.

Candida - der Hefepilz

Pilzinfektionen wie jene durch Candida sind heute schon sehr weit verbreitet. Großer Streß, aber auch ungesunde Ernährung und Lebensführung können diese Hefepilzerkrankungen hervorrufen.
Einem gesunden Organismus können diese Hefepilze nichts anhaben. Nur wenn die Abwehrkraft geschwächt ist, kommt es bei Berührung mit den Erregern zur Erkrankung.
Haben wir Kontakt mit hefepilztragenden Substanzen wie Speichel, Hautteilchen, Zahnbürsten oder Nahrungsmitteln, so können sich die krankmachenden Hefepilze überall dort, wo die Abwehrmechanismen nicht mehr zu hundert Prozent funktionieren, anheften. Besonders in Schwimmbädern oder bei Plastikbadematten sollte man Vorsicht walten lassen (Badeschuhe verwenden).

Besonders gefährdete Körperbereiche:

- Hautfalten, vor allem zwischen Zehen, Fingern und am Nabel
- Nägel, vor allem Fußnägel
- Augen
- Atmungsorgane oft im Nasen- und Rachenraum
- Verdauungsorgane (Mund, Speiseröhre, Magen- und Darmbereich)
- Geschlechtsorgane
- Zähne durch Zahnruinen, zerstörten Zahnschmelz, das Zahnfleisch unter Zahnprothesen und - brücken

So erkennen Sie eine Hefepilzansiedlung:

Es gibt eine Vielzahl von Beschwerden, bei denen Sie an eine Hefepilzerkrankung denken sollten, auch wenn die Erscheinungen

zunächst nicht auf einen solchen Infekt hinweisen.
Wenn Sie Ihr Beschwerdebild in der folgenden Aufzählung wiederfinden, sollten Sie unbedingt Ihren Arzt aufsuchen und mit ihm die genaue Diagnostik und das weitere Vorgehen besprechen:

immer wiederkehrende Aphthen (entzündliche Bläschen auf der Schleimhaut), Allergien, chronische Müdigkeit, Darmerkrankungen, Depressionen, Durchfall, Gelenkschmerzen, Haarausfall, Gesichtsblässe und Augenringe, häufige Infektionen, Hautkrankheiten, Heißhunger auf Süßes, Juckreiz, Konzentrationsmangel, Migräne, Scheidenausfluß, Schlafstörungen, Schweißausbrüche, Sexualstörungen, Unterzuckerung im Blut, Unverträglichkeit von Alkohol, Verstopfung, zittrige Hände

Der Arzt kann anhand einer Blutabnahme feststellen, ob und welche Pilzinfektion Sie haben. Bitte warten Sie nicht zu lange. Es gibt auch die Möglichkeit einer Bioresonanztherapie. Hier werden mit einem ganz speziellen Gerät feine, vom Menschen nicht wahrnehmbare Schwingungen aufgenommen. Bei Gesundheit sind diese Signale harmonisch, bei Krankheit disharmonisch. Mit dieser biophysikalischen Methode lassen sich Krankheiten, Allergien und andere Faktoren feststellen, die den Körper in Disharmonie versetzen. Die Bioresonanztherapie kann zur Diagnostik aber auch zur Behandlung eingesetzt werden, indem heilende, neutralisierende Schwingungen verwendet werden.

Bevor Ihnen der Arzt Antibiotika und schwere Medikamente empfiehlt, fragen Sie ihn nach dem Mittel Nystatin, welches in der Apotheke erhältlich ist. Dieses Mittel besteht aus Bakterien und tötet die Hefepilze.

Anti-Pilzdiät:
Auch eine Anti-Pilzdiät kann Wunder wirken. Versuchen Sie, drei Wochen eisern zu bleiben.
- Meiden Sie Süßes und helle Mehle.
- Essen Sie kein Schweinefleisch.
- Keine Konservennahrung!
- Meiden Sie zuviel Kaffee und Schwarzen Tee.

Der D-Punkt

Mehrere Jahre nach der „Entdeckung" des G-Punktes bei der Frau geistert nun ein männliches Gegenstück durch die Medien: Der D-Punkt.

Dabei soll es sich um jenen Duftpunkt handeln, an dem Männer am stärksten nach Mann riechen. Er liegt angeblich im oberen Bereich der rechten Brust und rund fünf Zentimeter von der Achselhöhle entfernt.

Wird an dem Punkt gerieben, bildet sich der „Duft" von Androsteron, einem männlichen Geschlechtshormon. Sollte der „süßliche, moschusartige Geruch" trotz heftigstem Rubbeln nicht wahrgenommen werden, liegt es wahrscheinlich an der unempfindlichen Nase.

Mönchspfeffer hilft dem Mann

Viele Männer leiden ab dem 45. Lebensjahr unter nachlassendem sexuellen Interesse. Die Qualität und die Häufigkeit sexueller Reaktionen nehmen mit zunehmenden Alter weiter ab. Auch eine Erektion benötigt längere Zeit, bis sie sich vollständig entwickelt hat. Ältere Männer haben einen niedrigeren Hormonspiegel als jüngere, stellte dazu der Hormonspezialist Prof. Dr. med. Krause fest. Durch diese altersbedingten Entwicklungen reagieren Männer gegenüber ihren Partnerinnen oft verunsichert.

Zur Aktivierung seiner Sexualität stehen dem Mann allerdings auch Möglichkeiten zur Verfügung, die durchaus Sinn haben. So sollten Nikotin- und Alkoholzufuhr in zu hohen Mengen vermieden werden. Eine gesunde Ernährung ist ebenfalls angebracht.

Auch pflanzliche Extrakte - Mönchspfeffer und Turnera (eine mexikanische Pflanze) - können bei nachlassender Sexualität, Erektionsschwäche und Impotenz hilfreich sein. Sie sind in einer Tropfenmischung (rezeptfrei in der Apotheke) enthalten. Von diesem neuen Mittel verspricht man sich - über einen längeren Zeitraum eingenommen - wirksame Hilfe.

Exotische Heilmittel

In der chinesischen Naturmedizin werden sie seit Jahrtausenden verwendet. Viele davon werden auch von europäischen Medizinern geschätzt. Hier nur einige wenige Beispiele:

- Allzweckmittel gegen Mundgeruch: Wassermelone essen
- Hilfe bei Verstopfung: einige Tropfen Sesamöl
- Übelkeit: Reis mit Ingwersaft aufkochen, langsam kauen

Gesundbrunnen Bier

Seit Jahrtausenden wird Bier gebraut und getrunken. Zum Vergnügen, als Genuß. Es ist daher keine Übertreibung, es zu den beliebtesten Getränken zu zählen. Und von Alters her ist Bier als Gesundbrunnen bekannt und geschätzt.

Das „flüssige Brot“, wie das Bier auch genannt wird, verbessert die Gehirndurchblutung, erhöht Ausdauer, Reaktion und Konzentration bei Leistungssportlern, gleicht Flüssigkeits- und Mineralstoffverluste ideal aus und entspannt. Es wirkt antiseptisch, entgiftet die Leber, beugt Herzinfakt vor, fördert die Verdauung, ist harntreibend und regt den Appetit an. Das alles gilt für den maßvollen Genuß! Und maßvoller Genuß bedeutet - je nach Körpergröße - zwei bis vier Gläser (0,3 l) pro Tag.

Übrigens: Menschen mit maßvollem Alkoholgenuß haben eine höhere Lebenserwartung als abstinent lebende Menschen oder exzessive Trinker.

Eine Analyse von Vollbier hell mit 12,1° Stammwürze zeigt folgende Inhaltsstoffe:

- 5,2 Vol.-% Alkohol
- 0,4 bis 1,5% Mineralstoffe
- 0,7 bis 0,9% Eiweiß
- 3 bis 6% Kohlenhydrate
- 0,3 bis 0,7% Kohlensäure
- zirka 50 Kalorien pro 100 Gramm, das heißt, eine Flasche dieses Biers hat zirka 250 kcal., ein beträchtlicher Anteil dieser Kalorien stammt aus dem Alkohol.

Melatonin

Dieses in jüngster Zeit als „Wundermittel“ vielgepriesene Hormon kann tatsächlich einiges bewirken. Hier alles Wissenswerte zu Melatonin:

- Melatonin wird von der Zirbeldrüse in der Nacht produziert.
- Melatonin wirkt gegen Antriebsschwäche, Nervosität, Reizbarkeit, Schlafstörungen, Jetlag und Erschöpfung.
- Es fängt im Durchschnitt ca. 300x so viel Freie Radikale ab wie alle bisher bekannten Radikalfänger.
- Es aktiviert ein wichtiges Entgiftungsenzym und ist somit eine wichtige Kraft gegen Freie Radikale.
- Wenn zu wenig Melatonin gebildet wird, führt das zu einem höheren Cholesterinspiegel.
- Melatonin hilft mit beim Kampf gegen vorzeitiges Altern.
- Es wirkt gegen Thrombose.
- Nach Sonnenaufgang fällt die Melatoninkonzentration im Blut stark ab; Menschen mit kranken Herzgefäßen sind zu dieser Stunde infarktgefährdet.
- Es wirkt gegen Krebs und erhöht bei Krebskranken die Lebenserwartung.
- Es regelt Schlaf- und Wachryhthmus und damit die Leistungsfähigkeit und andere Drüsen.
- Zuviel Melatonin im Blut führt zu verminderter Zeugungs- und Empfängnisfähigkeit.
- Alte Menschen haben nicht mehr soviel Melatonin im Blut, und so lassen Spannkraft und Vitalität nach. Das verursacht auch Einschlafstörungen und leichten Schlaf.
- Melatonin wird durch Störfaktoren wie Elektrosmog, Rauchen, Alkohol, kalorienreiche Ernährung und übermäßiges Sonnenbaden zerstört.
- Vitamine, Minerale, Obst, Spurenelemente und Gemüse wirken positiv auf die Zirbeldrüse und damit auf die Melatoninproduktion.
- Wer unter Melatoninmangel leidet, sollte Reis, Tomaten, Karotten, Nüsse, Bananen, Sellerie, Bärlauch und Johanniskraut essen.
- Durch Sport wird die Melatoninproduktion gefördert, dabei sollte man zu starke Sonne meiden, aber Sport bei Tageslicht wie z.B. Gymnastik, Radfahren, Laufen, Wandern ist zu empfehlen.

Künstliches Melatonin und was davon zu halten ist:

- Melatonin ist keine Nahrungsmittelergänzung, sondern ein Hormon, das den Organismus beeinflußt.
- Untersuchungen haben gezeigt, daß Melatoninpillen nur bei älteren Menschen mit eher niedrigem Blutdruck aufputschend und energiespendend wirken.

Für Vitalität bis ins hohe Alter ist es nicht unbedingt notwendig, Melatonin als Pille künstlich zuzuführen. Ein gesunder Lebensrhythmus ist viel wichtiger als eine hohe Melatoninkonzentration im Blut. Bei Jetlag kann eine künstliche Melatoninabgabe ab und zu stabilisierend wirken. Trotzdem: Es ist besser, die natürliche Melatoninproduktion zu stärken.

Freie Radikale

Als „Radikale" bezeichnet man chemische Verbindungen, die aus Sauerstoff durch Strahleneinwirkungen, durch chemische Reaktionen oder Enzyme, die im Organismus selbst gebildet werden, z.B. um eingedrungene Mikroorganismen abzutöten. Atemluft, Nahrung und der Körper selbst enthalten immer kleine Mengen derart aggressiver Substanzen. Radikale sind besonders reaktionsfreudig und wirken dadurch schnell und intensiv auf Körpersubstanzen und wichtige Strukturen ein.
Sie sind sozusagen „unzufriedene" Atome, weil sie ein Elektron zuviel oder zuwenig haben. Das führt zur Aggressivität: Sie nehmen ein Elektron auf oder geben eines ab. Dadurch beeinflussen sie zahlreiche empfindliche Stoffe. Dazu gehören beispielsweise die mehrfach ungesättigten Fettsäuren, die für den Organismus lebensnotwendige Bedeutung haben: Durch Oxidation geht Linolsäure in ein Radikal über, worauf weitere Oxidationsschritte folgen. Es entsteht eine Kettenreaktion, die sich immer mehr beschleunigt. Nicht nur lebensnotwendige Stoffe wie Vitamine, Hormone und Enzyme werden dann inaktiviert, sondern auch empfindliche Strukturen geschädigt.

Die kleine Reiseapotheke

Wenn man verreist, ist es klug, eine kleine Reiseapotheke mitzunehmen, denn einige vertraute Heilmittel sind womöglich am Reiseziel nicht oder unter einem anderem Namen erhältlich. Sie sollten die hier vorgeschlagenen Mittel mit jenen ergänzen, die Ihr Arzt empfiehlt, besonders dann, wenn Sie nicht vollkommen gesund sind.

- ***Material für ärztliche Behandlung***
  - Kompressen aus keimfreien Verbandmull
  - Verband und Zugpflaster verschiedener Größen
  - Verbandwatte
  - Desinfektion für externen Gebrauch
  - Thermometer
  - kleine Schere
  - Pinzetten
  - Sicherheitsnadeln
  - keimfreie Spritzen

- ***Insektenvertilgungs- und Insektenabwehrmittel***
  - Insektenpulver
  - Spiral-Insektenvertilgungsmittel
  - flüssige Abstoßmittel, sogenannte „repellants"
  - Moskitonetz (fallweise)

- ***Enzündungshemmende, schmerzstillende, krampflösende Mittel***
  - Acetysalizylsäure
  - Paracetamol
  - Hyoscinbutylbromid
  - verschiedene schmerzstillende Mittel

- ***Antibiotika***
  - Amoxyclin in Tabletten zu 1 g (Wegen der vielen Anwendungsmöglichkeiten und der sehr guten Darmabsorption eignet sich Amoxyciclin für die Behandlung von verschiedenen Infektionen.)
  - Cotrimoxazol (Anwendungsvielfalt wie Amoxycilin)

- ***Nützliche Mittel bei Hautproblemen***
  - Sonnenschutzcreme
  - Antiallergiesalben
  - Cortisonsalbe (nach Rücksprache mit dem Arzt)
  - Antibiotikasalben bzw. - pulver
  - Pilzschutzsalben bzw.- pulver

- Salben für die Behandlung von Brandwunden
- Augentropfen bzw. Antibiotikaaugensalbe
- Ohrentropfen
- Nasentropfen bzw. -spray

◆ ***Mittel gegen Durchfall***
- Loperamid
- oral einzunehmende Wasserzufuhrsalze

◆ ***Mittel gegen Malaria***
- zur Prophylaxe: Chlorochin
- zur Therapie: Pyrimethamin und Sulfametopyrazin, Chinin

◆ ***Weitere Mittel***
- Abschwellmittel für die Nasenschleimhaut sind nützlich für Personen, die an Sinusitis (Nebenhöhlenentzündungen) leiden. Mittel gegen die Taubheit im Flugzeug.
- Salben gegen Prellungen
- All jene Mittel und Medikamente, die sie ständig benötigen in ausreichender Menge.

Bei der Zusammenstellung Ihrer individuellen Reiseapotheke beraten Sie Ihr Arzt und Apotheker gerne. Bei Fernreisen setzen Sie sich bitte zeitgerecht mit Ihrem Arzt wegen allfälliger Impfungen und krankheitsvorbeugender Maßnahmen in Verbindung.

Jungbrunnen Wein

Zahlreiche Mediziner haben festgestellt, daß mäßiger, aber regelmäßiger Weingenuß geeignet ist, das Leben zu verlängern. Wein übt auf alle Organe einen wohltuenden Einfluß aus - immer das rechte Maß vorausgesetzt. Er baut psychische Spannungen ab und fördert Ausgeglichenheit und Gemütlichkeit.

- Ein Liter Wein führt dem Körper etwa 650 bis 800 Kalorien sowie etwa 2 bis 3,5 g wertvoller Mineralstoffe zu.
- Zwei bis drei Gläser Rebensaft enthalten an Zahl und Menge die Bioelemente von zwei Multivitamin-Tabletten.
- Wein fördert außerdem die Fett- und Eiweißaufspaltung, was besonders bei alten Menschen mit reduzierter Verdauungsfunktion

von Nutzen ist.

- An Herz und Kreislauf bewirkt mäßiger Weingenuß bessere Durchblutungsverhältnisse.
- Menschen mit niedrigem Blutdruck fühlen sich nach einem Glas Wein deutlich wohler.
- Die Beschwerden von vegetativ labilen und wetterfühligen Patienten werden häufig durch ein wenig Wein gründlicher beseitigt als durch Medikamente.
- Gewisse Inhaltsstoffe des Weines können den Blutcholesterinspiegel senken.
- Verstärkte Nierentätigkeit ist ein weiterer Effekt des Genusses, so daß auf diesem Wege überflüssige Stoffwechselschlacken schneller ausgeschieden werden.

Wie Sex zur Gesundheit beiträgt

Die Wohltaten, die Sex auf den Körper ausübt, sind nicht zu unterschätzen. Und: Ein erfülltes Sexualleben wirkt in jedem Fall positiv auf die Seele.

- Sex hilft beim Streßabbau.
- Sex führt zu Blutdrucksteigerung (Blutdruck entspricht beim Sex dem eines Läufers!)
- Sex wirkt als Ozontherapie (kurz vor dem Orgasmus wird die Atemfrequenz gesteigert und die Körperzellen mit Sauerstoff überflutet)
- Er regt duch Schwitzen Kreislauf und Durchblutung an.
- Beim Sex wird allen Muskeln des Körpers 18 mal so viel Blut zugeführt als im Ruhezustand.
- Durch die gut angekurbelte Blutzirkulation werden Stoffwechselschlacken rasch abgebaut.
- Innersekretorische Drüsen schütten vermehrt Hormone aus, dadurch hat Sex einen verjüngenden Effekt.
- Beim Sex werden pro Minute ca. 30 kcal abgebaut.

Adressen guter Gesundheitshotels

Sich entspannen und wohlfühlen, Körper und Geist erfrischen, weg von der Hektik und hin zur ganzheitlichen Harmonie: Das ist der neue Urlaubstrend.

Für Ihren nächsten streßfreien Urlaub möchte ich Ihnen folgende Gesundheits- und Sporthotels empfehlen:

- ☛ Aflenzerhof
- ☛ Agathenhof
- ☛ Alpenrose Biohotel
- ☛ Bad Eisenkappel, Kneipp-Kurbad, Kur- und Luftkurort
- ☛ Bad Häring - Kurzentrum
- ☛ Bad Schönau - Kurzentrum
- ☛ Bad Tatzmannsdorf - Kur- und Thermenhotel
- ☛ Bad Waltersdorf Biothermenhotel
- ☛ Bleiberghof
- ☛ Dilly's Wellnesshotel
- ☛ Dr. Stühlinger - Kurhotel
- ☛ Dunglzentrum Gars am Kamp - Biotrainingshotel
- ☛ Eschenhof - Vitalhotel
- ☛ Heubad auf der Wiese - Gesundheitspension
- ☛ Hotel Schloß Pichlarn, Golf & Country Club
- ☛ Jagdhof Bio-Wellness-Hotel
- ☛ Jesacherhof - Sporthotel
- ☛ Kohlmayr - Hotel
- ☛ Lingenau, Kur- und Gesundheits-Center
- ☛ Loipersdorf - Therme
- ☛ Molzbach Hof - Hotel
- ☛ Neuberg - Gesundheitshof
- ☛ Parkhotel in Igls - Kurzentrum
- ☛ Rickartschwende Kurhotel
- ☛ Salzerbad - Kurhotel
- ☛ Schrothkur - Hotel

- ☛ Schwarz - Wellnesshotel
- ☛ Steigenberger - Golf & Thermalhotel
- ☛ Stock - Sporthotel
- ☛ Stoiser - Hotel
- ☛ Tieflehner Hof
- ☛ Tiroler Hof - Wellness & Sporthotel
- ☛ Wörthersee - Gesundheitshotel

Kurhotel Aflenzerhof

Familie Schaffenberger
A - 8623 Aflenz (Steiermark)
Telefon: 08361/2245, Fax: 08361/2245-29

Angebot:

- Kneippanwendungen
- Gesundheitsgymnastik
- Ismakogie-Grundkurse

Hotel Agathenhof

A - 9322 Micheldorf (Kärnten)
Telefon: 04268/2015, Fax: 04268/4054

Angebot:

- Esoterik und gesunde Lebensführung
- Meditation
- Edelstein-, Aroma- und Farbtherapien
- Neuraltherapien gegen Migräne, Asthma und funktionelle Herzbeschwerden
- sehr großes Seminarangebot über esoterische Themen
- Radioästhesie - Pendel- und Rutengehen in Theorie und Praxis
- alternatives Heilwesen
- neues Oasenbad

Biohotel Alpenrose

A - 9872 Obermillstadt (Kärnten)
Telefon: 04766/2500

Angebot:

- einzigartig im alteingessenen Familienbetrieb: eine Lichtquelle, die für optimale Energie sorgt
- Bachblütentherapie
- Qi-Gong - 15 Übungen zur Gesundheitsvorbeugung und zum Auf-

bau der körperlichen Kondition verbunden mit Akupunktur
- bioenergetische Aromatherapie - individuell abgestimmte Anwendungen zur Wiederherstellung des Gleichgewichtes
- Kinder-Erlebniswochen

Kneipp-Kurbad Bad Eisenkappel

A - 9135 Bad Eisenkappel (Kärnten)
Telefon: 04238/338, Fax: 04238/338/506

Angebot:

- Kneipp- und Mooranwendungen
- Trockengasbäder
- Trinkkuren
- Inhalationen
- Elektrotherapien, Ultraschall
- Tiefenmassagen nach Marmitz
- Bewegungstherapien
- geführte Wanderungen, Tennis, Minigolf, Langlaufen, Fahrradverleih

Kurzentrum Bad Häring

A - 6323 Bad Häring, Dorf 106 (Tirol)
Telefon: 05332/86 262, Fax: 05332/86 162/74

Angebot:

- ganzheitsmedizinische Betreuung durch hauseigene Kurärzte
- Kurpauschale inklusive ärztlicher Betreuung mit individuellen Therapieanwendungen
- 60 verschiedene Heiltherapien
- wirksame Hilfe bei Abnützungserscheinungen am Bewegungsapparat, Rheuma
- Kurbehandlung nach Gelenks-, Gelenksersatz- und Bandscheibenoperationen sowie nach Schlaganfällen

Kurzentrum Landsknechte Bad Schönau

A - 2853 Bad Schönau, Kurhausstraße 11 (Niederösterreich)
Telefon: 02646/8232, Fax: 02646/520

Angebot:

- ganzheitsmedizinische Betreuung durch hauseigene Kurärzte
- Gesundheitsvorsorge
- Energieausgleich und Streßabbau

- 60 verschiedene Heiltherapien
- Hilfe bei Durchblutungsstörungen, Herz-, Kreislauf- und Gefäßerkrankungen, Kurbehandlung nach Gefäß- und Gelenksoperationen sowie Beinamputationen

Kur- und Thermenhotel Bad Tatzmannsdorf

A - 7431 Bad Tatzmannsdorf, Elisabethallee 1 (Burgenland)
Telefon: 03353/8940/7160, Fax: 03353/8940/7199

Angebot:

- Heilmooranwendungen bei chronischen Entzündungen der Gelenke und der Wirbelsäule, Osteoporose und bei gynäkologischen Erkrankungen
- Kohlesäuremineralwasseranwendungen bei Herz-, Kreislauferkrankungen (Blutdruckproblemen, Durchblutungsstörungen), Krampfadern und schlecht heilenden Wunden
- Chlorid-Mineral-Thermalwasser (löst Verspannungen des Muskelapparates, fördert die Wirkung von Massagen, hilft bei degenerativen Veränderungen des Bewegungs- und Stützapparates und bei chronischen Erschöpfungs- und Ermüdungserscheinungen)

Biothermenhotel Bad Waltersdorf

A - 8271 Bad Waltersdorf (Steiermark)
Telefon: 03333/2981/0, Fax: 03333/2981/550

Angebot:

- lactovegetabile Ring- und Vollwertkost zur Entgiftung, Entschlakkung, Entsäuerung und Entwässerung
- natürliche Thermalquellen
- Meeresalgen-Entschlackungs- und Cellulitispackungen, Algen-Kräuterpackungen bei schlechter Beindurchblutung
- schottisches Bad (Peeling mit speziellem Meersalz gegen Hautunreinheiten)
- verschiedene Biokuranwendungspakete
- Biofeedbackanwendungen
- Biodorf mit Kinderbetreuung

Bleiberghof

A - 9530 Bad Bleiberg (Kärnten)
Telefon: 04244/2205, Fax: 04244/2205/29

Angebot:

- Steinölanwendungen (durchblutungsfördernd) bei Gicht und Gelenksschmerzen, Rheuma und Hexenschuß
- Thermalbadekuren bei Kreislauferkrankungen und Nervenleiden
- 3-Stern-Küche basierend auf vitalstoffreicher, ausgewogener Ernährung
- Yoga, autogenes Training
- Brain light-Anwendungen
- für die Figur: Spezialgymnastik für Bein und Po, Farbtherapie und Lymphdrainagen (Schlackenabtransport), Aromawickel (kreislaufanregend, stoffwechselaktivierend)

Wellnesshotel Dilly's

A - 4580 Windischgarsten (Oberösterreich)
Telefon: 7562/8714/0, Fax: 97562/8714/50

Angebot:

- Wellness-, Vital- und Trennkostmenüs
- Vitaloase mit Panoramasauna, Frischluftgrotte, Caldarium, Tepidarium, Dampfbad, Whirlpools, Aromakabinen, Solarien
- hoteleigener Sandstrand mit Schwimmerlebnisbiotop
- Naturkosmetikbehandlungen
- Wirbelsäulengymnastik
- „Fünf Tibeter"
- Wanderungen, Radtouren

Kurhotel Dr. Stühlinger

A - 2680 Semmering (Steiermark)
Telefon: 02264/244700, Fax: 02664/2447/447

Angebot:

- individuelle Unterwassermassagen
- verschiedenste 400 Kalorien-Menüs
- fleischlose Gerichte
- Beauty-Weekends (Maria-Galland-Produkte)
- Hallenbad, Sauna, Dampfbad

Biotrainingshotel Dunglzentrum

A - 3571 Gars am Kamp (Niederösterreich)
Telefon: 02985/2666, Fax: 02985/266/138

Angebot:

- spezielle Wirbelsäulenbehandlungen, Wirbelsäulenscreening
- Biotraining (Bewegung und Fitneß)
- aktives Erwachen
- Vollwertkost
- ärztlich-medizinische Untersuchungen und Therapien (Herz-Kreislauf-Training), Beratung bei Migräne und Atemwegsproblemen
- diverse Test- und Trainingsmöglichkeiten (Biofeedback, Kreislauftest, Lebensmittelaustestung, Kosmetikpräparatetest, ...) zur Erstellung eines optimalen Individualprogramms für jeden Gast

Vitalhotel Eschenhof

A - 9546 Bad Kleinkirchheim (Kärnten)
Telefon: 04240/8262, Fax: 04240/8262/82

Angebot:

- großes Sportangebot
- kalorienbewußte und vitaminreiche Küche
- Erlebnisbad und Liegewiese
- Steinöl- und Kräuterbäder
- Fitneßeinrichtungen

Gesundheitspension Heubad

A - 2640 Prigglitz, Auf der Wiese 53 (Niederösterreich)
Telefon: 02662/(4)3425, Fax: 02662/(4)3525/153

Angebot:

- Heubäder (entziehen dem Körper Giftstoffe und helfen bei Muskelverhärtungen, Verspannungen, Bandscheibenproblemen sowie Neuralgien, Rheuma und Ischias)
- Tee-Saft-Fasten, Dr. F. X. Mayr-Kur
- Vollwertküche, Reduktionskost mit 600 und 1000 Kalorien
- Bergkristallbäder (entspannende Energiebäder, versetzen Körper und Seele in Harmonie)
- Problemzonenbehandlungen
- geführte Wanderungen und Ausflugsfahrten

Hotel Schloß Pichlarn

A - 8952 Irdning (Steiermark)
Telefon: 03682/22 841/0, Fax: 03682/22 841/6

Angebot:

- Ajurveda-Therapien
- ajurvedische Ganzkörper-Ölmassagen zur Erhöhung des seelischen und körperlichen Gleichgewichts
- Thalasso-Schönheitsbehandlungen
- Haubenküche mit zahlreichen steirischen Schmankerln
- eigene Golfakademie, 18-Loch-Golfplatz
- Tennisplätze, Reithalle

Biowellnesshotel Jagdhof

A - 3295 Lackenhof am Ötscher (Niederösterreich)
Telefon: 07480/300, Fax: 07480/300/8

Angebot:

- Vollwertküche, auf Wunsch lactovegetabile Kost
- Fußreflexzonenmassage, Lymphdrainage
- Farblicht-Aromatherapie mit meditativer Musik
- Fitneßtest mit individuellem 10-Wochen-Programm
- beheiztes Freischwimmbad, Sauna, Kräuterdampfbad

Sporthotel Jesacherhof

A - 9963 St.Jakob/Defreggental (Tirol)
Telefon: 04873/53330, Fax: 04873/5333/88

Angebot:

- Wellness pur auf 900m^2 Bade- und Erholungslandschaft
- Fitneß-Studio
- Tischtennis
- Kinderspielzimmer
- auf Wunsch Gourmet-Reduktionskost

Hotel Kohlmayer

A - 5562 Obertauern (Salzburg)
Telefon: 06456/7272, Fax: 06456/7406

Angebot:

- Höhenklima (1740 m Seehöhe)
- Wellness-Studio, individuelle Wellness-Beratung
- Mentaltraining, Atemübungen

- Hallenbad mit Sauna, Dampfbad und Whirlpool
- Frühstücksbuffet mit Müsliecke
- geführte Wanderungen, Mountain-Biking
- Angeln im hoteleigenen Fischwasser

Kur- und Gesundheitscenter Lingenau

A - 6951 Lingenau, Hof 229 (Vorarlberg)
Telefon: 05513/6461, Fax: 05513/61 516

Angebot:

- Wirbelsäulengymnastik
- Molkebäder
- Kneipp-Anwendungen
- Ernährungsberatung durch Dipl. Diätassistentin
- Heilgymnastik, Elektrotherapie
- Anwendungen bei rheumatischen Erkrankungen der Gelenke und Muskeln, Gicht, Arthritis, Arthrosen, Bandscheibenschäden und Abnutzungserscheinungen des Bewegungs- und Stützapparates, Haltungsschäden bei Kindern
- Hilfe bei psychosomatischen Erkrankungen
- Hallenbad-Wassergymnastik
- Kulturausflugsfahrten

Therme Loipersdorf

A - 8282 Loipersdorf 152 (Steiermark)
Telefon: 03382/8204/0, Fax: 03382/8204/87

Angebot:

- Die Therme ist mit zahlreichen Hotels durch unterirdische Gänge verbunden, besonders empfehlenswert: Thermenhotel Stoiser
- reichhaltiges Thermen- und Sportangebot
- Fitneß- und Beautywochen
- Inhalationen
- Kältetherapie, Elektrotherapie
- Fango

Hotel Molzbach Hof

A - 2880 Kirchberg/Wechsel, Tratten 36 (Steiermark)
Telefon: 02641/2203, Fax: 02641/2203/151

Angebot:

- Vollwertkost, Diät nach Wunsch

- Molke-, Sole- und Kräuterwickel
- Heubäder
- Entschlackungs-, Atmungs- und Wirbelsäulenwochen
- Sauna- und Erholungsanlage
- Langlauf-Genußwochen

Gesundheitshof Neuberg

A - 8692 Neuberg/Mürz, Hauptstraße 40 (Steiermark)
Telefon: 03557/8600, Fax: 03857/8600/600

Angebot:

- Dr. F. X. Mayr-Kur
- Akupunktur, Akupressur
- Ozontherapie
- Laserbehandlungen
- Schiele Kreislauftraining
- Neuraltherapie
- Bioliftung nach Dr. Saad (Gesichtsakupunktur und Biosmaske gegen kleine Fältchen um Augen und Mund)
- von Meister Hundertwasser gestaltetes Haus

Kurzentrum Parkhotel Igls

A - 6080 Igls (Tirol)
Telefon: 0512/377/305, Fax: 0512/379/225

Angebot:

- Dr. F. X. Mayr-Kur
- Colonhydrotherapie (Darmwäsche)
- Körperbehandlungen (Aromatherapie, bioenergetische Lymphdrainage, Cellulitisbehandlung, Algentherapie, u.v.a.m.)
- Dauerbrause
- vielfältigste Massagen
- Neuraltherapie, Akupunkturbehandlungen
- Bioresonanztherapie
- individuelle Bewegungs- und Unterwassertherapie
- Nasenreflexzonenbehandlung mit ätherischen Ölen
- Schiele Kreislauftraining
- Inhalationen
- Moor-, Heublumen- und Fangopackungen
- Kosmetikbehandlungen

Kurhotel Rickartschwende

A - 6850 Dornbirn, Bödelstraße (Vorarlberg)
Telefon: 05572/25350, Fax: 05572/25350/70

Angebot:

- Dr. F. X. Mayr-Kur
- Kneippanwendungen
- Trinkkuren
- Spezialmassagen
- Medizinalbäder
- Rotlichtbehandlungen
- Wirbelsäulenschulung
- Heilgymnastik
- Hallenbad, Sauna, Dampfbad
- Kur- und Kräuterwanderwochen
- Kur- und Festspielwochen

Kurhotel Salzerbad

A - 3171 Kleinzell bei Hainfeld (Niederösterreich)
Telefon: 02766/371, Fax: 02766/371/11

Angebot:

- Solemineralquelle (entspannend bei Streß)
- Soletherapie (beruhigt, kräftigt die Widerstandskraft, normalisiert nervöse Übererregbarkeit)
- Kneipp-Anwendungen
- Elektrotherapien
- Magnetfeldbehandlungen
- Thymosanttherapie (reguliert das Immunsystem bei oftmaligen Erkrankungen und Allergien)
- Entschlackung und Entgiftung des Körpers

Hotel Schrothkur

A - 9821 Obervellach, Johann-Schroth-Weg 132 (Kärnten)
Telefon: 04782/2043

Angebot:

- Schroth-Kur mit naturbelassenem Wein als idealem Kurgetränk, sonst gibt es Semmeln, Reis, Grieß, Hafer, Schnittlauch, Petersilie und - außer Wein - Himbeersaft
- Fasten-, Trink- und Trockentage stellen die Gesundheit und Leistungskraft wieder her

- Hilfe bei Kreislaufbeschwerden, Übergewicht, Wechselbeschwerden
- wirkt bei chronischen Bindehaut- und Regenbogenhautentzündungen
- Nikotinentwöhnung
- Wirbelsäulen-Tiefenbehandlung

Wellness-Hotel Schwarz

A - 6414 Mieming (Tirol)
Telefon: 05264/5212/0, Fax: 05264/5212/7
Internet: www.discover.at/schwarz

Angebot:

- Spa- und Wellness-Center „Sun Welly“ (Kombination aus Bädern, Massage, Kosmetik, Entspannung und Fitneß)
- Aromabäder mit Unterwassermassage
- Rasulbäder mit Schlammsalbung und Kräuterdämpfen
- Schwarz-Heubäder, anschließend Entspannung im Haferstrohbett
- Sauerstoffinhalationstherapien und Schröpftherapien
- sportmedizinische Check-Ups
- Wellness-Menüs und Trennkost zur Gewichtsreduktion
- wöchentliches Sport- (Tennis, Wandern, Radfahren und Golf), Aktiv- und Unterhaltungsprogramm
- 1300 Hektar Jagdrevier rund um das Hotel
- kinderfreundlicher Mini- und Juniorclub, Krabbelstube

Golf- und Thermalhotel Steigenberger

A - 7431 Bad Tatzmannsdorf, Am Golfplatz 1 (Burgenland)
Telefon: 03353/8841/0, Fax: 03353/8841/55

Angebot:

- großzügige Thermallandschaft (1500m^2) mit Wasserfall, 2 Thermalbecken, Whirlpool, Sportbecken, Saunazentrum
- Beauty-Vital-Center
- Wohlfühlprogramme bis hin zur Ernährungsberatung
- drei ausgezeichnete Restaurants
- direkt am Golfplatz gelegen

Sporthotel Stock

A - 6292 Winkenberg im Zillertal (Tirol)
Telefon: 05285/6775, Fax: 05285/6775/421

Angebot:

- Wassergymnastik
- Stepptanz
- Powerwalken, Aerobic
- Kosmetik für Sie und Ihn
- Panoramahallenbad mit Sauna und Fitneß-Landschaft
- Miniclub mit Kinderbetreuung
- Zillertaler Schmankerlbuffet

Hotel Stoiser

A - 8282 Loipersdorf 153 (Steiermark)
Telefon: 03382/8212/0, Fax: 03382/8212/33

Angebot:

- ganzheitliches Gesundheitszentrum
- Streßabbau
- Darmsanierung durch Stutenmilch-Trinkkuren
- Nikotinentwöhnung (5-Tagesprogramme mit Brainscanner-Therapie)
- Energieausgleich durch Bioresonanz
- individuelle Bachblütentherapie
- Aufbautraining nach Baldur Preimel
- sehr gute Küche
- Tennisanlagen und 18-Loch-Golfplatz in nächster Nähe

Tieflehnerhof

A - 6481 St.Leonhard im Pitztal, Tieflehn 20 (Tirol)
Telefon: 05413/8209, Fax: 05413/832851

Angebot:

- Vitalcenter mit Hallenbad, Sauna, Tepidarium
- Heublumenbäder und -massagen
- täglich Aktivsport-Programm mit Wassergymnastik, Bauch- und Rückentraining
- verschiedene Massage- und Entspannungsbäder
- Ski- und Wellnessangebote

Wellness - Sporthotel Tirolerhof

A - 6632 Ehrwald (Tirol)
Telefon: 05673/2308, Fax: 05673/2308/44

Angebot:

- harmonische Verbindung von gediegenem Luxus, Tiroler Gemütlichkeit und heimeliger Atmosphäre
- Vitalcenter mit Hallenbad, Saunalandschaft und Dampfbad
- Fango-, Algen-, Heu- und Steinölanwendungen
- Wellness-Bäder gegen Streß und Anspannung
- vegetarische Vollwertgerichte sowie bodenständige und internationale Spezialitäten
- Kinderbetreuung für Kinder im Alter von 3 bis 10 Jahren gratis

Gesundheitshotel am Wörthersee

A - 9082 Maria Wörth-Dellach (Kärnten)
Telefon: 04273/2511/338, Fax: 04273/2511/51

Angebot:

- Dr. F. X. Mayr-Kur
- Spezialmassagen (Entgiftungsmassagen, Lymphdrainagen)
- Bewegungstherapie und Gymnastik
- Nasenreflexzonenbehandlungen gegen Migräne und Bronchitis
- Neuraltherapie gegen Narbenstörfelder
- Procainkur gegen vorzeitige Alterungsprozesse
- Strandbenützung möglich

REFERENZVERZEICHNIS

Titel: „Die Ganzheitsfitneß gegen das Manager-Syndrom"
Autor: Hamm/Lagerström/Lantenschläger
Verlag: Wirtschaftsverlag Langen-Müller/Herbig, München 1987

Titel: „Die Managerdiät"
Autor: Manfred Köhnlechner
Verlag: Rohwolt, Reinbek bei Hamburg 1974

Titel: „Essen und Trinken (k)ein Problem"
Autor: Monika Radke
Verlag: Leopold Stocker Verlag, Graz 1991

Titel: „Das große Buch der Trennkost"
Autor: Ursula Summ
Verlag: Falken-Verlag GmbH, 1992

Titel: „Richtige Ernährung"
Autor: Gräfin von Bentzel, W. Obermeyer
Verlag: F. English Verlag, Wiesbaden 1994

Titel: „Power Foods"
Autor: Liz Appplegate
Verlag: Rodale Press, Emmaus, Pennsylvania 1991

Titel: „Food & Nutrition"
Autor: John Feltman
Verlag: Rodale Press, Emmaus, Pennsylvania 1993

Titel: „The Healing Foods"
Autor: Jean Rogers
Verlag: Rodale Press, Emmaus, Pennsylvania 1991

Titel: „Die zwölf Gebote der biologisch gesunden Ernährung"
Autor: Claude Aubert
Verlag: Orac, Wien 1985

Titel: „Antioxidanzien – die neuen Gesundmacher"
Autor: Dr. Kenneth H. Cooper
Verlag: BLV Verlagsgesellschaft mbH, München 1995

Titel: „Jungbrunnen Nahrung“
Autor: Jean Carper
Verlag: Econ Verlag GmbH, Düsseldorf 1996

Titel: „Das ideale Gewicht“
Verlag: Time Life-Bücher, Amsterdam 1987

Titel: „Gesund und fit leben“; Fit durchs Leben“; „Das ideale Gewicht“
Autor: Angelika Ilies
Verlag: Midena, 1993

Titel: „Gesund und schlank, statt rund und krank“
Autor: Ingeborg Wipler, OMR Dr. H. Krammer
Verlag: Österr. Kneippbund GesmbH. 1988

Titel: „Willi Dungl - Top in Form“
Autor: Willi Dungl unter Mitarbeit Dr. W. Exel
Verlag: Orac Verlag, 1995

Titel: „Fit durch Vitamine“
Autor: Klaus Oberbeil
Verlag: Südwest Verlag GmbH & Co. KG, München 1994

Titel: „Fit durch gesunde Ernhärung“
Autor: Klaus Oberbeil
Verlag: Südwest, München 1995

Titel: „Brain Food“
Autor: Dr. Arthur Winter, Ruth Winter
Verlag: Bruno Martin, Südergellersen 1989

Titel: „Verdauungsprobleme“
Autor: Dr. med. Hans-Richard Gruber
Verlag: Orac, Wien 1991

Titel: „Fit oder Fett“
Autor: Covert Bailey
Verlag: Habegger, Derendingen 1987

Titel: „Körperlehre“
Autor: Univ.-Prof. Dr. med. Ludwig Prokop
Verlag: Österr. Bundesverlag, Wien 1975

Titel: „Rückenschmerzen, Bandscheiben und Ischias“
Autor: Dr. med. Ulf Böhmig
Verlag: Orac Verlag, Wien 1992

Titel: „Gymnastik für die Halswirbelsäule“
Autor: G. Dreher - Edelmann
Verlag: Gustav Fischer Verlag, Stuttgart 1992

Titel: „Wirbelsäulengymnastik“
Autor: H. Beitel
Verlag: Verlag Müller & Steinicke, München 1985

Titel: „Du und Deine Wirbelsäule“
Autor: Univ.-Doz. Dr. M. Eder, Univ.-Prof. Dr. H. Tilscher
Verlag: Wilhelm Maudrich Verlag, Wien 1995

Titel: „Sport - Anatomie und Bewegungslehre“
Autor: Rolf Wirhed
Verlag: Schattaner, New York 1988

Titel: „Der elastische Körper“
Verlag: Time Life-Bücher, Amsterdam 1987

Titel: „Endlich frei von Rückenschmerzen“
Autor: Donald Norfolk
Verlag: Weltbild, Augsburg 1995

Titel: „Wirbelsäulengymnastik, die hilft“
Autor: Ute St. Jean, Barbara Spachtholz
Verlag: Bechtermünz Verlag im Weltbild Verlag, Augsburg 1996

Titel: „Nie mehr müde und erschöpft - frisch & vital“
Autor: Donald Norfalk
Verlag: Ariston Verlag, Genf 1991

Titel: „Gesünder leben“
Autor: D. Block, J. Fritsch, A. Karow
Verlag: Präsentverlag Heinz Peter, Wien

Titel: „Gesund leben - aber wie“
Autor: Dr. med. H. Anemueller
Verlag: Paracelsus-Verlag, Stuttgart 1978

Titel: „Gesundheitstips“
Autor: Hademar Bankhofer
Verlag: Herbig Verlag, München 1989

Titel: „Topfit“
Autor: Christian H. Godefroy
Verlag: Ariston Verlag, Genf 1992

Titel: „Laufen“
Autor: James F. Fix
Verlag: Fischer Verlag, USA 1986

Titel: „Schlafstörungen, Streß und Nervosität“
Autor: Dr. med. Ulf Böhmig
Verlag: Orac Verlag, Wien 1982

Titel: „Konzentration und Antistreß-Training“
Autor: Dr. Wolfgang Schömbs
Verlag: Wiener Verlag, Himberg 1990

Titel: „Schlafstörungen natürlich behandeln“
Autor: Dr. med. Karl M.Kirch
Verlag: GU, München 1991

Titel: „Curing Fatigue“
Autor: David S. Bell
Verlag: Rodale Press, Emmaus, Pennsylvania 1993

Titel: „Streßausgleich und Entspannung durch Bewegungstraining“
Autor: Dr. Hans Eberspächter, Michael Danck
Verlag: Sportinform Verlag GmbH, Oberhaching 1985

Titel: „Gesundheitsvorsorge im Alter“
Autor: Dr. med. Gisela Eberlein
Verlag: Dr. Werner Jopp Verlag, Wiesbaden 1989

Titel: „5 x 20 Jahre leben“
Autor: Dr. D. C. Jarvis
Verlag: Hallwag, Bern 1989

Titel: „Heiltees und Kräuter für die Gesundheit"
Autor: Gerhard Leibold
Verlag: Falken, Niederhausen 1987

Titel: „Gesundheit durch Heilkräuter"
Autor: Richard Willfort
Verlag: Rudolf Trauner Verlag, Linz 1964

Titel: „Heiltees, die Wunder wirken"
Autor: Anita Höhne
Verlag: Weltbild, Augsburg 1994

Titel: „Naturapotheke"
Autor: Renate Zeltner
Verlag: Goldmann, München 1985

Titel: „Gesundheitsbuch"
Autor: Prof. Hademar Bankhofer
Verlag: Droemersche Verlagsanstalt Th. Knaur, München 1996

Titel: „Blick hinter die Kulissen des Lebens"
Autor: Gordon Freeman Fraser
Verlag: Studienkreis für Gesundheit und Persönlichkeitsentfaltung e.V., Meschede 1994

Titel: „Die fünf Tibeter"
Autor: Peter Kelder
Verlag: Integral, Wessobrunn 1989

Titel: „CANDIDA - Pilzinfektionen"
Autor: Dr. med. Eva-Maria Kraske
Verlag: GU, München 1995

Titel: „Rheumaschmerzen natürlich behandeln"
Autor: Dr. med. Roland Bachmann
Verlag: GU, München 1993

Titel: „Augentraining am Bildschirm"
Autor: Doris Schneider
Verlag: Landsberg am Lech - München 1993